Memórias de uma Paixão

Memórias de uma Paixão

Pelo espírito
Alexandre Villas

Psicografia de
Fátima Arnolde

Memórias de uma Paixão
pelo espírito *Alexandre Villas*
psicografia de *Fátima Arnolde*

Copyright © 2009 by
Lúmen Editorial Ltda.
3ª edição – fevereiro de 2019
3-2-19-200-20.200

Coordenação editorial: Ronaldo A. Sperdutti
Preparação: *Fábio Maximiliano*
Revisão: *Equipe Casa de Ideias*
Projeto gráfico e Diagramação: *Elis Nunes / Casa de Ideias*
Arte da Capa: *Daniel Rampazzo*
Impressão e acabamento: *Renovagraf*

Dados Internacionais de Catalogação na Publicação (CIP)
(Câmara Brasileira do Livro, SP, Brasil)

Villas, Alexandre (Espírito).
Memórias de uma paixão / pelo Espírito Alexandre Villas ; psicografia de Fátima Arnolde. -- São Paulo : Lúmen, 2010.

1. Espiritismo 2. Psicografia 3. Romande espírita I. Arnolde, Fátima. II. Título.

09-12067   CDD-133.93
Índice para catálogo sistemático:
1. Romances espíritas : Espiritismo   133.93

LÚMEN
EDITORIAL

Rua dos Ingleses, 150 – Morro dos Ingleses
CEP 01329-000 – São Paulo – SP
Fone: 11 3207-1353

visite nosso site: www.lumeneditorial.com.br
fale com a Lúmen: atendimento@lumeneditorial.com.br
departamento de vendas: comercial@lumeneditorial.com.br
contato editorial: editorial@lumeneditorial.com.br

2010
**Proibida a reprodução total ou parcial desta
obra sem prévia autorização da editora**

Impresso no Brasil – *Printed in Brazil*

À minha mãe Marlene,
minha tia Vera Lúcia,
meus filhos Fernanda, Ana Paula e Renée
e minha educadora espírita Dona Durvalina

Sumário

1. O controle da mãe 9
2. Um amor impossível 17
3. A descoberta da espiritualidade 30
4. Uma estranha sensação 37
5. Surpresa 45
6. A culpa 50
7. Coragem 52
8. A ajuda do pai 67
9. A existência de um vínculo 71
10. O novo encontro 86
11. Dilemas 100
12. Nova investida 111
13. Vingança 125
14. O apoio 149
15. A verdade nua e crua 154
16. O acerto de contas 162
17. A descoberta 182
18. A vida volta ao normal 186
19. Novas alianças 200
20. Mais ajuda 207

21   O sacrifício 211
22   O acidente 222
23   A descoberta do desencarne 241
24   Mais um choque 251
25   Tentativa de ajuda 258
26   Encarando a realidade 268
27   O início do crescimento 278
28   Recuperação 280
29   Enfim a rendição 282
30   O entendimento 290
31   A entrega 293
32   O confronto 297
33   Tudo vai entrando nos trilhos 301
34   O despertar para a nova vida 303
35   Novas revelações de amor 310
36   Novas tentativas 321
37   A hora de lembrar 329
38   Quando o amor é verdadeiro 342
39   Novas verdades que machucam 346
40   Os questionamentos 356
41   Esclarecimentos 360
42   O reencontro 365
43   O fundamento de tudo 376
44   Reconciliações 405
45   E o ciclo se fecha... 425

1
O controle da mãe

Mariana estava em seu quarto lendo um romance quando sua mãe bateu na porta e entrou.

— Ainda não se arrumou? Desse jeito vamos nos atrasar.

— Mãe, precisa ser hoje?

— Claro, Mariana, você acha que a costureira pode dispor de todo o tempo para você?

— Mas provei esse vestido não faz dois dias!!!

— E terá que provar quantas vezes forem necessárias. Deixe de ser preguiçosa, e vamos logo.

— Tá bom... Tá bom... Me arrumo em dois minutos.

— Mariana, não é "tá bom", é está bom, já falei para você que não gosto que fale errado.

— Ah, mãe... Todo mundo fala assim.

— Todo mundo quem? Esses seus amigos? Pois as mães deles deveriam ensinar os filhos a falar corretamente. E, pelo amor de Deus, não quero que em sua festa fique soltando essas gírias horrorosas.

Mariana completaria 15 anos, e sua festa seria comemorada em um buffet com todas as pompas a que tinha direito. Ou melhor, com que sua mãe, Maria Alice, sonhava desde que a filha nasceu. Pois Mariana não fazia questão nenhuma. Seu temperamento era o oposto do de sua mãe, e até mesmo das amigas de sua idade. Seus sonhos eram outros.

Mas não adiantou pedir para sua mãe que fizesse uma reunião simples, só para a família e alguns amigos.

Mariana desde muito pequena já mostrava outros valores, que mesmo sem querer contrariavam sua mãe, e muitas vezes acabavam discutindo. E claro que Maria Alice sempre vencia, pois Mariana acabava cedendo a seus caprichos, preferindo isso a ter de ouvi-la falar sem parar as mesmas coisas. Mas não era isso que sentia em seu coração, ela achava que a vida tinha muito mais do que os olhos poderiam enxergar. Não aceitava de modo algum certas atitudes que a sociedade impunha. Sua mãe mesma, como tinha o privilégio de desfrutar uma qualidade de vida melhor, achava que podia tudo, abusando da arrogância e prepotência, como se isso fosse uma virtude.

Mariana com muita paciência soltou um suspiro, e saiu atrás da mãe para irem à costureira.

— Nossa, minha filha, você está linda! Não é mesmo, dona Judite?

— Ah, mas Mariana ficaria linda até de chita.

— Eu bem que preferiria uma chita, essas roupas cheias de pedraria me incomodam.

— Nem pense uma coisa dessas.

— Eu sei, mãe... Mas não podia ser um vestido mais simples?

— Mariana, como você é mal-agradecida. Quisera eu com 15 anos ter um vestido e uma festa como a sua.

— E não teve?

— Mariana, chega de assunto e vamos ver se falta mais algum detalhe.

Já não era a primeira vez que Mariana sondava a mãe. Mas Maria Alice fugia do assunto. Não lhe agradava falar do passado. E assim Mariana se calou, sabia que sua mãe podia se irritar, mas insistiu em ter um vestido mais simples.

— Dona Judite, gostaria que tirasse um pouco de pedras, acho que vai ficar melhor. A senhora não acha?

— Nem pensar. Acho que está lindo assim.

— Mas quem vai usar o vestido sou eu ou a senhora?

— Mariana, você sabe que tenho bom gosto, pode confiar em sua mãe. Você será a debutante mais linda. As minhas amigas vão morrer de inveja!

— É isso que não gosto na senhora. Está sempre se exibindo. Esse seu jeito me faz mal, sabia?

— Ah, filhinha, me perdoa, só estou valorizando mais sua beleza.

— Isso é verdade, sua mãe tem razão. Você está uma mocinha muito bonita. Logo, logo esses olhos verdes que você tem vão fazer muitos rapazes caírem a seus pés.

— Dona Judite, a senhora falando assim vai dar mais ponto pra conversa da minha mãe.

— Eu só estou falando a realidade. Só isso.

— Está bem, posso tirar essa roupa?

— Só vou dar mais uma olhada aqui na cintura.

Enquanto a costureira dava os retoques finais, Mariana pensava em como sua mãe era irritante. Mariana não via a hora de chegar aos 18 anos, isso sim. Quem sabe trabalhando e estudando passaria mais tempo fora de casa.

Realmente Mariana era uma moça muito bonita. Seus cabelos pretos caídos sobre os ombros e os olhos verdes davam contraste à pele clara. Mas para ela isso não era tão importante. O que importava mesmo era o que poderiam achar dela como pessoa.

Mariana pensava milhões de coisas ao mesmo tempo, tentando entender por que sua mãe não respeitava realmente o que ela gostaria de ser, que nem todo mundo acha que a beleza é fundamental. Quantas pessoas que se dizem feias conquistam com a inteligência e a simpatia?

Mariana já estava impaciente com tanto mexe daqui, aperta dali, até que explodiu:

— Ai, chega! Está mais do que provado. Mais exagerado que está não vai ficar. Portanto, quero tirar agora essa roupa.

— Deixa, Judite. Ela não é grata mesmo, pode tirar, acho que esta prova ficou perfeita.

Mariana mais que depressa ajudou Judite a tirar o vestido, colocou sua roupa e saiu. Judite foi quem se pronunciou:

— Dona Maria Alice... Acho que a menina Mariana não está muito satisfeita com o vestido não!

— Mariana é assim mesmo, não liga, o mais importante é que vai colocar o vestido em seu aniversário, isso é ponto passivo.

— Se a senhora acha, quem sou eu para discordar?

Mariana entrou no carro da mãe meio desanimada. Maria Alice fingiu que não notou, afinal de contas, ela tinha feito o maior sacrifício para preparar a festa da filha, e tinha que sair a todo custo como ela planejou, e depois ela tinha certeza de que na hora Mariana ia se sentir feliz pela comemoração.

Logo que chegou em casa, Mariana entrou na frente, viu que seu pai estava sentado na sala esperando por elas e foi logo abraçá-lo com muitas saudades.

— Papai, o senhor já chegou?

— Já, minha filha. Tudo bem com você?

— Está.

Pela cara da filha já sabia que nada estava bem, mas preferiu não fazer perguntas, pois Maria Alice entrou logo atrás.

— Boa noite, Álvaro. Faz tempo que chegou?

— Tempo suficiente para tomar um banho e esperar por vocês.

— Ah, meu dia foi exaustivo. Fui ao buffet ver se estava tudo em ordem, fui ao salão de beleza confirmar o horário, e acabamos de chegar da costureira. Mas está tudo em ordem para sábado. Vai ser uma festa memorável!!!

Álvaro, abraçado à filha, sentiu que ela não estava feliz, não havia entusiasmo; mais uma vez Mariana deixou que sua mãe fizesse tudo que ela, sim, gostava, e não a filha.

Álvaro era um pai muito carinhoso, amava a filha acima de tudo. E já a conhecia o bastante para saber que essa festa seria para sua mãe, e não para ela, pois a admirava por ser tão sensível e simples em tudo o que planejasse para sua vida. Álvaro às vezes não suportava as atitudes de sua mulher, vivia para realizar seus sonhos, impondo suas vontades à filha. Muitas vezes, por vários motivos que o desagradavam, pensava em separação, mas faltava-lhe coragem, pois era muito apaixonado pela esposa, não saberia viver sem ela. Nem o amor que nutria por Mariana fazia com que ele tomasse uma atitude, abrindo os olhos da esposa para ser menos exigente com a filha, respeitando-a, e a deixando viver como ela gostaria. Quem sabe um dia teria coragem de chamar Maria Alice para a realidade. Só esperava que não fosse tarde demais, e que a vida não o surpreendesse por caminhos tortuosos.

Álvaro suspirou fundo e disse:

— Maria Alice, você não acha que nossa filha preferiria uma comemoração mais simples?

— Álvaro, para de mimar Mariana, mesmo porque ela não sabe o que é bom ainda; e depois já está tudo pago, não dá pra voltar atrás.

— Deixa, pai, está tudo bem. Melhor que essa festa chegue logo e pronto!

— Do jeito que você fala parece que é obrigada; devia é ficar muito feliz. Fique você sabendo que não é todo mundo que tem uma festa como essa.

— Maria Alice, não é nada disso, é que nossa filha gostaria de uma reunião mais simples, é só isso. Não é mesmo, minha querida?

— Pai, já está tudo certo, não se preocupe, vamos aproveitar, já que gastamos tanto.

Mariana beijou o pai e se levantou para ir para o quarto. Não gostaria que seus pais discutissem por causa dessa festa. Álvaro puxou a filha e perguntou:

— Aonde vai, minha filha? Não vai jantar?

— Estou sem fome.

— Mas por que, minha filha, não...

Maria Alice não deixou Álvaro terminar seu raciocínio, e com a voz ríspida disse:

— Mariana, venha jantar conosco; não é um pedido, e sim uma ordem.

— Ela não está com fome, mulher. Deixe-a ir para seu quarto, mais tarde ela toma um lanche. Não é, minha filha?

— Álvaro, por que você sempre discorda de mim?

— Não estou discordando de você, apenas dei uma ideia.

Mariana não disse nada, apenas se encaminhou para a sala de jantar, e se deixou cair na cadeira.

Passaram-se os dias e, finalmente, chegou a festa tão esperada por Maria Alice. Mariana estava muito bonita, não tinha quem não a admirasse. Embora seu rosto denotasse tristeza, Mariana procurou ser simpática com todos os convidados. Tudo correu perfeitamente como Maria Alice esperava, nada deu errado, e realmente suas amigas queriam achar um erro só para que pudessem fofocar depois, mas felizmente isso não aconteceu, pois Maria Alice era perfeccionista em tudo. Depois da valsa com seu pai e o padrinho, a festa continuou até as três horas da manhã.

Passaram-se três anos e Mariana completaria 18, mas agora sem festa, pois ela conseguiu convencer a mãe de que não se usava mais festinha em casa, estava fora de moda, agora se comemorava em baladas pela noite com os amigos. E, claro, sua mãe não poderia nem imaginar que estava sendo cafona ou ultrapassada. Aliás, Maria Alice sempre acompanhava tudo o que se referia a moda e estética; em tudo o que dizia respeito aos avanços para a beleza, lá estava ela. A bem da verdade, Maria Alice era uma mulher muito bonita, e chamava a atenção por onde passava. Ficava feliz quando alguém dizia que parecia mais irmã do que mãe de Mariana.

Com a chegada dos 18 anos de Mariana, chegaram também as responsabilidades. Mas era tudo o que ela queria —

nunca demorou tanto para alguém completar 18 anos, pelo menos para ela. Estava muito feliz, prestou vestibular para publicidade e passou. Mariana, além de gostar muito do curso, já estava trabalhando havia algum tempo com seu pai. Álvaro ficou satisfeito com a escolha da filha, pois seu talento há muito se destacava.

Maria Alice não gostou muito, pois não era o que havia escolhido para a filha, mas acabou se conformando com o fato de ela trabalhar com seu marido. Mas claro que só aceitou pelo prestígio que Álvaro tinha no mercado. Sua agência cresceu muito, e era uma das mais bem-conceituadas de São Paulo.

2

Um amor impossível

Tudo caminhava muito bem. Mariana estudava pela manhã, e à tarde ia para a agência de publicidade do pai. Ela tinha muitos amigos na faculdade e no trabalho, mas tinha mais afinidade com a amiga Júlia, que cursava advocacia. Júlia era alguns anos mais velha, mas isso não impedia de as duas estarem sempre juntas.

Todos os fins de semana Mariana e Júlia se encontravam para colocar as novidades em dia, o que irritava muito sua mãe.

— Mariana, hoje vai ter uma festa na casa da Marli, e gostaria muito que você nos acompanhasse.

— Ah, mãe, sinto muito, mas já combinei com Júlia de ir ao teatro.

— Você sempre tem uma desculpa para não ir. Gosto de Júlia, mas às vezes penso que ela atrapalha, porque você só sabe sair com ela. Que coisa chata. Está na hora de arrumar um namorado e largar Júlia um pouco. Falando nisso, Guilherme sempre pergunta por você.

— Eu gosto muito do Guilherme, mas só como amigo.

— Mas deveria pensar em amor! Guilherme, além de ser de ótima família, é bonito e vai ter muito dinheiro.

— Mãe, para com isso, que coisa!!!

— Apenas me interesso pelo seu futuro. Deveria sair com ele, vai ver que belo rapaz ele é!

— Sempre que podemos saímos juntos, Guilherme é muito ocupado, tem clientes até aos sábados.

— Como é mesmo o nome daquele amigo de Guilherme?

— É Tiago. Por quê?

— Por quê? Por quê? É um bonito rapaz também. Não acha?

— Acho, mamãe.

— Nossa! Que desinteresse!

— E o que queria? Que eu desse pulos para falar dele?

— Pelo menos um pouco de entusiasmo. Afinal de contas, ele é um rapaz bonito, gentil, simpático, e o melhor é que a clínica é muito prestigiada; eles vão ganhar dinheiro como água. Eu mesma já passei várias vezes em consulta.

— E o que tem isso de mais?

— O que tem de mais? Pense um pouco: eles não poderiam ter escolhido melhor profissão. Cirurgia plástica é sinônimo de riqueza. E Guilherme e Tiago estão caminhando para ser bem-sucedidos, homens ricos.

— Mãe, para de arrumar namorados para mim, aliás, a senhora quer mais é me arrumar um banco, porque tem que ter muito dinheiro, se não, não será aprovado. Não é mesmo?

— Eu só quero o melhor para você.

— Eu sei o que é melhor para mim, não se preocupe.

— Não acho. E por falar nisso, quem é esse tal com quem você sempre fala ao telefone?

— É um amigo da faculdade, a senhora não o conhece.

— Pois então traga-o aqui para eu conhecer.

— Quem sabe um dia.

Mariana preferiu se calar e não levar aquele assunto adiante, porque com certeza sua mãe iria querer conhecê-lo, e não era isso que gostaria que acontecesse. A bem da verdade, Mariana estava apaixonada por Gustavo, mas ele mesmo não sabia. Gustavo era um rapaz muito bonito, alto e forte, tinha um rosto com expressões marcantes, e quando sorria formava duas covinhas que o deixavam mais atraente que o habitual. Mas para sua mãe ele tinha um defeito imperdoável, era de família humilde, e dava duro para poder pagar a faculdade. Dona Adélia e seu Armando eram gente muito boa, Mariana adorava ir à casa deles para visitá-los. Sempre tratavam-na sem formalidades, e isso agradava por demais a menina Mariana.

Gustavo tinha dois irmãos, Fernando e Patrícia, e, com muito gosto dos pais de Gustavo, eles travaram um grande círculo de amizade. Júlia também fazia parte desse amor que crescia a cada dia. Aliás, Mariana conheceu Gustavo por meio de Júlia, pois ele era da mesma turma de sua amiga. Eles adoravam se reunir em sua casa para estudar, disputar joguinhos de criança, ouvir seus pais contarem casos típicos do interior, onde até há pouco tempo viveram. Mariana e Júlia se sentiam tão à vontade na casa de Gustavo que era quase impossível irem embora

— era preciso dona Adélia expulsá-las. Embora elas tivessem carro, dona Adélia se preocupava com o caminho, pois o bairro em que moravam era longe da zona sul.

Maria Alice sentiu um brilho a mais no olhar da filha, e insistiu:

— Por que quem sabe um dia? Por acaso não quer que eu o conheça?

— Não é nada disso. É que ele é muito ocupado.

— E com o que esse rapaz tão ocupado trabalha?

— Ah... Não sei direito... Acho que é em um escritório de advocacia. Mas por que a senhora quer saber?

— Porque quero saber com quem minha filha se relaciona. Esse rapaz eu ainda não conheço, e você sabe muito bem que gosto de saber onde está, com quem anda, quem são as famílias, e não adianta ficar brava, eu quero seu bem.

— Mãe, quando a senhora vai enxergar que eu já cresci, e que sei muito bem cuidar de mim?

— Talvez no dia em que eu achar que está pronta e madura para escolher suas amizades, e até mesmo os namorados.

Maria Alice ia dar continuidade ao interrogatório, mas Júlia chegou, livrando a amiga da curiosidade da mãe.

— Bom dia, dona Maria Alice.

— Bom dia, Júlia, veio bater ponto?

— Para, mãe, de ser implicante.

— Não faz mal, Mariana, já estou acostumada com as cortesias de sua mãe. Isso nem me incomoda mais.

Maria Alice se levantou e saiu em direção à casa, deixando as meninas tomarem sol à beira da piscina.

— Ah... Júlia, não liga para minha mãe, já sabe como ela é; em vez de procurar fazer algo de produtivo, algo de bom, fica xeretando a vida de todo mundo. Aliás, não faz nada de bom nem para si mesma.

— Ah... Faz sim, Mariana, deixa de ser maldosa. E os cabelos e a maquiagem e as compras no shopping, onde ficam? Pensa que não dá trabalho dispor de tanto tempo e dinheiro? — brincou Júlia com a amiga.

— Ainda bem que você já se acostumou com dona Maria Alice.

Júlia se aproximou da amiga, deu-lhe um beijo carinhoso no rosto e, com ar malicioso, disse:

— Ah... Minha amiga, você não sabe quem me ligou hoje pela manhã.

— Ah... Júlia, me conta... Você falou com ele?

— Está curiosa, né?

— Ah... Fala logo, deixa de me enrolar.

— Bem, minha amiga, isso vai deixá-la superfeliz.

— Fala logo, vai...

— Gustavo ligou nos convidando para ir amanhã comer feijoada, disse que sua mãe não sossegou enquanto ele não telefonou. E sabe de uma coisa? Ele perguntou de você.

— Ah, mas isso não é novidade, Gustavo sempre foi gentil e educado.

— Ah, mas você não sabe o que ele me pediu, queridinha!!!

— Ai, Júlia, não me deixe com o coração na mão. Fale logo.

— Ele me pediu que eu falasse com você...

Júlia fez um suspense para deixar Mariana mais curiosa do que já estava.

— Ai, Júlia, fala logo, senão vou morrer de tanta ansiedade.

— Ele quer que você vá com ele ao shopping escolher uma roupa, ele tem um jantar muito importante para ir esta noite.

— Jura? Não acredito!!! E por que ele não ligou para mim?
— Isso eu não sei, mas acreditar você pode.
— E o que você disse a ele?
— Ah, disse que iria conversar com você primeiro, talvez você tivesse algum compromisso... Sabe como é.
— Por que não lhe disse logo que eu iria?
— Tinha que fazer um pouco de charme para ver a reação dele.
— E qual foi sua reação?
— Com certeza, pelo tom de voz dele, ficou desapontado.
— Ah, Júlia, para de exagerar, ele pediu a mim como poderia pedir a você.
— Ah, Mariana, para de drama, vai... Você não é e nunca foi insegura, não vai ser agora, né?
— Ah... Não sei, às vezes fico insegura sim.
— Para com isso, Mariana, você tem é que ser feliz, sempre quis ter um amor de verdade. E agora que se instalou em seu coração está com medo?
— Não é bem um medo... É um sentimento estranho que sinto aqui dentro do meu peito, não sei explicar.
— Para de encucar, vocês dois têm tudo para dar certo. Não quero que fique assim. Vamos, vai, liga para ele e diz que vai com ele no shopping ajudá-lo, ou melhor diga que vai aonde ele quiser, até no fim do mundo... — brincou Júlia.

Mariana ligou para Gustavo e combinou que iria buscá-lo em sua casa.

No horário combinado Mariana estacionou em frente à casa de Gustavo. E logo ele saiu, entrou no carro, deu um beijo no rosto de Mariana e foi se desculpando:

— Mariana, desculpe te atrapalhar em pleno sábado.

— Ah... Gustavo, deixa de cerimônia comigo, eu queria ir até o shopping mesmo.

— Ah, melhor assim. Mariana, estou perdido, não sei o que usar, preciso de umas dicas suas.

— Bem, depende, é um jantar, é uma festa?

— É aniversário de um dos advogados do escritório em que trabalho, mas ao mesmo tempo haverá um jantar.

— Vamos fazer assim, eu conheço umas lojas masculinas bem legais, tem roupas para todas as ocasiões, você dá uma olhada, e o que te agradar mais você experimenta, tá bem assim?

— Mariana, prefiro deixar por sua conta, o que mais agradá-la eu experimento.

Mariana ficou feliz por saber que Gustavo confiou nela, seu coração estava acelerado, nunca havia tido uma sensação como aquela, estava realmente amando, mas procurou ser o mais natural possível, pois não gostaria de jeito nenhum que Gustavo percebesse, não queria pôr em risco sua amizade.

Gustavo era um rapaz de fácil amizade, seu jeito extrovertido e amável com todos o tornava mais atraente. Era quase impossível não roubar os olhares femininos.

Mariana entrou em várias lojas e fez Gustavo provar várias roupas. Gustavo entrou e saiu mil vezes do provador, e para Mariana ficou cada vez mais difícil a escolha, pois era suspeita: tudo o que Gustavo provava achava lindo, maravilhoso. Entre um palpite e outro brincou com Gustavo:

— Acho que você escolheu a profissão errada. Em vez de ser advogado, deveria ser modelo.

— Olha que eu acredito!!!

— Mas é para você acreditar mesmo; por mim você levaria todas.

— Calma aí, dona Mariana... Se eu comprar tudo o que escolheu, tô perdido, não vai sobrar nem para pagar a faculdade. Ô roupinhas caras, viu...

— Vamos fazer o seguinte... Vamos levar duas combinações de roupas; uma você paga, a outra te dou de presente.

— Nem pensar!!!

— Por que não? Qual é o problema nisso?

— Mariana, eu pedi para você me acompanhar pelo seu bom gosto, e sei que entende de moda, mas não tem cabimento você gastar dinheiro comigo.

— Ah... Gustavo, o que tem de mais em uma amiga querer dar um presente?

Gustavo sentou-se ao lado de Mariana, olhou em seus olhos e muito carinhoso falou:

— Mariana, eu agradeço muito sua gentileza, mas não vou aceitar; se você insistir, vou embora e não levo nenhuma.

— Tá bom, tá bom, não está mais aqui quem falou. Não pensei que você fosse se ofender tanto.

Gustavo segurou as mãos de Mariana, deu um beijo carinhoso nelas e concluiu:

— Você nunca me ofende, mesmo porque sei que não foi sua intenção, mas as coisas não funcionam assim; eu respeito seu modo de viver, e quero que você respeite o meu. E minha realidade é bem diferente da sua, e cada um tem que viver como é possível. Foi até muito bom surgir esse assunto, porque já faz algum tempo que eu gostaria de lhe falar.

Mariana, com suas mãos entre as de Gustavo, não sabia definir o que estava sentindo; não conseguia mover um só músculo. Olhando fixamente em seus olhos esperou que ele continuasse:

— Não quero que nada mude entre nós, mas gostaria que entendesse que não concordo com esse negócio de você e Júlia toda hora comprarem as coisas lá para casa, e muito menos de presentear Patrícia com roupas, sapatos, e cada vez que vocês saem pagar tudo para ela. Isso não está certo, somos humildes, e não temos problema nenhum com isso, meu pai, meus irmãos e eu trabalhamos e dividimos as despesas de casa, e vivemos muito bem do nosso jeito. Não quero que você se ofenda, pois lá em casa, sem exceção, todos adoram você, e por isso mesmo espero que respeite a minha opinião; tudo o que sentimos por você e Júlia está acima de qualquer valor financeiro que vocês possam proporcionar para nós todos. Fico muito feliz em saber que sua família pode lhe dar tudo o que deseja, mas você é muito jovem ainda para saber que a vida para a maioria dos brasileiros é de luta e muito suor para suprir as necessidades básicas de um lar. E eu e meus irmãos aprendemos desde pequenos que, se quisermos conquistar algo, temos que lutar para isso, e que vivemos de acordo com nossas possibilidades. Só consegui ingressar na faculdade muito tempo depois, quando comecei a trabalhar, e assim foi com meus irmãos também. É um grande sacrifício? Sim, mas como eu tem milhares de jovens, e mais velhos também, que fazem ou fizeram igual a nós.

Mariana deixou fluírem naturalmente as lágrimas que insistiam em descer pelo seu rosto, e muito envergonhada pediu desculpas para Gustavo.

— Me desculpe, Gustavo, jamais passou pela minha cabeça que agi mal, tampouco que pudesse ofendê-los. Realmente, como você disse, tenho que crescer e aprender muitas coisas sobre a vida. Acho que estou a passeio ainda.

— Não se culpe por isso. Afinal de contas, nascer rica não é nenhum defeito. Pelo contrário, é até muito bom, só tem que saber como usar o dinheiro e ter a certeza de que ele compra quase tudo, mas não tudo.

Mariana criticava a mãe por gostar tanto de dinheiro, mas nunca se viu pela ótica que Gustavo lhe mostrou. E sentiu que jamais teria Gustavo, pois ele deixou claro que ela não era só bem mais jovem do que ele, mas também muito imatura em relação à vida.

Gustavo, olhando fixamente nos olhos de Mariana, tentou adivinhar o que ela pensava naquele momento. Depois de alguns segundos, continuou:

— Você ficou decepcionada comigo, não foi?

A bem da verdade, Gustavo acertou em cheio. Não pela aula de vivência, mas por Gustavo realmente não sentir nada além de amizade. Mariana teve vontade de morrer naquele instante, mas respirou fundo e disse:

— Não se preocupe, realmente eu tinha que ouvir isso de você, embora minha intenção não tenha sido magoar ninguém da sua família. Tudo o que fiz pela Patrícia foi por eu gostar muito dela, mas, se isso o incomoda, não farei mais.

Gustavo se levantou, pousou um beijo na testa de Mariana e disse:

— Obrigado por me entender. Agora vamos à escolha da roupa, que já tomei muito seu tempo.

Mariana sentia-se tão triste que escolheu a roupa para Gustavo e saiu.

Depois que saíram da loja, Gustavo convidou Mariana para um lanche, mas ela recusou, só pensava em ir embora dali o mais rápido possível. Assim, se dirigiram para o carro e foram embora.

No caminho de volta o silêncio tomou conta dos corações de ambos, cada qual com seus pensamentos.

Quando chegaram à frente da casa de Gustavo, Mariana se despediu e foi embora.

Ela chegou em casa, subiu direto para o quarto e trancou a porta, pois sabia que sua mãe já iria fazer milhões de perguntas ao mesmo tempo, e ela não estava a fim de conversa.

Gustavo chegou em casa e foi direto mostrar sua roupa para a mãe.

— Mãe... Oh, mãe... já cheguei.

— Oi, meu filho, como foi? Escolheram a roupa?

— Já, minha mãe. Vê se a senhora gosta.

— Nossa, Gustavo, vai ficar muito bonito!!!

— Que bom que a senhora gostou.

— A que horas vai começar a festa?

— Ah, só lá pelas nove e meia, dez horas.

— Nossa, meu filho, que tarde!!!

— É, minha mãe, as festas de rico começam tarde. Bom, como ainda é muito cedo, vou para o quarto descansar.

Gustavo estava saindo para o quarto quando sua mãe o chamou:

— Gustavo, meu filho, estou te achando triste. O que foi que aconteceu?

— Nada, mãe, só estou cansado, e vou me deitar um pouco.

— Venha cá, meu filho, sente-se aqui um pouco, vou fazer um café fresquinho para nós dois. O que acha?

— Está bem, eu acompanho a senhora para um café.

Assim que o café ficou pronto, dona Adélia puxou uma cadeira, sentou-se em frente ao filho e perguntou:

— Está com o coração apertado, não é mesmo, meu filho?

— É, mãe, segui seu conselho e fiz o que tinha que ser feito.

— Mas não era isso que queria, não é?

— Mas a senhora tem razão, é melhor agora do que mais tarde.

— Você vai ver, meu filho, logo ela te esquece e arruma outro, ela é muito nova ainda, isso passa.

— Pode passar para ela, que é jovem, mas para mim que sou homem feito e sei o que quero dói muito.

Dona Adélia, mãe extremosa e preocupada, beijou o filho.

— Sabe, meu filho? Sei que ama Mariana, e não tem tanta diferença assim de idade, isso não seria o problema, mas o mundo dela é outro. Você não poderia dar a ela a vida a que está acostumada, as diferenças sociais são muito grandes entre vocês. O que você falou para ela, meu filho?

— Eu não falei assim diretamente, mas deixei claro as diferenças entre nós, e que não quero que continue mimando Patrícia.

— E qual foi sua reação?

— Ela é inteligente, e percebeu o que eu quis dizer. Sinto que ela está com raiva de mim.

— Gustavo, não exagere.

— Não é exagero, mãe, a senhora pode não acreditar, mas eu a amo tanto que chego a sentir tudo o que ela sente, e neste momento ela está com muita raiva de mim por chamá-la de imatura.

— Mas você não a chamou de imatura, chamou?

— Não com essas palavras, mas eu disse que ela é muito nova, que tinha que aprender muita coisa ainda. Ah, mãe, não quero falar mais sobre isso. Vamos esquecer.

— Isso que você sente vai acalmar, meu filho.
— Não, mãe, não vai, eu amo Mariana de verdade.
— Mas essa união de vocês nunca iria dar certo. Nós somos pobres, meu filho, ela é rica.
— Tá bem, mãe, já fiz o que prometi. Pelo amor de Deus, mãe, não quero tocar mais nesse assunto. E amanhã não vou ficar aqui para o almoço.
— E vai para onde, meu filho? Temos que enfrentar nossos problemas. Não vai adiantar fugir, por favor, meu filho, não vai fazer essa desfeita para as meninas.
— Não quero, e não sou obrigado a ficar em casa. Dou uma desculpa e vou para a casa de algum amigo.

Gustavo deixou a mãe na cozinha e foi para o quarto. Jogou o pacote com as roupas num canto qualquer e deitou na cama. Por mais que quisesse esquecer Mariana, não conseguia.

Seus pensamentos eram todos dela, Gustavo realmente estava amando Mariana, e teria que lutar muito para não se envolver, mas estava muito difícil, pois sua vontade era abraçá-la forte e dizer: "Mariana, te quero mais que tudo em minha vida".

Mas Gustavo foi obrigado a ser realista, pois Mariana não era para seu bico. Estudou nos melhores colégios de São Paulo, cansou de viajar para o exterior, e ainda por cima era filha única. Seus pais nunca concordariam com a união deles. Gustavo passava as mãos pelos cabelos na tentativa de esquecer tudo desesperadamente.

3

A descoberta da espiritualidade

Álvaro viu quando sua filha passou pela sala demonstrando tristeza, e foi atrás dela. Bateu na porta e disse:

— Mariana, é o papai, posso conversar com você?

Mariana se levantou muito desanimada, mas não poderia deixar de abrir a porta para o pai, que era o único em quem ela confiava.

Assim que Mariana abriu a porta, jogou-se nos braços do pai.

— Ah, pai, me abraça bem forte.

— O que aconteceu, minha filha, para você estar desse jeito?

Seu pai a conduziu para dentro do quarto e fechou a porta.

— Mariana, não sei o que aconteceu para você estar desse jeito, mas não gosto de vê-la assim; quer se abrir com seu velho pai aqui?

Mariana deitou no colo do pai e disse:

— Pai, o senhor é maravilhoso; se fosse a mamãe não perguntaria, exigiria que eu falasse.

— Sua mãe gosta muito de você, tente entendê-la.

— Eu sei, pai, eu gosto muito da mamãe também, mas ela me sufoca, às vezes gostaria de ter mais irmãos, quem sabe ela me esqueceria um pouco.

— Ter mais filhos nem pensar!!! Pelo amor de Deus... Filhos só servem para estragar o nosso corpo! Que horror...

Mariana e seu pai deram risada ao imaginar Maria Alice falando. Realmente era cômico.

— Puxa, filha, seu rosto fica mais bonito quando você sorri, sabia? Você quer falar sobre o assunto?

— Pai, quantas vezes o senhor amou?

— Muitas, mas amar de verdade, para viver com todos os problemas possíveis e impossíveis, uma vez só.

— O senhor ama muito a mamãe, não é mesmo?

— Sim, eu amo.

— Mas o senhor acha que ela corresponde?

— Talvez.

Mariana se levantou para olhar melhor para seu pai.

— Por que talvez? Não tem certeza?

— Não, minha filha, não tenho. Essa certeza a que você se refere só cabe realmente a cada um.

— Como assim?

— Eu posso falar tantas vezes "eu te amo", mas não significa que seja verdade. Concorda comigo?

— É, concordo em parte, porque eu não diria "eu te amo" se não sentisse de verdade.

— Ah... Você não diria, mas aprenda uma coisa, a vida nem sempre é verdadeira. Olha, raciocina comigo, veja como Deus é perfeito, ele fez todos igualmente, mas deixou para cada um de nós um bem precioso, que é sentir e pensar. Isso ninguém, por mais que queira, furtará de você, ele pertence a você, e mesmo que ame verdadeiramente um homem pode tentar esconder, mas deixará subentendido, porque é uma emoção sua, e às vezes não tem intenção que aconteça.

— É, pensando bem, seu raciocínio tem lógica.

— Claro que sim, minha filha, tente observar as atitudes da pessoa que ama, elas dizem mais que as próprias palavras. Palavras não querem dizer nada, mas a linguagem corporal diz muitas coisas.

— Por que o senhor está falando isso para mim?

— Para você, meu amor, começar a observar esse rapaz que ama.

Mariana ficou sem ação diante da sabedoria do pai, e encabulada perguntou:

— Como o senhor sabe que estou apaixonada?

— Primeiro pelos seus olhos, e segundo pela pergunta que fez, só podia ser desse sentimento mais profundo, e mais dolorido também. Não é isso o que está sentindo neste exato momento?

Mariana abraçou o pai com muita admiração e ternura, e concluiu seu pensamento:

— Pai, por que dói tanto amar alguém? Se eu pudesse, arrancaria isso do meu peito.

— Quem é o felizardo?

— O senhor não o conhece, ele faz advocacia com Júlia. Ah... Como a gente pode amar tanto uma pessoa em tão pouco tempo?

— Precisa ver se realmente é em pouco tempo.

— Como assim, pai?

— Pode ser que o conheça há muito tempo. Às vezes nos afeiçoamos às pessoas de imediato sem saber o motivo. Mas já as conhecíamos de outras vidas.

Mariana olhou para o pai, assustada, e esperou que ele continuasse.

— É isso, minha querida, outras vidas, quem garante que esse rapaz não a ama também, trazendo em sua alma lembranças de vocês juntos?

— O senhor acredita mesmo em outras vidas?

— Sem dúvida nenhuma.

— O senhor nunca comentou sobre esse assunto.

— Já faz algum tempo que faço cursos sobre espiritualidade. É fantástico o modo como tudo é colocado para nós, ouvintes, e faz todo o sentido. Deus ama todos os seus filhos sem distinção, e nos dá oportunidades de evoluir a cada reencarnação, podendo nos corrigir de faltas passadas. Isso é uma bênção maravilhosa, e isso só Deus pode nos proporcionar.

— Pai, estou admirada de o senhor acreditar nessa religião.

— Não é uma religião como todos pensam, e sim uma doutrina, um raciocínio.

— Puxa, pai!!! Eu quero saber tudo sobre esse assunto!!!

— Está bem, vamos discutir muito esse assunto, mas hoje não, não seria em cinco minutos que entenderia essa doutrina que me faz questionar muito; com o tempo vai ver que é simples e verdadeira. O que eu gostaria neste momento é que você me falasse sobre esse rapaz que roubou o coração da minha filha.

— Puxa, pai... o senhor está falando sobre espiritualismo; me lembrei de que dona Adélia e seu Armando já comentaram alguma coisa sobre isso, e que uma vez por semana eles e seus filhos vão a esse lugar.

— Ah... Então com certeza essa família é harmoniosa.

— É verdade, quando eu e Júlia vamos para a casa deles, sentimos um coisa boa, não temos vontade de vir embora, é preciso dona Adélia nos expulsar, e eles são muito unidos. Não sei explicar direito, mas eles são diferentes. Eu gosto de ficar lá, eles são gente boa.

— Que bom, minha filha, fico feliz que tenha a amizade de pessoas lúcidas e do bem como eles. Faz tempo que você conhece esse rapaz?

— Bem, de vista sim, nós estudamos na mesma faculdade, mas amizade mesmo há pouco tempo. Mas foi o bastante para eu ficar apaixonada por ele.

— E ele, o que sente por você?

— Ele nem sabe que eu existo. Hoje mesmo fomos ao shopping comprar umas roupas, e ele deixou bem claro que sou muito jovem e imatura, que eu tinha que aprender muitas coisas.

— Mas ele falou com todas as letras o que acha de você?

— Claro que não, né, pai, mas não sou burra. Eu entendi.

— Quantos anos tem esse jovem?

— Eu nunca perguntei, só sei que ele é o mais velho de três irmãos.

— Então deve ter mais ou menos 25, 26 anos.

— Mas em que isso tem importância, pai?

— Muita, ele já é um rapaz formado, sabe o que quer.
— E com certeza não sou eu.
Álvaro abraçou a filha e disse:
— Vamos fazer o seguinte. Vamos fazer uns testes com seu amor.
— Como assim, pai?
— Lembra que te falei sobre observar, ver como as pessoas se comportam? O que dizem seus gestos e suas atitudes, linguagem corporal, lembra?
— Sim, eu lembro.
— Quando vai vê-lo novamente?
— Amanhã. A mãe dele convidou Júlia e a mim para almoçarmos lá.
— Pois bem. Observe-o, veja como irá se comportar, atente para os mínimos detalhes, garanto a você que descobrirá logo se é correspondida ou não.
— Pai, eu te amo, mas é de verdade, viu? Não é só da boca pra fora.
— Eu acredito, minha querida.
Álvaro e Mariana conversaram por mais algum tempo, quando foram interrompidos por Maria Alice:
— Muito bem... Eu esperando você, Álvaro, e você aqui com Mariana!!!
— Calma, mulher, não vou fugir.
— Há quanto tempo estão aqui?
— Mais ou menos cinco minutos.
— Mentira, a Maria disse que faz um tempão que Mariana subiu e você veio atrás.
Mariana e Álvaro começaram a rir de ver o jeito de Maria Alice. O que a irritou:

— Do que estão rindo? Não vejo graça nenhuma; aliás, estamos atrasados para a festa na casa da Marli, não gosto desses atrasos, atrasar é falta de educação.

Álvaro beijou a filha e foi para o quarto tomar banho. Mas, antes de sair, piscou para a filha e disse:

— Faça o que te falei que logo saberá.

— Do que seu pai está falando?

— Mãe, a senhora não está atrasada? Então vá se arrumar.

— Eu vou. Mas não pense que vou esquecer, voltarei a esse assunto, pode ter certeza.

Maria Alice rodou nos calcanhares e saiu.

Álvaro e sua mulher, Maria Alice, foram para a casa dos Mendonça, e Mariana ficou pensando em tudo o que o pai dissera.

4
Uma estranha sensação

Gustavo estava sem vontade nenhuma de ir à festa, aliás, não tinha vontade de nada. Ficou se virando de um lado para outro tentando dormir um pouco, mas foi em vão, seu coração estava descompassado, o que o irritava mais.

— O que eu achei nessa menina? Meus Deus, ela é só uma garotinha, ainda por cima patricinha. Não, isso não está acontecendo comigo.

Gustavo estava com seus pensamentos a mil por hora quando seu irmão, Fernando, entrou no quarto.

— Puxa, mano, não se arrumou ainda?

— Não estou a fim de ir a lugar nenhum.

— Mas você precisa ir, mano, o doutor Henrique gosta demais de você, não pode perder essa oportunidade; chegou sua hora, logo trabalhará com ele e ficará bonito.

— Eu sei, eu sei, mas minha vontade é de sumir.

— Gustavo, ficar assim não vai resolver nada. Por que você não olha por outro lado?

— Que lado, mano... que lado?

— De ser um ótimo advogado, ganhar muito dinheiro e chegar na mãe dela e dizer: "Tenho muito dinheiro e quero comprar sua filha, quanto a senhora quer por ela?" É, mano, esse povo todo só pensa em dinheiro, aí está sua oportunidade, vamos barganhar.

Gustavo ria tanto das palhaçadas do irmão que até se animou:

— Só você, Fernando, para me fazer rir.

— Então, mano, se anima, vai... Toma um banho, fica bonito de tirar o fôlego da mulherada.

— Cê tá maluco, é...

— É, mano, a gente não pode perder tempo; enquanto você espera o desfecho de sua amada, vai se distraindo com a mulherada.

Fernando era o irmão mais brincalhão da família. Quando ele estava por perto não tinha quem não desse muitas risadas, estava sempre de bom humor. Fernando tinha seu jeito brincalhão, mas também dava duro na vida, trabalhava em um banco e cursava educação física, sonhava em montar algo que pudesse levar a criançada a caminho da geração saúde.

— Fernando, para de falar tanta bobagem.

— Bobagem? Para que ficar sofrendo por uma mulher se tem um monte por aí? Olha, se você quiser posso te acompanhar nessa festa de bacana, garanto que arrumo duas para nós, e logo você esquece a Mariana.

— Não duvido de nada, está sempre trocando de garota.

— E você, mano, com quantas já saiu na faculdade?

— Isso já passou, não acho mais graça em sair com uma hoje, no outro dia com outra.

— Chega de brincadeiras, mano, você sabe que gosto à beça da Mariana e gostaria muito que as coisas não fossem dessa maneira. Se eu fosse você abriria o jogo com ela, quem tem que gostar de você é ela, e não a família dela. Se você der ouvidos também para nossa mãe, nunca vai ficar com Mariana.

— A mãe tem razão, isso não daria certo, eles têm muito dinheiro, e tenho certeza, pelo que ela comenta, de que sua mãe é jogo duro.

— Bom, então para de sonhar e vamos voltar para a realidade. Toma um banho, coloca a beca nova e vai à luta; afinal de contas, seu chefe não tem nada com isso.

Depois da força do irmão, Gustavo se animou e foi tomar banho. Por volta das dez da noite chegou à festa. O doutor Henrique veio recebê-lo e logo foi apresentando-o com orgulho a seus convidados, pois seu chefe, um dos sócios de uma grande empresa advocatícia, apreciava seu desempenho como estagiário.

Gustavo era de origem humilde, mas se portava com muita elegância e desenvoltura, e sob os olhares femininos fazia muito sussesso.

A festa seguia animada e Gustavo sentiu-se à vontade, abrangendo novas possibilidades profissionais.

A certa altura, Maria Alice se aproximou do doutor Henrique e perguntou:

— Henrique, quem é aquele rapaz que está dançando com Marli?

— Ah... É um funcionário do nosso escritório.
— Mas faz pouco tempo que o contratou? Das vezes em que fui a seu escritório, não o vi.
— Está conosco há mais de um ano e meio.
— E como não o vi nas festas?
— É a primeira vez que vem nos prestigiar. Por que, quer conhecê-lo?
— Ah... Mais tarde quem sabe...

Maria Alice ficou incomodada com a presença de Gustavo, e não conseguia tirar os olhos dele.

Já passava das onze horas da noite quando foi servido o jantar; todos se dirigiram à grande sala e se acomodaram. Maria Alice esperou que todos se sentassem para poder arrumar um lugar onde pudesse ficar de frente para Gustavo. Ela não sabia o que estava se passando, mas não conseguia tirar os olhos dele. Gustavo estava acompanhado de uma amiga da faculdade, que também estagiava na mesma empresa. O jantar foi servido e apreciado por todos, menos por Maria Alice, que não conseguia provar nada, só admirando Gustavo o tempo todo, o que não passou despercebido à amiga dele:

— Gustavo, você conhece aquela mulher? Ela não tira os olhos de você.

E, disfarçadamente, Gustavo respondeu:

— Nunca a vi. E ainda bem que você também notou. Já está ficando desagradável isso. Não sei o que fazer.

— Daqui a pouco você vai apanhar do marido dela!!!

— Você é testemunha de que eu tô na minha.

— Olha que é muito bonita!!! Não sabia que fazia sucesso com mulheres mais maduras.

— Nem eu. Mas, para eu não apanhar, vou até o toalete.

Gustavo pediu licença e saiu. Não demorou muito e Maria Alice foi atrás.

Passaram-se alguns minutos e Gustavo estava saindo do banheiro quando Maria Alice simulou um esbarrão.

— Ah... Me desculpe senhora, eu não a vi!!!

Maria Alice, quando ficou cara a cara com Gustavo, sentiu o coração bater freneticamente, não sabia definir o que estava sentindo realmente, mas a emoção a tomou com tal violência que, se Gustavo não a segurasse, teria ido ao chão. E, meio que sem jeito, perguntou:

— A senhora está bem?

Maria Alice, sem conseguir dizer nada, olhava fixamente em seus olhos, e não sabia por que aquele rapaz a fez sentir tão forte atração. Gustavo, vendo que não conseguia fazê-la reagir, gritou por socorro. Rosana, que vinha logo atrás, já sabendo que a mulher fora ao encontro de Gustavo, deparou com aquela cena inusitada:

— O que aconteceu, Gustavo?

— E você pergunta para mim? É melhor chamar o marido dela, ela não está bem.

Rosana saiu correndo para pedir socorro. E logo voltou com Álvaro, que se assustou:

— O que aconteceu, mulher?

— Não sei, de repente passei mal, e se não fosse por este rapaz eu teria me arrebentado.

Levaram Maria Alice para um dos quartos, para que pudesse se recompor. Gustavo ficou sem entender nada, mas tinha certeza de que aquela mulher fora atrás dele de propósito, e meio sem graça foi com Rosana ao espaçoso jardim para respirar um pouco de ar puro.

— Estranha essa mulher; eu vi quando ela saiu atrás de você. O que aconteceu realmente?
— Eu não sei... não entendi nada.
— Mas que ela foi atrás de você, ah, isso foi.
— Cada uma que acontece comigo!!! Estou saindo do banheiro e ela veio que nem louca para cima de mim, e depois ficou me olhando assustada, não disse absolutamente nada, pode uma coisa dessas?
— Ai, credo, Gustavo, me dá arrepios. Essa mulher se apaixonou.
— Vira essa boca para lá, ela nem me conhece!!!
— Você tem outra explicação? Ela não tirou os olhos de você, nem disfarçou, só não reparou quem não quis.
— Para com isso, Rosana!!! E, sabe de uma coisa, vamos ver se ela melhorou? Quero ir embora.
— Ah Gustavo, agora que a festa vai ficar boa. Nem provei a sobremesa.
Gustavo e Rosana entraram e foram saber se Maria Alice havia melhorado. Henrique, vendo-os se aproximar, foi ao encontro deles:
— Fique sossegado, ela já melhorou. Foi um mal-estar passageiro.
— Bem, doutor Henrique, já que está tudo tranquilo, vou embora.
— Mas já, meu rapaz? Agora que ficou bom, vai embora?
Álvaro, se aproximando, ouviu o fim da conversa:
— Muito prazer, sou Álvaro. Você é...
— Gustavo, às suas ordens.
Álvaro o cumprimentou e disse:
— Não vá embora, meu jovem, a noite é uma criança!

— Eu preciso. Já está ficando tarde, depois fica difícil arrumar condução.

— Aproveite a festa, eu o levo para casa.

— Não se preocupe, com certeza não é o caminho do senhor.

— Isso mesmo, Gustavo, fica, depois Álvaro leva você — concluiu o doutor Henrique.

— Não quero abusar.

— Não tem problema, eu faço questão de levá-lo.

— Sabe o que é, seu Álvaro? Eu moro longe, não quero dar trabalho.

— Não será trabalho nenhum. Tenho certeza de que minha esposa aprovará minha atitude.

— Já que o senhor insiste, tudo bem, eu aceito.

Gustavo pediu licença, pegou a mão de Rosana e saiu.

— Você não gostou muito da ideia, não é mesmo?

— Nem um pouco, eles são muito bacanas, mas não acho legal ficarem insistindo.

— Bom, já que vai ter que esperar, vamos à sobremesa.

— E tem outro jeito?

Gustavo e Rosana ficaram por ali mais um tempo até que resolveram ir embora. Gustavo se despediu de Rosana, que também arrumou um carona e se foi.

No caminho, Maria Alice puxou assunto com Gustavo, que se limitou a responder com monossílabos.

— Quero lhe pedir desculpas se não fosse você teria me machucado.

— Não foi nada senhora.

— Não precisa fazer cerimônia comigo, afinal de contas não sou tão mais velha assim.

Gustavo não respondeu para não dar continuidade ao assunto. Mas Maria Alice insistiu:

— Eu não sei seu nome, você me socorreu, e nem sei seu nome.

— Meu nome é Gustavo.

— Gustavo... Bonito nome.

— Obrigado.

Gustavo sentiu que aquela mulher iria trazer problemas, não via a hora de chegar em casa.

Quando chegou, desceu do carro, não dando espaço para que Maria Alice se aproximasse dele, agradeceu rápido e entrou.

Surpresa

No dia seguinte, Júlia e Mariana foram almoçar na casa de dona Adélia.

Patrícia foi recebê-las, superfeliz. Todos foram para a cozinha, que era o melhor lugar da casa. Riram muito das palhaçadas de Fernando. Mariana estava meio aérea, não parava de olhar para o corredor que dava acesso aos quartos. Fernando, percebendo a ansiedade de Mariana, respondeu com gestos que Gustavo ainda estava dormindo.

Dona Adélia pediu que sua filha e as meninas arrumassem a mesa. Mariana aproveitou que estava um entra e sai na cozinha e pediu que Fernando lhe mostrasse o quarto deles. Mais que depressa Fernando lhe deu cobertura. Mariana entrou rápido no quarto e fechou a porta. Aproximou-se da cama em que Gustavo dormia tranquilamente e admirou sua beleza. Mariana pela primeira vez foi ousada, chegou bem pertinho e deu um beijo em seu rosto. Gustavo acordou meio assustado:

— O que está fazendo aqui no quarto?

— Estou olhando você dormir.

Gustavo a olhou fixamente, como se alguém tivesse fotografado aquela imagem e congelado. Mariana, lembrando dos conselhos do pai, arriscou, chegando bem próximo de seus lábios e esperou sua reação. E não poderia ter sido melhor: Gustavo segurou seu rosto com delicadeza e a beijou apaixonadamente. Mariana nunca havia beijado outro homem, mas não precisou de nenhuma experiência. A pureza de sua alma seguiu seu curso naturalmente extravasando uma sensação inigualável. A emoção do amor que sentia por Gustavo invadiu vigorosamente seu corpo todo. Os dois enamorados não conseguiram raciocinar, apenas se entregaram às emoções condensadas de dois seres apaixonados. Só voltaram a si quando Fernando bruscamente entrou no quarto:

— Mariana, venha rápido, minha mãe está terminando de pôr o almoço na mesa e virá chamar Gustavo.

Fernando, para proteger os dois, pegou rapidamente no braço de Mariana, escondeu-a dentro do guarda-roupa e se sentou em sua cama, fingindo conversar com o irmão.

Dona Adélia não flagrou o casal por questão de segundos; bateu de leve na porta e entrou chamando por Gustavo:

— Gustavo, meu filho, ainda está deitado? Vamos, vai se lavar que o almoço está pronto, quero vocês todos juntos à mesa, sabe que gosto de fazer minhas preces com vocês ao meu lado.

Gustavo, ainda sob o efeito da recente emoção, não conseguiu responder nada. Foi Fernando que se adiantou:

— Nossa, mãe... ele chegou tarde e quis descansar mais um pouco.

— Já descansou demais da conta. Vamos, se arruma logo que estamos esperando por você.

Adélia se virou para sair quando lembrou:

— Ah... Já ia me esquecendo, Júlia e Mariana já chegaram, espero que não se esqueça do que conversamos, distância de Mariana.

E mais uma vez Fernando retrucou:

— Ah... mãe, se a senhora não quer que Gustavo se aproxime de Mariana, por que a convida para vir aqui em casa?

— Uma coisa não tem nada a ver com outra, gosto muito das meninas, elas são boas companhias para Patrícia. Cultivar amizade é uma coisa, e Gustavo querer namorá-la é outra.

Fernando era bom filho, mas sempre impunha sua vontade, não deixava ninguém atravessar na sua frente, nem mesmo sua mãe, e logo defendeu o irmão.

— Mãe, a senhora não está sendo justa. Como não ficar com alguém que amamos? Ele está aqui, ela também, deixa eles.

— Ah, Fernando, você não entende mesmo, e esse negócio de ficar piorou.

Gustavo, mais refeito de suas emoções, interveio:

— Vocês dois não vão começar a discutir; e você, para de atravessar a mãe toda hora, esse assunto é meu, e eu vou resolver. Mãe, por favor, pode ir, vou logo atrás.

Gustavo sempre foi o filho mais coerente; quando ele entrava na briga, seus irmãos baixavam a cabeça, o respeitavam realmente como o filho mais velho. Fernando, embora não concordasse com a mãe, baixou a cabeça e se calou. Adélia saiu do quarto fechando a porta atrás de si.

Mariana saiu do armário admirada por tudo o que ouviu, sentou perto de Gustavo e perguntou:

— Por isso você não queria se envolver comigo? Por causa de sua mãe, não é? Você me ama tanto quanto eu e nunca se declarou, me fez me sentir um lixo ontem; até achei mesmo que era uma imbecil imatura.

Fernando interveio:

— Mariana, meu irmão te ama mesmo.

— Fernando, para de pôr fogo na fogueira.

— Mas a fogueira já pegou fogo.

De confusos que os dois estavam, acabaram rindo de Fernando, que fazia piada de tudo, nunca conseguia fazer drama, achava a vida muito boa para complicar. Gustavo olhava para Mariana com carinho, deu um beijo em seu rosto e gentilmente perguntou:

— Mariana, você se importa em falar sobre o assunto mais tarde?

Mariana estava muito feliz, afinal de contas seu amor era correspondido, não queria saber se sua mãe tinha razão ou não, a única coisa que faria agora seria lutar por Gustavo, a opinião das outras pessoas não fazia a menor diferença. Abraçando Gustavo, respondeu:

— Claro que não me importo, mas se acha que vou desistir de você está enganado.

— Isso mesmo, cunhada, vá à luta, o que interessa são vocês dois. — Fernando deu um beijo nos dois e disse, sorrindo: — Já que está tudo legal, vou almoçar, estou morrendo de fome.

Mariana saiu com Fernando, e foram para a cozinha juntar-se aos outros. Logo depois, Gustavo chegou se desculpando e foi beijar a mãe, como fazia todos os dias quando acordava pela manhã. Sentou-se também, e esperaram que dona Adélia fizesse a prece agradecendo pelo pão de cada dia.

6
A culpa

Maria Alice mal conseguiu dormir na noite anterior. Não conseguia tirar Gustavo de seus pensamentos e, muito agitada, relembrou o esbarrão, ela em seus braços.

— Minha nossa... o que está acontecendo comigo? Por que estou sentindo essa atração irresistível?

A bem da verdade, Maria Alice nunca amou de fato seu marido. Apenas respeitava-o e sentia-se bem a seu lado, e o melhor é que vivia como sempre sonhou, com muito dinheiro e prestígio, que Álvaro lhe prometeu quando se conheceram. Maria Alice nasceu e cresceu em uma cidade do interior.

Era a segunda filha das três que Celeste teve alguns anos atrás. Mãe muito severa, criou as filhas sob suas vistas; quando crianças, era da casa para a escola e vice-versa, não admitia namoricos no portão.

Maria Alice, rebelde, sempre dava um jeito de escapar da tirania da mãe, encontrando-se com um rapaz ou outro para namorar; muitas vezes não só se arriscava, como também complicava suas irmãs, que no final pagavam por ela aprontar tanto. Amália, como mais velha, era responsável pelas outras duas, e tinha fama de dedo-duro, pois relatava tudo para a mãe na tentativa de se livrar dos esbregues e do castigo. Mas depois de anos ainda guardava muito rancor dela, pois sua mãe a culpava por não ter olhado melhor.

Maria Alice conheceu Álvaro com dezesseis anos, homem mais velho e experiente. Filho de pais ricos, já se encontrava com a vida financeira estabilizada. Em uma das vindas a trabalho conheceu e se apaixonou perdidamente pelos encantos de Maria Alice, e não controlando os arroubos da juventude engravidou-a, casando-se às pressas, levando a filha de Celeste embora para São Paulo, evitando as fofocas de cidade de interior. Mas a verdade mesmo era que Maria Alice planejou tudo para que pudesse sair daquele fim de mundo sem graça em que vivia. Muito ambiciosa, veio para a cidade grande fazendo com que seus sonhos se tornassem realidade, conhecendo pessoas ricas e de prestígio, e se adaptou sem problema nenhum, esquecendo completamente sua família.

Com esses pensamentos tumultuados se dirigiu ao chuveiro para esquecer que nunca mais havia procurado sua mãe e suas irmãs. Deixou a água cair sobre sua cabeça para desanuviar o peso na consciência, que insistia em lhe cobrar.

7
Coragem

Na humilde casa de Gustavo era só alegria. As meninas adoraram a feijoada, pois nenhuma delas conhecia a comida típica e saborosa da cultura negra africana. Na verdade, havia muitas coisas que elas não conheciam, principalmente Mariana, que observava tudo com entusiasmo, fazendo comparação com sua casa, onde tudo era sem graça e formal. Não havia aquela coisa boa de sentar-se à mesa, onde havia amor e alegria de aproveitar intensamente a vida com harmonia.

Mariana não sabia explicar o que realmente sentia quando estava na casa de seu Armando e dona Adélia, a única certeza que tinha era de estar lá ao lado de Gustavo, e que estava apaixonada não só por ele ser um homem muito bonito e atraente, mas por um sentimento forte e indefinido. Mariana fugia dos padrões evolutivos do século XXI, da liberdade e das conquistas não só das mulheres, mas de uma geração inteira que vem com o propósito de eliminar definitivamente todos os preconceitos e discriminações que um dia existiram entre nós. Mas isso não queria dizer que Mariana fosse pudica, apenas não compartilhava dos valores de que tinha que transar ou ficar com vários rapazes para ser uma garota descolada, dando asas à liberdade de expressão, que por muitas vezes os jovens confundem com livre-arbítrio, enveredando por caminhos tortuosos dos vícios, como cigarros, drogas e sexo, e com isso se arriscando por um caminho sem volta. Apenas tinha suas escolhas. Mas respeitava as pessoas que curtiam a liberdade.

Seu Armando, observando Mariana e seu filho Gustavo, notou que Adélia talvez não conseguisse fazer com que eles fossem apenas amigos; seus olhos se procuravam com a insistência de um grande amor. E, com os pensamentos longe, não ouviu quando Mariana o chamou:

— Seu Armando... Seu Armando...

Ele só voltou de seus pensamentos quando Gustavo tocou em seu braço:

— Pai, Mariana está falando.

— Desculpe-me, Mariana.

— Ah, minha filha, não liga, Armando às vezes viaja — disse Adélia.

— Sabe o que é, seu Armando? O senhor acredita que já vivemos outras vidas?

Todos que estavam em volta da mesa olharam para Mariana, surpresos.

— Nossa, gente! Por que estão todos me olhando assim? Só fiz uma pergunta.

— Claro, Mariana, você não se lembra de mim? — brincou Fernando.

— Ah, moleque, faz piada de tudo — retrucou Adélia.

— Por que a pergunta, Mariana, você se interessa por esse assunto?

— Sabe o que é, seu Armando? Meu pai acredita que isso possa acontecer, e o senhor, como frequenta um centro espírita... Eu gostaria de saber mais sobre isso.

— Com certeza que sim, seu pai tem razão, e fico feliz por se interessar também.

— Que novidade é essa? Você nunca me disse nada, Mariana.

— Ah, Júlia, esqueci de comentar com você. Se isso for verdade mesmo, quando eu morrer poderei encontrá-los?

Seu Armando convidou todos para se sentarem na sala, acomodou-se em um sofá, e com satisfação todos sentaram no chão à sua volta esperando que ele continuasse:

— Mariana, esse assunto deve ser discutido com tempo, mas vou tentar responder à sua pergunta. Todos os que por algum motivo passam por nossa vida vêm com algum objetivo; uns com mais importância, outros com um pouco menos, mas todos, sem exceção, farão parte de seu currículo reencarnatório.

— Currículo reencarnatório? Não entendi.

— Bem... vamos colocar como aprendizado, ou bagagem. Nós, quando nascemos, viemos com um propósito, e esse propósito é para que possamos reparar algum erro ou ajudar alguém a quem amamos muito em outras vidas.

— E como vamos saber se nós não lembramos de nada?

— Aí é que está a sabedoria de Deus, nosso criador, que faz com que esqueçamos assim que chegamos aqui.

— Mas isso é injusto. Como vou saber quais são meus erros?

— Você não precisa saber, tudo está gravado em sua alma — explicou Gustavo.

— Mas não me lembro de nada.

— Mas você sabe o que é certo ou errado, como todos nós aprendemos desde pequenos, como amar a Deus sobre todas as coisas, e amar ao próximo como a ti mesmo.

— Mas os mandamentos que Deus nos deixou não são dez?

— Mas que no fim se resumem a esses dois. Por quê? Se aprendermos a amar a Deus em primeiro lugar, e ao próximo, como ele nos ensinou, não furtaremos, não mataremos e não faremos mal a ninguém, respeitando e amando a todos os que cruzarem ou não nosso caminho. Você concorda com esse raciocínio?

Mariana pensou um pouco, e, pasma por Gustavo expor seus conhecimentos, respondeu:

— É, realmente isso faz sentido, todos os mandamentos cabem em dois.

— Exatamente, se colocar esse dois em prática, já estará reparando suas desavenças ou erros passados.

— Puxa, Gustavo, não sabia que você também estudava essa doutrina!

— Todos aqui em casa frequentam o centro espírita. Procuramos sempre atualizar nossos conhecimentos com cursos para poder entender mais os desígnios de Deus — respondeu seu Armando.

— E quando amamos alguém, essa pessoa já estava destinada para nós?

Seu Armando olhou para Adélia, que olhou para Gustavo, entendendo aonde a menina Mariana queria chegar. E, sem rodeios, mas sincero, respondeu:

— Muitas vezes confundimos sentimentos.

— Como assim? A gente sente quando um amor toma conta do nosso coração.

— Menina Mariana, temos que prestar atenção aos verdadeiros valores do amor.

— Desculpe, mas ainda não entendi o que o senhor quer dizer.

— O amor verdadeiro sempre, em qualquer circunstância de nossa vida, nos eleva, nos faz feliz, nos faz ser companheiros nas piores horas, e nos liberta também, nos faz caminhar lado a lado com a pessoa amada, e nunca, jamais, um à frente do outro. E, se por algum motivo não pudermos ter essa pessoa ao nosso lado, torcemos para que ela seja feliz em qualquer outra circunstância, em qualquer lugar que esteja. Você me entendeu?

— Gostaria que o senhor me explicasse melhor o que quer dizer um à frente do outro.

— Por exemplo, você, uma menina que é criada com muito conforto, muitas regalias, que vive em outra realidade, não daria certo com alguém mais humilde, mesmo porque o círculo familiar e até mesmo de amizades em que vive são outros, e sendo assim dificilmente poderia dar certo, porque um estaria sempre à frente do outro, trazendo desentendimentos futuros.

— Não concordo com o senhor.

— Então diga em que não concorda.

— É simples, porque as pessoas têm suas escolhas e poderão renunciar a tudo o que têm para poder ficar ao lado de quem amam.

Seu Armando e dona Adélia ficaram sem ação diante da firmeza de Mariana, porque ela deixou claro que faria qualquer coisa para ter Gustavo. Depois de alguns segundos pensando bem no que dizer para a menina Mariana, arriscou e fez uma pergunta para ver se realmente ela enfrentaria suas diferenças:

— Está bem... se você não concorda com meu raciocínio, vou fazer uma pergunta a você.

Gustavo e Adélia ficaram apreensivos com o rumo que a conversa estava tomando, e, olhando para o marido com ar reprovador, Adélia interveio:

— Vamos tomar um café, afinal de contas Mariana é muito nova para pensar em ter compromisso sério.

— Espere um pouco, dona Adélia, fiquei curiosa, quero saber qual é a pergunta do seu Armando. — E olhando fixamente para ele continuou: — Pergunta, seu Armando...

Seu Armando por um segundo se arrependeu, mas não poderia voltar atrás, e continuou:

— Mariana, você renunciaria a tudo o que tem por amor?

Júlia, Fernando, Patrícia e Gustavo ficaram olhando para Mariana esperando pelo que ia dizer. Mas a menina decidida e tranquila respondeu:

— Com certeza... E, já que o senhor foi sincero comigo, vou ser sincera não só com o senhor, mas com dona Adélia também. Eu não só renunciaria a tudo que tenho como farei de tudo para ter Gustavo... Eu amo muito seu filho, seu Armando, e, se for preciso, renuncio sim a tudo que tenho.

A sinceridade de Mariana caiu como um bomba naquela casa. Dona Adélia gostaria de ouvir qualquer coisa, menos o que acabara de ouvir, pois sabia que seu filho Gustavo teria que enfrentar grandes obstáculos, e sofreria algumas consequências.

— Me perdoe, dona Adélia, eu sei que a senhora não quer que eu fique com Gustavo. Se a senhora me der um só motivo plausível, juro que vou embora da vida de vocês e não voltarei mais.

Adélia ficou sem ação com a sinceridade da menina. Como faria para que ela entendesse, se ela mesmo não tinha essa sabedoria? E por que Deus consentiu que duas pessoas se amassem com realidades e mundos tão diferentes? Procurando ser tranquila respondeu:

— Mariana, minha querida, tem coisas que você não entenderia mesmo que eu explicasse. Peço que me desculpe por eu resistir em aceitar você com meu Gustavo, mas vocês dois são muito diferentes. Olha, Mariana... Seu mundo é diferente do nosso mundo. Você é tão jovem ainda, talvez esteja confundindo as coisas, talvez não seja amor o que sente por Gustavo. Talvez o admire porque é um rapaz feito, e muitas vezes quando temos amizade com um rapaz mais maduro passamos a admirá-lo, achamos que é mais seguro, mais atencioso, mais firme em suas decisões; enfim, ele passa a ser um superamigo, é só isso. E depois, na sua idade, nós nos apaixonamos muitas vezes, você é uma menina ainda!!!

— A senhora me acha muito imatura para Gustavo, não é isso?

— Quer minha sinceridade? Acho que sim, minha filha.

— E a senhora acha também, que, por eu ter apenas 19 anos, não sou capaz de amar um homem mais velho?

— Mariana, não quero que você se ofenda...

Mariana não deixou dona Adélia terminar e concluiu:

— Desculpe, dona Adélia, mas peço que a senhora me ouça. Sei que sou bastante jovem, e não tenho experiência nenhuma com namoros, ou homens, mas por isso mesmo sei o que quero, nunca namorei ou fiquei com nenhum rapaz. E o que sinto por seu filho é amor, pois nunca senti nada igual, e, mesmo que se decepcione com minha atitude, vou fazer de tudo para ter Gustavo, a não ser que ele não me ame tanto quanto eu o amo. Aí sim, vou ter que aceitar sua opinião e a vontade dele. Vou embora e não voltarei mais, pois não suportarei viver apenas com a amizade de seu filho.

Mariana olhou para Gustavo esperando que ele dissesse alguma coisa. Armando e os outros presentes ficaram sem saber como agir, apenas torciam intimamente para que Gustavo se pronunciasse positivamente.

— Mãe, eu sinto muito se vou decepcionar a senhora também, mas eu amo muito a Mariana para negar e passar por cima de tudo o que estou sentindo neste momento. Nunca pensei que ela seria tão corajosa assim e me pediria em namoro. Porque é realmente o que está fazendo, e estou muito orgulhoso da atitude dela. E, dirigindo-se a Mariana, disse com carinho e emoção: — Mariana, eu te amo muito, muito. E, se você enfrentou todos da minha casa por esse amor, vou fazer de tudo para enfrentar qualquer desafio por você também.

Fernando, Júlia e Patrícia se aproximaram do casal e o abraçaram com muita alegria, comemorando tanta felicidade. Seu Armando, calado, sorriu com o coração e os abençoou; dona Adélia, sem saída, deu a mão à palmatória:

— Gustavo e Mariana, me perdoem, apenas tive receio por vocês. Mas quem sou eu para ir contra a vontade de Deus? Só me resta abençoar vocês dois.

Dona Adélia guardou para si o que não daria para mudar, e pediu naquele momento que Deus a fizesse forte. Estendeu a mão para Gustavo se aproximar e, pousando sua mão na mão de Mariana, disse:

— Meu filho, eu o amo demais, e pode ter certeza de que não foi capricho meu tentar fazer com que você não se envolvesse com Mariana. Mas você sabe que terá de enfrentar, além de muitas dificuldades, os pais dela também.

Gustavo fez sinal de sim com a cabeça, pousou um beijo carinhoso na mãe e disse:

— Obrigado, mãe. Eu sabia que a senhora iria nos abençoar.

Fernando, como sempre, para aliviar tantas emoções, brincou:

— É isso, minha cunhada, sabia que você enfrentaria o "veio" Armando e "veia" Adélia.

Todos riram do jeito de Fernando. Dona Adélia, já refeita, foi para a cozinha fazer um café para levantar os ânimos. Depois do café, Júlia se manifestou:

— Vamos, Mariana, já anoiteceu e precisamos ir embora, daqui a pouco esse seu celular começa a tocar sem parar, e eu não quero ouvir sua mãe soltar os cachorros.

Gustavo, ansioso pra falar com Mariana, interveio:

— Júlia, querida, posso falar um minutinho com Mariana?

— Se for só um minutinho eu deixo...

Os dois saíram para o jardim, e assim que fecharam a porta da sala Gustavo agarrou Mariana, com o coração acelerado:

— Mariana, me abraça forte. — Mariana ia dizer alguma coisa, mas Gustavo a cortou falando: — Não fala nada, apenas fica assim comigo.

Gustavo amava Mariana desesperadamente desde a primeira vez que cruzou com ela na faculdade, quando Júlia veio pedir a matéria que havia perdido um dia antes, comprovando que existe amor à primeira vista. Daquele dia em diante, quando cruzava com ela, seu coração disparava como o de um adolescente. Sentia-se envergonhado, mas era mais forte do que ele. Gustavo, até conhecer Mariana, era um jovem como qualquer outro que saía com várias garotas ganhando a fama de conquistador, tanto que, quando Mariana começou a se interessar por ele, Júlia chamou-a à razão. Chegaram até a brigar, mas nada que abalasse a amizade sincera que nutriam desde pequenas. Mesmo assim Júlia não se cansava de alertar a amiga:

— Mariana, esse cara não vale nada, cada dia sai com uma garota; só lá, em nossa turma, tem umas mil que saíram com ele.

— Júlia, para de ser exagerada, eu nunca o vi com ninguém, aliás, não era você que dizia pra eu arrumar um namorado?

— Ah, Mariana, um namorado. Não um dom-juan...

Mariana brincava com a amiga deixando-a mais brava.

— Ah, Júlia só porque ele gosta de fazer a mulherada feliz?

— Deixa de graça, viu, Mariana... É mais um motivo para esquecer esse cara, não combina nada com seu jeito. Nunca namorou, nem um beijo provou.

— Então... vou aprender com ele. Porque ele vai ser meu!

— Ah... Pode tirar o cavalo da chuva. Esse cara não vai se amarrar mesmo... É melhor esquecer.

— Não esqueço não... E quer saber? Você é quem vai me ajudar...

E realmente foi Júlia quem ajudou mesmo. Gustavo passou a cultivar a amizade de Júlia por estar amando pela primeira vez em sua vida. E com o passar dos dias ela acabou se rendendo, e viu que Gustavo era um cara legal e esforçado, como todos de sua casa. Aquilo de sair com muitas garotas era tão somente pela facilidade da mulherada, que se oferecia não só para ele, mas para todos os outros da faculdade. Era a tal emancipação e liberdade de expressão, adiando compromissos como namorar, casar, constituir uma família.

Passaram-se mais de dois anos e Júlia, Mariana, Gustavo, Fernando e Patrícia ficaram amigos para valer, a ponto de um comprar a briga do outro. Gustavo mudou da água para o vinho, nunca mais desfilou com nenhuma garota. Pelo contrário, quando estava a sós com Júlia se abria e desabafava sobre o amor que sentia por Mariana, dizendo que pela primeira vez não sabia como agir. Júlia começou admirá-lo. Ele realmente não era nada daquilo que ela um dia julgou; ela até chegou a sofrer junto dele, pois Gustavo a fez prometer que não comentaria nada com Mariana, que era melhor tê-la perto como amiga do que iniciar uma história que, na visão de seus pais, nunca daria certo. Até que, com a ajuda de Fernando, Júlia passou a incentivar Mariana a se declarar para Gustavo. Quando surgiu uma oportunidade eles armaram aquela história de Gustavo convidar Mariana para escolher a tal roupa para a festa na casa do seu chefe. Eles estavam felizes, não sabiam se tinham feito a coisa certa, mas com certeza foi o primeiro passo para que eles se aproximassem, pois Gustavo evitava ficar só com Mariana – aliás, Fernando e Júlia tiravam um sarro dele perguntando onde estava escondido o lobo mau. Gustavo nem se irritava mais com as brincadeiras deles, porque no fundo sabia que virara um apaixonado incurável e tinha receio mesmo de avançar o sinal com Mariana.

Mariana ficou abraçada com Gustavo sentindo o poder de um amor, experimentando sensações que para ela eram inexplicáveis. Depois de alguns longos minutos, Gustavo se afastou do abraço para que pudesse olhar diretamente em seus olhos, e carinhosamente beijou seus lábios repetidas vezes, e entre um beijo e outro dizia:

— Mariana, eu te amo muito, muito mesmo, e estou disposto a fazer tudo por você.

— Se você jurar que me amará para resto de seus dias, farei tudo por você também.

E, embriagados pelo amor que os uniu, juraram que nada nem ninguém os separaria.

Gustavo ficou orgulhoso pela coragem e determinação com que Mariana assumiu seu amor perante sua família, mas não poderia esquecer que o problema não era sua família, mas sim os pais dela. Precisava resolver a situação para poderem assumir o namoro:

— Mariana, como vai fazer? Você vai falar com seus pais, não vai?

Mariana suspirou fundo e respondeu:

— Com meu pai, com certeza. E sei que ele vai ficar feliz, pois já falei de você para ele.

— Verdade? Você é mais determinada do que pensei.

— Isso não é determinação, isso é o amor que sinto por você.

Gustavo beijou seu rosto com amor e orgulho; não esperava que ela tivesse falado dele para seu pai e, feliz, perguntou:

— E o que ele disse?

— Foi meu pai que me deu a maior força, foi por isso que criei coragem e fui a seu quarto. Eu tinha que ir para o tudo ou nada.

Gustavo ria do jeito de Mariana contar.

— Do que está rindo?

— De sua espontaneidade, sinceramente não esperava que você tivesse segredos com seu pai, normalmente é com as mães que as filhas se abrem.

— É, mas em minha casa é ao contrário, meu pai me entende, minha mãe quer me controlar e dar palpites em tudo. Ela não é ruim, mas pensa diferente de mim, nunca concorda com minhas opiniões, com o que acha que é melhor para mim. É complicado, por isso prefiro contar só para meu pai por enquanto, com certeza ele vai achar um jeito de convencer minha mãe.

— Tá bem, seu pai sabendo já é um começo, não quero ter que me encontrar escondido como se fôssemos dois adolescentes; quer dizer, você escapou por pouco.

— Engraçadinho... Já tenho 19 anos.

— Puxa, como está velha, hein... — brincou Gustavo.

Mariana ia dar o troco quando Júlia saiu no jardim:

— Eu sei que o casal gostaria de ficar juntinho para sempre, mas temos que ir embora, porque senão dona Maria Alice vai pôr a polícia atrás de nós.

Quando Gustavo ouviu o nome Maria Alice, pensou rapidamente: "Maria Alice... conheço esse nome de onde? Ah... Da festa na casa de meu chefe. Não, não pode ser... é apenas coincidência... Nem quero pensar uma coisa dessas..."

Mariana sentiu Gustavo diferente, passou a mão delicadamente em seu rosto e perguntou:

— O que foi? De repente o senti preocupado.

— Não foi nada. É que nem foi embora e já estou sentindo sua falta.

Fernando, que vinha logo atrás ao ouvir aquilo, não aguentou e tirou uma com o irmão.

— Que bonitinho, Júlia... o lobo mau está ficando bonzinho.
— Lobo mau... Por quê?
— Não dê ouvidos a Fernando, dele não sai nada que se aproveite.

Júlia se escondeu atrás de Fernando, pois não conseguia parar de rir de Gustavo, todo sem jeito.

E Mariana insistiu:
— Fala agora, do que vocês dois então rindo?

Gustavo olhou para Fernando e Júlia com cara de poucos amigos e retrucou:
— Com certeza isso que estão fazendo para mim vai ter volta... Ah... pode ter certeza de que vai...

Gustavo, abraçando Mariana, se explicou.
— Mariana, não liga, esses dois juntos só pensam bobagens, mas quando nós dois estivermos sozinhos te conto toda a história que eles inventaram.

— Mas toma cuidado com...

Gustavo, sabendo que o irmão ia soltar mais uma piadinha, o cortou rapidamente:
— Fernando, se abrir mais uma vez a boca para soltar suas piadinhas, vou trancar a porta do nosso quarto, e você vai dormir no sofá para o resto de seus dias.

Fernando e Júlia saíram correndo para o carro antes que Gustavo se irritasse de verdade. Mas Gustavo já conhecia Fernando o bastante para saber que não iria mudar nunca, ele amava o irmão. A bem da verdade, ele era a alegria da casa, mau humor não existia em seu dicionário.

Mariana insistiu para saber qual era motivo de tanta risada dos dois amigos. Mas Gustavo, preocupado com horário, beijou Mariana e a levou para o carro.

— Mariana, já é tarde, vá para casa com Júlia, precisamos ter juízo, amanhã nos veremos na faculdade.

Mariana deu um beijo em Fernando, entrou no carro e foram embora.

Júlia deixou a amiga em sua casa e se foi. Mariana se admirou, a mãe não estava de plantão à sua espera, mas seu pai sim, e assim que ela entrou seu pai a chamou.

8
A ajuda do pai

— E aí, minha filha, como foi seu almoço na casa do amado?

Mariana, quando viu o pai com alegria no rosto, correu para abraçá-lo:

— Ah, pai, como estou feliz! O senhor não imagina!

— Ah, eu imagino sim, seus olhos estão brilhando como as estrelas no céu. Conta para seu pai, fiquei te esperando, não conseguiria dormir sem ver essa felicidade toda em sua alma.

— Pai, nós estamos juntos, fiz o que o senhor me aconselhou... Quer dizer, mais ou menos.

— Como mais ou menos?

— É, avancei um pouco o sinal, mas no fim foi melhor do que eu esperava. Ele me ama, pai... ele me ama, pai... estou muito feliz, parece que meu coração vai sair pela boca.

— Os pais dele aprovaram?

— A mãe dele estava resistente no começo, mas depois conversamos, e agora ela está do nosso lado.

— Eu sei o que a incomodou, são as diferenças sociais, não é isso?

— É isso mesmo, como o senhor adivinhou?

— Mariana, minha filha, acho que chegou a hora de termos uma conversa.

— Ah, pai... vai me dizer que o senhor é contra?

— Em absoluto, minha querida! Eu nunca iria contra um amor que está pegando forma. E estou feliz por esse jovem te amar também. E, se você o escolheu, é porque deve ser um bom rapaz. Não é isso? Mesmo porque vou conhecê-lo!!!

— Então do que se trata?

— Mariana, como você é uma pessoa simples, e procura tratar todos de igual para igual, acha que todos são como você, e não é bem assim. A mãe desse rapaz, por exemplo, com certeza é uma pessoa do bem, por não aceitar esse envolvimento com seu filho.

— Mas por que, pai? Não estou entendendo.

Álvaro pegou as mãos da filha, e com muito carinho continuou:

— Qual é o nome da mãe do rapaz?

— É Adélia.

— Pois então, essa dona Adélia concordou, porque diante do amor de vocês não poderá fazer nada por ora, mas não aceitou.

— Por que está dizendo isso?

— Porque, Mariana, por mais que poupemos os filhos, uma hora eles terão que enfrentar suas realidades. E chegou sua hora.

— Mariana ia interromper, mas seu pai a cortou: — Deixe-me terminar, minha filha. Você está com 19 anos. Muitas garotas na sua idade têm até filhos, e eu e sua mãe erramos muito em querer protegê-la, guardá-la, e procuramos resolver tudo por você. Nós não deixamos que você enfrentasse o que realmente é a vida lá fora, e a vida de um jeito ou de outro vai nos ensinar, por bem ou por mal vamos ter que aprender, você não é uma exceção.

— Aonde o senhor quer chegar?

— Quero chegar ao seguinte: se você amar esse rapaz de verdade começará a enxergar a vida de outra maneira, irá enfrentar muito preconceito, e você querendo ou não vai encontrar discriminações por ele ser de origem humilde, começando por sua mãe.

— Pai, sei o que o senhor quer me dizer, e sei também que quer conhecê-lo por preconceito, para ver se realmente não é mais um golpista querendo se dar bem. Mas pode ficar sossegado que ele mesmo virá se apresentar, ele não quer se esconder de ninguém, ficou até aliviado porque o senhor sabe sobre ele.

Álvaro se surpreendeu com a maturidade da filha. Porque realmente o pai a julgava ingênua. Mas ela tinha razão, seu pai queria mesmo conhecê-lo para sentir suas intenções. Firme em seus propósitos ela disse:

— Amanhã, quando eu sair da faculdade, quero que o senhor vá conhecê-lo. Só assim ficará mais seguro.

— Filha, não quero que você se ofenda, não foi minha intenção julgá-lo.

— Claro que foi, papai. Mas não estou chateada por isso. Quando conhecê-lo vai gostar ele, eu sei disso, nós nos amamos muito, não sei explicar, mas parece que o conheço há muito tempo.

Álvaro abraçou a filha e disse:

— Eu confio em você, e tenho certeza de que vou gostar muito dele. Mas agora vamos dormir, senão sua mãe vai soltar os cachorros.

Os dois subiram, felizes, para seus quartos. E pela primeira vez Maria Alice não estava à procura da filha desesperadamente. Estava muito excitada para dar falta dela.

9
A existência de um vínculo

Na manhã seguinte dona Adélia levantou cedo, pôs o café na mesa e acordou os filhos e o marido.

Todos se sentaram à mesa, e com a alegria de sempre tomaram café. Seu Armando foi trabalhar, e os filhos foram para a faculdade.

Dona Adélia se despediu de todos e permaneceu à mesa, muito preocupada com o namoro de Gustavo. Estava apreensiva, não conseguia se tranquilizar; lavou a louça rapidamente e foi conversar com Marta.

Depois de andar alguns quarteirões, chegou em frente à casa dela. E, um pouco aflita, tocou a companhia.

Logo veio uma moça muito simpática atendê-la.

— Adélia, que alegria, entre!

Adélia entrou, e um pouco chorosa, disse:
— Ah... Marta, estou um pouco aflita, não pude esperar até a noite.
— Claro, fez bem, vamos sentar.
Assim que Adélia se sentou, Marta, acolhedora, perguntou:
— O que foi que aconteceu? Me parece tão preocupada!
— Marta, lembra que comentei alguns dias atrás sobre Gustavo?
— Claro que me lembro, e pelo jeito está com a menina?
— Exatamente, Marta, e estou com muito medo, aqueles avisos que tive não saem dos meus pensamentos.
— Adélia, você precisa ter confiança em Deus e nos mentores que nos acompanham. Nós já sabíamos que isso iria acontecer, eles se amam, e não temos o direito de impedi-los de ficar juntos.
— Mas temo por eles. Por que, quando nossos amigos do plano espiritual vêm nos orientar, já não contam realmente do que se trata?
— Calma, irmã Adélia, você sabe que não é permitido por motivos óbvios, não devemos interferir.
— Eu sempre aconselhei todos os nossos irmãos para que tivessem fé e perseverança nos desígnios de Deus, mas quando se trata de alguém de nossa família a coisa é bem diferente.
— Adélia, você sabe que não deve se desesperar e baixar a vibração; lembre-se, pensamentos positivos são fundamentais para que possamos ajudá-los. Vamos nos unir e fazer uma prece para que se acalme; quando for noite conversamos com o mentor da casa, velho Pedro; ele nos aconselhará sobre o que fazer.

Adélia e Marta fizeram uma prece para que Deus as ajudassem a ser fortes. E depois, mais calma, Adélia foi para casa cuidar dos afazeres do lar.

Naquela mesma manhã, Álvaro, Maria Alice e Mariana, sentados à mesa, tomavam café. Maria Alice não parecia a mesma, estava mais introspectiva, o que para Mariana estava ótimo. Nem perguntou que horas chegara na noite anterior. Foi Álvaro quem sentiu algo anormal, e com educação perguntou:

— Aconteceu alguma coisa, Maria Alice? Desde sábado anda calada, meio estranha.

— Não, meu bem, estou ótima, é que estou com um pouco de pressa, combinei com a Marli de passar na casa dela hoje.

— Mas assim cedo?

— Ah... Nós combinamos de ver algumas roupas que entraram em promoção na loja da Carmem. E, sabe como é, se chegarmos tarde não terá sobrado nada.

— Se quiser, posso deixá-la na casa dela, depois ela a traz de volta.

— Não é preciso, meu querido, prefiro ir com o carro.

— Está bem, faça como achar melhor.

Maria Alice se levantou e se despediu de Álvaro e Mariana, e em seguida saiu.

— Nossa, pai! Mamãe está estranha, nem fez seu interrogatório habitual, nem quis saber a que horas cheguei.

— É, quem sabe não está confiando em você? Está vendo que você já é uma moça crescidinha, hein!!!

— Se for só isso, está bom.

Álvaro saiu em seguida com a filha. E cada um seguiu sua rotina. Maria Alice chegou cedo à casa de Marli — ainda os encontrou tomando o café da manhã. E Henrique se admirou:

— Aconteceu alguma coisa, Maria Alice?

— Não, é que eu combinei com Marli que íamos à loja de Carmem.

— Combinou? Não lembro! — disse Marli, espantada.

— Ai, Marli, como não lembra? Você é esquecida mesmo, não é, Marli?

Maria Alice fez sinal com os olhos, e Marli logo viu que Maria Alice estava com alguma ideia na cabeça. Por fim confirmou:

— Ah, é mesmo, como poderia esquecer?

— Bem, se é assim, boas compras para as senhoras.

Henrique deu um beijo no rosto da esposa e saiu. Maria Alice mal esperou Henrique fechar a porta e, muito excitada, perguntou à amiga:

— Marli, preciso saber quem é aquele rapaz que trabalha lá no escritório!

— Que rapaz? Há tantos que trabalham lá.

— Aquele, Marli... Aquele que me socorreu, lembra? No sábado aqui em sua casa.

Marli já conhecia Maria Alice, sabia que iria arrumar problemas, então respondeu de modo firme:

— Maria Alice... Esse rapaz não. Pelo amor de Deus, já concordei com algumas paqueras suas, mas com Gustavo não.

— Ah, Marli, por que não, você sabe que nunca passou de brincadeiras!

— Maria Alice, é melhor deixar esse rapaz pra lá, Henrique gosta demais dele, e não vou me indispor com meu marido por conta desses joguinhos de sedução que de vez em quando faz. Uma hora você vai se apaixonar por algum moleque, e vai se dar mal.

— Ah... Para de dizer bobagens. Eu sou mais eu. Só o achei maravilhoso.

— É, Gustavo realmente é um homem charmoso.

— Charmoso? Charmoso é pouco... Ele é o máximo.

— Tudo bem, ele é muito bonito, mas não vamos mexer com quem está quieto.

— Não, Marli, com esse rapaz é diferente. Coloque sua mão no meu peito, veja como estou.

— Minha nossa, parece que vai sair pela boca!

— Verdade, minha amiga, eu nunca senti uma coisa dessas, nem quando fiz amor pela primeira vez.

— Agora mesmo que não vou compactuar com uma coisa dessas. Deixe-o em paz, Gustavo é boa gente, não merece cair nas suas garras.

— Credo, Marli! Quem vê pensa que os homens sofrem como nós.

— É, mas se lembra daquele da academia? Você o iludiu mais que pôde, depois o deixou como um palhaço te seguindo por toda parte.

— Ah... Você sabe que só faço por brincadeira, nunca quis levar nada sério. Gosto de Álvaro.

— Melhor assim, então vamos esquecer o Gustavo.

— Gustavo... Que nome lindo. Aliás, ele é todo lindo, tem rosto de homem de verdade. Com ele, eu me entregaria sem pensar duas vezes.

— Mas vai pensar sim. Pense bem, Maria Alice, você poderá se machucar.

— Está bem... Está bem... Acho que foi bobagem minha, vamos esquecer o assunto e fazer compras.

Maria Alice e Marli saíram para as compras e depois foram almoçar, conversaram sobre assuntos diversos e comentaram sobre a festa de sábado passado. Marli ficou satisfeita por sua amiga ter esquecido o assunto de Gustavo. Já passava das quatro horas da tarde quando Maria Alice deixou Marli em casa e foi embora. Maria Alice não conseguia esquecer o rosto de Gustavo, mas preferiu não envolver Marli nessa história, já que o assunto poderia chegar aos ouvidos do marido, e não era isso que ela gostaria. Quando chegou em frente a um prédio de luxo, estacionou o carro e entrou. Assim que chegou à recepção pediu à moça:

— Não precisa me anunciar, sou amiga do doutor Henrique.

E rapidamente entrou. Assim que entrou encontrou Rosana, e a cumprimentou:

— Como vai, Rosana?
— A senhora me conhece?
— Eu a conheci na festa de Henrique. Sábado, não lembra?
— Ah, sim, como poderia esquecer? A senhora foi...

Maria Alice a cortou:

— Quem passou mal? Sim fui eu, mas não vim aqui para falar do meu mal-estar. Quero conversar com o doutor Henrique, ele está?

— No momento ele não se encontra, mas acho que não vai demorar.

— Eu vou esperar. A propósito, onde fica a sala de Gustavo?

Rosana não esperava que ela tivesse tanto atrevimento, não sabia se falava ou não, mas quando Maria Alice ia insistir abriu-se uma porta atrás dela e saiu Gustavo. Maria Alice se virou, deu de cara com ele. Gustavo, surpreso, gentilmente a cumprimentou:

— Boa tarde, senhora.
— Não se lembra de mim?

Claro que Gustavo lembrava, mas preferiu não esticar o assunto. Mas esse encontro era tudo o que Maria Alice queria; e em suas ilusões achou que foi coisa do destino, e com o coração a mil por hora insistiu:

— Não acredito que se esqueceu de mim.

— Me desculpe... Mas conheço a senhora de onde mesmo?

— Da festa na casa de Henrique e de Marli!

— Ah, estou me lembrando. Como a senhora tem passado?

— Muito bem. Mas a senhora está no céu. Me chame de você.

— Me desculpe, é força do hábito.

Rosana viu que Gustavo não estava muito a fim de dar continuidade à conversa, mas Maria Alice não perderia essa oportunidade de jeito nenhum; deslumbrada com a beleza de Gustavo, continuou:

— Gustavo, eu precisava de uns conselhos de advogado, mas como Henrique não está gostaria de falar com você. Podemos ir à sua sala?

Rosana não pôde deixar de se espantar com a ousadia daquela mulher, e olhando fixamente para Gustavo interveio:

— Ah, mas Gustavo tem uma reunião agora, está até atrasado, não é mesmo, Gustavo?

— É verdade, já estava indo quando a senhora... Quer dizer, *você* chegou.

— Ah, mas não vai demorar nada, garanto a você que serão cinco minutinhos.

Gustavo achou melhor falar com ela logo, pois enquanto não lhe desse atenção ela não sairia dali. Assim, gentilmente dirigiu-se à porta de sua sala e convidou-a entrar:

— Por favor, tenha a bondade.

Gustavo indicou uma cadeira para ela se sentar.

— Em que posso ajudá-la? Qual sua dúvida?

Maria Alice olhava Gustavo fixamente em seus olhos. Disse com ar provocante:

— Com certeza poderá me ajudar. Não sei como começar, mas precisava desesperadamente ver você. Desde sábado não penso em outra coisa a não ser em encontrá-lo.

Gustavo, aturdido, não conseguia balbuciar uma só palavra. E Maria Alice continuou:

— Isso nunca aconteceu comigo, sinto por você uma atração irresistível, e daria tudo por você.

Gustavo respirou fundo, e firme lhe disse:

— Dona Maria Alice, a senhora...

— Por favor, para você, só Alice.

Gustavo procurou ficar calmo e entrar no jogo dela, pois sentiu que ela não estava para brincadeiras.

— Se você prefere... Alice, você deve estar confundindo as coisas, como pode falar isso, se nem me conhece direito?

— Não... não estou, desde que o vi dançando com Marli, não o tirei mais dos meus pensamentos. Desculpe, estou um pouco nervosa.

Gustavo interfonou para Rosana e pediu que ela lhe trouxesse um pouco de água. Logo em seguida Rosana trouxe a água, e Gustavo levantou-se e lhe ofereceu:

— Alice, beba um pouco, vai se sentir melhor.

Com as mãos trêmulas, ela segurou o copo e deu alguns goles. Rosana perguntou se ele precisava de mais alguma coisa, e Gustavo, achando que tudo iria se acalmar, respondeu:

— Não, Rosana, pode ir.

Rosana saiu, e Gustavo procurou contemporizar:

— Alice, às vezes essas coisas acontecem, é melhor você ir para casa e se acalmar, amanhã é outro dia, e você esquecerá até que me conheceu.

— Eu não o esqueceria nem que se passassem cem anos. Eu vejo seu rosto diante de meus olhos dia e noite, você é maravilhoso.

— Alice, não sei o que dizer, mas sei que está confusa; quem sabe não pareço com alguém que conhece e ficou impressionada.

— Impressionada, eu? Você acha que sou mulher de me impressionar à toa?

— Não é nada disso, é que...

Maria Alice, não se dando conta de que realmente estava sendo insistente e ridícula, cortou-o fazendo uma proposta:

— Sei que você está surpreso e não sabe o que dizer. Vamos fazer uma coisa: amanhã eu telefono para você e marcamos um encontro fora do ambiente de trabalho. Assim conversaremos com mais calma.

Gustavo ia dizer alguma coisa, mas Maria Alice em sua ilusão, achando que Gustavo estava apenas surpreso, não o deixou falar nada; apenas se levantou, chegou bem perto dele, beijou seus lábios e se despediu:

— Amanhã a gente se vê.

Maria Alice passou por Rosana como se ela não existisse e foi embora. Rosana entrou na sala de Gustavo, que estava abestalhado olhando para o nada:

— Gustavo... Gustavo...

— Oi...

— Você está bem?

Gustavo estava completamente atordoado e pálido como um boneco de cera. Rosana saiu correndo, pegou um pouco de água, e, de maneira enérgica, falou:

— Gustavo, beba um pouco de água, você está muito pálido, vamos, beba.

Ele bebeu a água e, num rompante, apertou a mão de Rosana e blasfemou:

— Essa mulher é completamente louca... — Ao sair do torpor, repetia vária vezes: — Rosana, essa mulher enlouqueceu de vez...

— O que aconteceu? Fala, estou ficando nervosa.

— Rosana, essa mulher disse que não me esquece e que quer marcar um encontro comigo.

— Eu não acredito!!!

— O pior que ela está fazendo de suas fantasias uma realidade que não existiu e nunca vai existir.

— Como assim, Gustavo?

— Ela age como se fosse correspondida, ela acha que eu sinto as mesmas loucuras que ela.

— Eu sabia, Gustavo, que essa mulher tinha vindo atrás de você, deu desculpas de vir conversar com o doutor Henrique, mas assim que ela entrou na recepção me arrepiei dos pés à cabeça, e não gosto de sentir essas coisas.

— E você não sabe da maior. Antes de ir embora, levantou-se e com a maior tranquilidade me deu um beijo na boca, dizendo que amanhã me liga.

— Meu Deus! Essa mulher precisa ser internada! O que vai fazer?

— Não tenho a mínima ideia!!!

— Eu acho melhor contar tudo ao doutor Henrique, eles são amigos, e ele dará um jeito.

— Mas como vou contar uma coisas dessas ao doutor Henrique? Eles são muito amigos, ele não vai acreditar em mim, e ainda por cima vai achar que sou canalha.

— O doutor Henrique gosta muito de você, ele vai te ouvir. E depois, eu não quis comentar nada, mas só não vai acreditar quem não quiser. Essa mulher só faltou te comer na festa, e, como eu notei que ela foi atrás de você, outros também notaram.

— Rosana, vamos fazer o seguinte, vamos esquecer que essa mulher existe.

— E se ela te ligar amanhã?

— Você diz que não estou, aliás, vai falando que não estou, uma hora ela vai se tocar e me esquecer.

— Espero que você esteja certo.

Já estava terminado o dia, e Gustavo procurou esquecer aquele incidente desagradável. Separou alguns processos e levou para casa.

Depois do jantar, seu Armando foi com a família para o centro espírita. Era dia de trabalhos e todos contavam com a presença deles. Só Gustavo não pôde ir, pois tinha de analisar direito todos os documentos que o doutor Henrique precisaria levar à audiência.

Ele deixou tudo em ordem, era só entregar para o chefe no dia seguinte. Sempre que o doutor Henrique tinha uma audiência de grande importância confiava-a piamente a Gustavo, que se mostrou um bom estagiário. Logo que se formasse iria propor a seu mais esforçado funcionário uma participação como sócio. Pois Gustavo já mostrava um desempenho como advogado, ganhando muitas causas como intermediário. (Intermediário devido ao brilhantismo com que organizava e reformulava provas conclusivas, dando ao doutor Henrique méritos invejáveis.)

Gustavo deixou tudo pronto para o dia seguinte, olhou para o relógio e viu que ainda dava para telefonar e matar a saudade de Mariana — rápido, foi o que fez.

Do outro lado da linha uma voz feminina atendeu:

— Alô.

— Por gentileza, Mariana.

— Quem gostaria?

— Diga que é Gustavo.

— Espere um momento.

Depois de alguns minutos, Mariana atendeu:

— Gustavo, meu amor, estava pensando em você.

— E por que não me ligou?

— Não quis atrapalhá-lo, sei que estava ocupado.

— Para você nunca estou ocupado.

— Eu te amo, sabia?

— Eu também, não vejo a hora de chegar amanhã para eu poder te ver e te dar milhões de beijos.

— Gustavo, papai pediu desculpas por não poder ir hoje conhecê-lo, mas pediu que viesse em casa sábado.

— E sua mãe?

— Meu pai disse que vai conversar com ela, prometeu que iria nos ajudar.

— Fico feliz, espero que sua mãe goste de mim.

— Vai gostar, eu sei, não tem quem não goste de você.

— Estou te ligando para te contar uma novidade.

— É mesmo? E o que seria melhor que você?

— Você falando assim eu vou acreditar, hein!!!

— Mas pode acreditar. Quem não acredita que estou junto de você sou eu.

— Nem eu, parece um sonho com que os anjos do céu nos presentearam. Você promete que sempre confiará em mim?

— Claro que sim. Por quê? Aconteceu alguma coisa?

— Não, mas quero que sempre, sempre confie em mim. Quando alguma dúvida surgir em seus pensamentos, me procure antes de qualquer atitude precipitada.

— Eu sempre vou confiar em você. Mas pare de inseguranças e me conte sua novidade.

— Meu chefe me chamou logo que cheguei, disse que está muito contente com meu desempenho e que, como ainda não tenho condições de me manter, iria me dar um carro simples, mas necessário.

— Não acredito, Gustavo! E você vai aceitar, não vai?

— Não sei, ainda não falei com meu pai, e a opinião dele é muito importante para mim.

— Claro que seu pai concordará.

— Acredito que sim. Meu chefe diz que, como tenho que ir a vários fórum, o carro vai facilitar.

— Estou feliz por você. Você merece. Eu te amo muito, muito. E quero que tudo o que existir de melhor seja para você.

— Obrigado, Mariana. Eu também te amo, e prometo que farei o melhor para um dia poder usufruir com você. Bem, agora vou desligar, já é tarde e precisamos dormir, amanhã nos veremos na facu. Um beijo, e sonhe comigo.

Gustavo e Mariana se despediram, e foram descansar.

Assim que Gustavo adormeceu, saiu do corpo material e viu a seu lado o mentor do centro espírita Caminho da Luz, velho Pedro, como o chamavam carinhosamente.

— Velho Pedro! O que faz aqui?

— Como está, meu filho?

— Estou bem. Mas o que o trouxe aqui?

— Eu preciso conversar com você, não precisa ficar nervoso, mas quero que confie em mim.

— Mas sempre confiei no senhor, o senhor sabe — disse Gustavo.

— Bem, meu amigo, se é assim, gostaria que me acompanhasse.

— Para onde vamos?

— A um lugar muito bonito e harmonioso, você vai gostar, e acima de tudo se fortalecer.

Gustavo foi levado para fortalecer seu corpo e seu espírito. Era um departamento próximo à Terra, onde circulavam vários irmãos desencarnados e encarnados como ele. Assim que chegaram, velho Pedro pediu que entrasse e acompanhasse irmã Rita, que Gustavo teve a impressão de conhecer. Ela se dirigiu a ele e carinhosamente o pegou pelas mãos.

— Venha, Gustavo.

Gustavo a acompanhou sem perguntar para onde iriam, simplesmente confiou e se deixou levar. Assim que chegaram, Rita bateu à porta e entrou:

— Com licença, irmão Luís, aqui está Gustavo.

Luís pediu que ele se aproximasse, e feliz lhe deu as boas-vindas:

— Luís!!! Não acredito!!! É você?

— Sim, Gustavo. Como está?

— Eu estou muitíssimo bem!!! Puxa, que saudade!!! Mas por que estou aqui?

— Precisamos muito de sua ajuda.

— Minha ajuda? Como assim?

— Querido Gustavo, nós amamos muito você, mas também amamos Maria Alice.

— Você conhece aquela mulher? Ela é completamente louca!!!

— Gustavo, não fale assim, sem julgamentos, por favor; eu sei que é um bom rapaz e nós confiamos em você.

— O que eu tenho a ver com essa senhora?

— Queremos apenas que você seja firme em seus propósitos, e não perca sua fé nunca, por mais que suas provações o cobrem. Lembre-se de que nós estaremos a seu lado.

— Mas por que tocou no nome de Maria Alice?

— Porque vocês têm algumas coisas pendentes.

— Imagina, eu nunca teria nada com essa senhora! E nunca terei!

— Gustavo, você apenas não se recorda. Mas você se propôs a voltar com o intuito de estar junto de Mariana e Maria Alice.

— Mariana? Eu amo Mariana, não quero que ela saiba que essa mulher louca me procurou.

— Se acalme, Gustavo.

— Como posso me acalmar? Não sei o que é, mas sinto que ela irá me perseguir.

— Nós estamos aqui para ajudá-lo, para orientá-lo. E tudo o que pudermos faremos por você.

— Então, vocês querem me ajudar? Afastem essa mulher de mim.

— E o que o faz pensar que Maria Alice irá te perseguir?

— É como eu disse, não sei o que é, mas sinto.

— Já é um grande passo, é sinal de que você tem algo muito importante em sua bagagem. Gustavo, nosso tempo está se esgotando, só peço que guarde em sua alma o mais importante: sua fé. Estaremos sempre contigo em qualquer circunstância.

Colocaram Gustavo de volta ao corpo material, e aplicaram passes magnéticos para que ele não abalasse a fé e a confiança que sempre depositou em Deus.

10

O novo encontro

Pela manhã, como sempre, dona Adélia chamou Armando e os filhos para se levantarem.

Gustavo não se recordou de tudo o que aconteceu durante a noite, mas sentiu confiança e fé invadirem seu coração.

Assim que chegou à faculdade, viu Júlia e Mariana esperando-os no portão. Fernando, depois de cumprimentar a futura cunhada, pegou na mão de Júlia e saiu andando na frente.

Gustavo e Mariana estavam apaixonados, nada os incomodava, nem os olhares das garotas a quem um dia Gustavo dera atenção.

A semana toda passou e finalmente chegou sábado, o dia tão esperado por Mariana, quando levaria

Gustavo à sua casa pela primeira vez. Nada poderia estragar a alegria que contagiava o casal enamorado.

A não ser Maria Alice, que estava amaldiçoando até Deus por não conseguir marcar o encontro que tanto queria. Todas as vezes que ligou Gustavo não estava. Uma hora estava em uma audiência, outra hora estava no fórum, outra hora saíra com o doutor Henrique. Gustavo até achou que Maria Alice havia se cansado e o esquecido.

Mas ela não tinha se dado por vencida; faria o que fosse preciso, mas não o deixaria em paz, seu amor era muito forte. E seus pensamentos eram os mais ousados.

"Quem ele pensa que é?" Nunca ninguém a fizera de tola, não seria ele, um joão-ninguém, que faria isso com ela. "Imagina... eu, uma mulher cheia de vida, que levanto até defunto, arranco suspiros do sexo oposto, não vou conseguir que esse joão-ninguém faça o mesmo por mim? Ele não perde por esperar."

Maria Alice estava apaixonada e queria a qualquer custo Gustavo como amante. Cada vez que fantasiava estar em seus braços perdia até o senso e a noção das coisas, não se dando conta de que falava sozinha.

— Mãe, a senhora está falando sozinha?

— Ah, minha filha, estava pensando alto, não vi que você chegou. Onde esteve até agora? Com Júlia no shopping? Já comprou tudo o que precisava para hoje à noite?

— Não comprei nada.

— Como não, minha filha? Seu namorado vai vir aqui hoje e você não vai colocar nada novo? Não dá sorte, hein?

— Que bobagem, mãe, isso são superstições que a senhora inventou para sair gastando.

— Não são não. Dá sorte sim, pelo mesmos com seu pai deu!
— Porque tinha que dar. Meu namorado é simples... e espero que a senhora não faça quinhentas perguntas.
— Ah... Está bom, está bom, não vou falar nada. Prometi a seu pai que não faria pergunta nenhuma.

A bem da verdade, Maria Alice estava mais preocupada com seus sentimentos do que com os da filha, o que para Mariana estava sendo um grande alívio.

Já estava anoitecendo quando dona Adélia foi ao quarto dos filhos levar a camisa que ela lavou e passou para Gustavo vestir.

— Gustavo, sua camisa já está pronta, meu filho. Tem certeza de que já está na hora de conhecer os pais de Mariana?
— Vem, mãe, sente-se aqui perto de mim.

Dona Adélia sorriu para o filho e se sentou a seu lado. Gustavo a beijou e, abraçado a ela, disse com carinho:

— Mãe, não se preocupe, está tudo bem, não faz sentido eu namorar escondido, isso não é atitude de homem de bem. Já tenho 26 anos e nada a temer. Por mais ricos que eles sejam, são pais como quaisquer outros, e com certeza vão querer ver sua filha feliz. Assim, uma hora nos aceitarão juntos.

— É, você tem razão, não fica bem um rapaz com sua idade namorar escondido. Vai dar tudo certo.

— Claro que vai, assim que eu chegar, se a senhora não estiver dormindo, conto tudo nos mínimos detalhes, fique descansada.

Dona Adélia deu um beijo na testa do filho e saiu.

No horário marcado Mariana foi buscá-lo, e eles saíram felizes. Assim que apontaram no portão o empregado veio abrir. Mariana estava feliz, Gustavo um pouco mais apreensivo, mas nada que pudesse demonstrar insegurança.

Mariana pegou Gustavo pela mão e entraram, seu Álvaro logo veio recebê-los:

— Papai, este aqui é Gustavo!!!

— Muito prazer, Gustavo! Mas não é possível!!! É você mesmo? Como este mundo é pequeno!!!

Gustavo estendeu a mão para cumprimentá-lo e ficou muito surpreso:

— Puxa vida! Como poderia imaginar que o senhor é pai de Mariana?

Mas com a surpresa veio a tensão também, pois ele rapidamente lembrou que Maria Alice era a mãe de Mariana. Seu Álvaro, feliz, pôs a mão no ombro do rapaz e o conduziu à sala:

— Gustavo, quer beber alguma coisa?

— Aceito.

— Vou beber um uísque, e você?

— O mesmo que o senhor. Sem gelo, por favor.

Gustavo estava passado, não costumava beber, mas naquele momento tudo de que precisava era uma bebida forte. Mariana, admirada, pediu explicações, não estava entendendo nada.

— Minha filha, você não vai acreditar!!! Gustavo é o rapaz de quem comentamos, o que socorreu sua mãe na casa do tio Henrique.

— Não é possível!!! Mamãe adorou você, fala em você o tempo todo!!! Que hoje não há rapazes tão gentis e cavalheiros como você!!!

Gustavo sentiu um mal-estar terrível, pegou a bebida da mão de seu Álvaro e virou de uma vez. Suas mãos começaram a transpirar a ponto de ter que passá-la várias vezes na calça. A vontade que tinha era de sumir dali. Sua cabeça estava a mil, ele não sabia o que fazer.

Sua respiração estava ofegante, e o coração com taquicardia. Gustavo não tinha alternativa, teria de enfrentar aquela mulher. Logo se lembrou de velho Pedro, o mentor espiritual do centro que frequentava. Mais que depressa, levantou-se e pediu para usar o banheiro. Naquele momento seria melhor passar por mal-educado do que resistir a um mal-estar incontrolável.

— Perdão, mas posso usar o banheiro?
— Claro, meu amor. Você está bem?
— Não se preocupe, não é nada, logo vai passar.

Mariana indicou o banheiro, e Gustavo entrou. Assim que fechou a porta abriu a camisa e tirou-a, a fim de molhar a nuca e os pulsos, e pediu ajuda de velho Pedro desesperadamente. Depois de alguns minutos orando, Gustavo foi serenando e sentiu uma paz penetrando sua alma, trazendo-lhe uma calma acolhedora. Quando Gustavo voltou para a sala, já estava com o semblante mais tranquilo, e seus pensamentos estavam mais confiantes. Afinal, seria melhor assim; Maria Alice, vendo-o como genro, esqueceria de vez suas fantasias. Qual mãe não renunciaria a tudo por um filho?

Mariana, vendo Gustavo se aproximar, levantou-se, preocupada.

— Você melhorou? Sinto que não está nada bem...

Gustavo abraçou-a forte e respondeu que estava tudo bem.

— Puxa, Gustavo, você não sabe como fico feliz por ser por você que minha filha está apaixonada. Não poderia ser melhor coincidência.

— É, embora não acredite em coincidências, estou muito feliz também.

— Você tem razão, não existem coincidências, tudo tem um motivo de ser.

Eles estavam conversando bem mais descontraídos quando Maria Alice entrou na sala se desculpando:

— Ai, me perdoem por não ter descido há mais tempo. Também... tive...

Maria Alice não conseguiu terminar a frase. Assim que se viu na frente do homem por quem suspirava pelos cantos da casa, ficou muda e paralisada. Álvaro, que não se tocou de nada, disse feliz:

— É ele mesmo, mulher; ele estava na festa de Henrique. Fiquei de boca aberta exatamente como você está agora!!!

Gustavo, firme e seguro, levantou e estendeu a mão para Maria Alice.

— Como está, dona Maria Alice?

— Nossa, mãe!!! Não pensei que fosse ficar assim, parece que viu fantasma!!!

— Ah... Desculpe, minha filha... É que a surpresa foi grande. Aliás, maior do que eu esperava!!!

Maria Alice, em choque, olhava fixamente para Gustavo.

— Ô, mulher, não vai cumprimentá-lo?

— Me desculpe!!! Eu estou bem, Gustavo. Quer dizer que foi você quem roubou o coração de minha filha?

— Para a senhora ver. Mas não fui só eu quem roubou seu coração, ela também roubou o meu.

— Puxa... Quem poderia explicar uma coisa dessas, não é mesmo?

— Gustavo, aceita mais um uísque?

— Não, obrigado. Para quem nunca toma bebidas fortes já bebi demais.

— Eu aceito, Álvaro, mas duplo.
— Maria Alice, é melhor ir com calma, você sabe que a bebida não lhe cai bem.
— Eu sei, eu sei, mas preciso, é só hoje. Estou precisando de uma bebida forte, afinal de contas minha filha trouxe o primeiro homem aqui em casa. É, porque Mariana nunca namorou. Acho até que nunca ficou com nenhum rapaz.
— Ah, mãe... Gustavo não quer saber dos detalhes da minha vida, não é, meu amor?
— Não tem importância, Mariana, deixe sua mãe contar. Você estava me esperando. E, se eu fui o primeiro, é motivo de orgulho.
Maria Alice, olhando fixamente para Gustavo, mordeu o lábio e pediu outro copo de uísque.
Álvaro, meio a contragosto, preparou outro, e perguntou a Gustavo:
— Pois então, meu jovem, faz tempo que trabalha para Henrique?
— A bem da verdade, estou estagiando, ainda sou um aprendiz.
— Deixe de modéstia, sei que já ganhou muitas causas para Henrique, ele fala muito bem de você.
— E eu fico lisonjeado por doutor Henrique pensar isso de mim.
— Quer dizer que logo teremos mais um advogado?
— É, falta muito pouco pra eu terminar a faculdade.
A conversa seguiu de maneira prazerosa, e Álvaro ficou admirado com a cultura e a sabedoria com que Gustavo falava sobre leis. Ele sabia códigos penais de cor, como se fosse o próprio livro.

Mariana olhava para Gustavo discutindo sobre as leis maravilhada, pois nunca o tinha exergado como advogado, e isso a fez ter certeza de que o amava mais do que poderia imaginar. Maria Alice observava aquela cena com certo desprezo e ódio profundo.

Como Gustavo, um homem já feito, inteligente, experiente e bem instruído em seu seguimento, achou atrativos em Mariana, uma menina ingênua, sem vaidade e sem a sedução que uma mulher de verdade poderia lhe oferecer? Gustavo conversava com desenvoltura de um verdadeiro advogado defendendo seu cliente em uma liminar inadiável.

Luís e Rita a um canto observavam Maria Alice.

— Luís, como ela pode pensar tudo isso da própria filha? Qualquer mãe renunciaria pelos filhos, até Gustavo sabe disso.

— Mas ela tem verdadeira adoração por Gustavo.

— Eu só me preocupo com ele. Será que resistirá às armadilhas de Maria Alice?

— Rita, temos que pensar que sim, essa sua apreensão não ajudará.

— Eu sei, mas é que se Maria Alice continuar com esses pensamentos só trará más influências para si mesma.

— Vamos aguardar que ela durma para que possamos conversar e mostrar o caminho a seguir.

— Aliás, não vai demorar muito para ela cair em sono profundo do jeito que está bebendo.

— Rita, pare de ser irônica. Vamos ficar ao lado dela, pois se continuar bebendo desse jeito não poderemos nos aproximar.

Luís e Rita ficaram perto de Maria Alice na tentativa de aconselhá-la a parar de beber, mas foi em vão. A decepção a tomou com uma infelicidade amarga.

Gustavo fez que não viu Maria Alice olhando insistentemente para ele e continuou firme com seus pensamentos em velho Pedro. Até que o jantar foi servido e Álvaro tirou o copo das mãos da mulher.

Mariana estava tão feliz por Gustavo se dar bem com seu pai que não percebeu que a mãe estava completamente alcoolizada, mal conseguia segurar o talher.

Depois do jantar, Álvaro pediu licença para Gustavo e Mariana e levou a mulher para o quarto, antes que percebessem seu estado de embriaguez. Mas Gustavo, que já estava com olhar clínico de advogado observando tudo à sua volta, percebeu que a mãe de Mariana estava completamente descontrolada e com pensamentos funestos, abalando sua conduta e sua moral.

Mariana, quando se viu a sós com seu namorado, o abraçou e o beijou apaixonadamente, não lhe dando espaço para falar, e entre um beijo e outro elogiava com admiração o advogado competente que se tornou. Gustavo se entregou aos apelos hormonais da garota, evidenciando o homem viril que havia muito não deixava emergir. Mariana, pela primeira vez, sentiu que seu corpo pedia pelo toque das mãos de Gustavo. Mas Gustavo, mais experiente, afastou Mariana, e disse carinhosamente:

— É melhor nós pararmos por aqui, não é o lugar adequado para extravasarmos nosso amor; seu pai pode descer a qualquer momento.

E realmente logo em seguida Álvaro desceu, desculpando-se:

— Desculpe, Gustavo, não sei o que aconteceu, Maria Alice bebeu um pouco a mais hoje.

— Pelo amor de Deus, seu Álvaro, não há por que se desculpar, e eu já estava de saída, a hora passou muito rápido.

— Fique mais um pouco, estava tão boa a nossa conversa.
— Fica para outro dia, já é tarde.

Gustavo se despediu e foi embora com o carro de Mariana, combinando que no dia seguinte voltaria para combinar algum passeio.

Quando chegou em casa viu que estava tudo escuro e seus pais já haviam se recolhido. Gustavo entrou silenciosamente e foi direto para o quarto. Assim que entrou, Fernando perguntou:

— Como foi lá na casa de Mariana?
— Ainda está acordado?
— Cheguei agora há pouco também, mas me conte, deu tudo certo, mano?
— Fernando, ainda bem que está acordado, precisava falar com alguém mesmo.
— Por quê? Não deu certo?
— Não é isso.
— E o que é, então?
— Fernando, sempre contei para você os meus problemas, mas isso é muito delicado, não pode em hipótese nenhuma vazar. Posso confiar em você?

Fernando se sentou na cama e acendeu a luz do abajur para poder ver o irmão melhor. Preocupado, respondeu:

— Claro que pode, mano! Eu nunca o desapontei. Por que tanta aflição?

Gustavo contou tudo ao irmão, desde a festa na casa de seu chefe, terminando com a surpresa que teve em saber que se tratava da mãe da Mariana.

— Agora não sei o que fazer.
— Puxa, mano... Não sei nem o que dizer, estou pasmo!!!

Depois de alguns minutos boquiaberto, Fernando, continuou:

— Quem sabe você com muita sorte já não tenha resolvido essa parada. Sim, porque se essa mulher for coerente nunca mais vai querer vê-lo na frente, pelo menos não como gostaria.

— Como queria de ter essa certeza. Mas não sei não... ela bebeu como louca.

— Vai ver ela é acostumada a beber, sabe como é esse pessoal, gosta de uma birita.

— Pior que não, seu marido até lhe chamou a atenção.

— Ah... então essa mulher tá na sua mesmo, mano!!!

— Para de brincar, Fernando, o assunto é sério.

— E quem disse que estou brincando? Nunca falei tão sério em toda a minha vida. Essa madame vai te dar trabalho!!! Mas com tanta mulher para trombar com você por aí e querer um *love*. É justo a mãe da menina de quem você gosta. Não dá para acreditar.

— Que eu gosto não, que eu amo pela primeira vez.

Fernando era muito alegre e extrovertido, mas quando se tratava dos irmãos não media esforços para ajudá-los. E, andando de um lado para outro, tentou achar uma saída:

— Bem, mano... você vai ter que dar um tempo para ver que rumo as coisas vão tomar. Pelo que me contou, a dona investiu forte em você, vai ser difícil ela esquecer o assunto, essa mulherada com grana acha que pode tudo. Ela só vai dar trégua se realmente perceber que fez besteira. Que essa história não vai dar futuro.

Gustavo, deitado na cama olhando para o teto e com as mãos na nuca, respondeu:

— Fernando, e se não for como eu espero? O que farei?

— Bom, mano, das duas uma: ou você dá uma dura nela, ou conta tudo para Mariana.

— Puxa, não aguento mais pensar nesse assunto. Não sou dado a pressentimentos como a mãe, mas confesso que essa mulher me causa uma sensação estranha.

— Que tipo de sensação?

— Não sei explicar, é como se já a conhecesse, e ao mesmo tempo não gosto de ficar perto dela, me incomoda de tal maneira que tenho vontade de sumir.

— Mas é isso que sente ou está com medo do que está sentindo?

Gustavo se remexeu na cama incomodado com a pergunta:

— Para com isso, Fernando!!! Você acha que não sei o que sinto? E pode ter certeza, é uma sensação estranha, e me incomoda!!!

— Gustavo, tome cuidado. Essas mulheres ricas são tudo de bom; evite de cruzar com ela. Já vi muito neguinho jovem se apaixonando por essa mulherada da sociedade, elas estão sempre prontas e arrumadas como bonequinhas de vitrine.

— Para com isso, Fernando!!!

— Eu tô te falando, mano... Lembra do meu amigo Tadeu? Pois é, conheceu uma ricaça em uma boate, saiu com ela só para curtir, e quem curtiu foi ela com a cara dele. Tadeu sofreu o pão que o diabo amassou, ficou de quatro pela madame.

— E aí?

— E aí, o marido dela viajava para o exterior, era daqueles empresários, sabe, né? E ela ia curtir a noite, mas curtir mesmo, ela usou e abusou do Tadeu e deu-lhe um pé. Eu bem que avisei que elas não são para o nosso bico. Mas ele respondeu, todo cheio de si: "Que nada, vou me dar bem e curtir, só isso". Só isso? Mano, elas são tudo de bom, meu!!! Mas estão fora da nossa realidade.

— Coitado do Tadeu!!! Puxa, o cara é boa-pinta, e a madame não se amarrou?

— Mano, elas são de outro mundo, você acha que vão se aventurar com um cara bonitinho de corpinho sarado? Que nada. E a vida que elas levam onde fica? E quer saber? Elas é que estão certas. Tem muito canalha querendo se dar bem, e no fim caem do cavalo!!!

— É... mas tem muitas também que quando encarnam não dão sossego, viu!!!

— É, eu sei!!! Mas e a mãe da Mariana, como é? É daquelas que quando a idade vem se esticam até não querer mais ou tá com tudo em cima?

— Sei lá, mano...

— Ah...Vai me dizer que antes de saber que era mãe da Mariana não olhou o material? Ainda mais você!!!

— Ah, Fernando... Para com isso!!!

— Gustavo, pode falar, vai ficar só entre nós, meu!!!

— Ah... Ela é uma mulher interessante...

— Interessante... Sei...

— Fernando, não brinca com uma coisa dessas, ela é mãe de Mariana.

Fernando estava preocupado com o irmão, sabia que era namorador, pelo menos era antes de Mariana, e sabia que Maria Alice havia mexido com ele. Sem esconder a curiosidade ficou com os olhos fixos no irmão.

— O que foi, Fernando, não confia em mim?

— Eu confio em você, mas essa coisa de ela te incomodar não é sua cara.

— Fernando, pode acreditar, depois de Mariana aparecer em minha vida, não olho para mulher nenhuma.

— Nem para a mãe dela?

— Mas que coisa, meu!!! Por que está insistindo? Quer saber, é sim uma mulher maravilhosa e está com tudo em cima, mas e daí?

— Sabia!!! Tá com medo de cair em tentação, tá a fim da madame!!!

— Fernando... Pelo amor de Deus!!! Eu amo desesperadamente Mariana!!! Jamais a faria sofrer, eu sei o que quero, e eu quero Mariana!!!

— Mas eu não estou falando o contrário, só estou falando que essa mulher mexeu com você. Se quer realmente Mariana, evite cruzar com essa mulher.

— Tudo bem, vamos esquecer esse assunto e boca de siri; essa história não pode vazar de jeito nenhum. Bom, vamos esperar, amanhã será um outro dia e...

— Você acorda e tem a felicidade de ser um sonho, ou melhor, um pesadelo, porque a sogra se apaixonar pelo genro ninguém merece, né? Fala sério...

— Tava demorando muito para fazer uma piada. Se não solta uma, não é você.

Gustavo atirou o travesseiro no irmão e disse:

— Vamos dormir, vai...

Na casa de Mariana aparentemente estava tudo calmo. Álvaro pousou o braço no ombro da filha, e foram se deitar também. Quando ele entrou no quarto, Maria Alice estava dormindo profundamente. Mas, embora o corpo dela estivesse tranquilo, seu espírito se encontrava tão agitado que impossibilitou que Luís e Rita se aproximassem para tentar conversar com ela. Eles apenas lhe deram passes magnéticos para que seu espírito voltasse para junto do corpo, evitando que espíritos ignorantes a induzissem a conselhos não favoráveis.

11

Dilemas

Domingo amanheceu, um lindo dia de sol, e Júlia foi à casa de Mariana com o intuito de saber as novidades — estava mais que curiosa. Assim que entrou perguntou para a empregada pelos donos da casa, e foi Álvaro mesmo quem respondeu:

— Estou aqui, Júlia. Serve este velho aqui?

— Bom dia, seu Álvaro! Só o senhor está de pé?

— Por enquanto só. Mariana e Maria Alice ainda estão dormindo. Mas, se quiser subir, não se acanhe, a casa é sua.

— Ah, seu Álvaro, se não se importar vou sim.

— Pode ir, já sei que está louca para saber as novidades de Mariana, não é?

Júlia abriu um lindo sorriso, beijou seu Álvaro e respondeu:

— Ah... É isso mesmo.

Júlia subiu correndo as escadas, abriu a porta com certa impaciência e acordou sua amiga:

— Vamos, Mariana, pode acordar!

— Ai, como você é chata... Para, Júlia!!!

— Pode me chamar do que quiser, contanto que me conte tudinho de ontem à noite.

Júlia ia falando e chacoalhando a amiga para que ela acordasse.

— Ah, Júlia, você não dorme não?

— Para que dormir? A vida é tão boa. E dormir muito é perder tempo.

— Você disse bem. Dormir muito é perder tempo, mas eu não consegui dormir nada, sua chata.

— Ah... E por que, hein? Vamos, Mariana, não faz suspense, conta logo, estou curiosa. Depois, se você me contar tudo, conto uma novidade também.

Mariana deu um pulo na cama e perguntou:

— Que novidade?

— Eu disse que se você contasse primeiro eu contaria depois.

— Ah... Júlia, o que quer saber?

— Por exemplo, a chata da sua mãe gostou de Gustavo, ou fez aquela cara de poucos amigos?

— Ah, você não sabe da última. Sabe aquela história de que minha mãe passou mal na casa do tio Henrique?

— Sei.

— Pois então, o rapaz que a socorreu era Gustavo.

— Não me diga!!! E aí?

— Aí que ela já gostou tanto dele, lembra? Contou a história mil vezes, ninguém aguentava mais ouvir. Aí ficou tudo mais fácil; resumindo, deu tudo certo.

— E o Gustavo gostou deles?

— Ah, Gustavo gosta de todo mundo. Além do mais, se ele não gostou, claro que não diria. Júlia, você sabe que sou meio retardada...

— Ai... Para que falar assim?

— Ó, sua burrinha, retardado é aquele que atrasa um pouco para se encontrar. Ele apenas retarda, o que não quer dizer que é débil mental.

— Ah, tá... Mas não gosto quando fala assim!!!

— Tá bom... Sou um pouco lesada, tá bom para você?

— Agora melhorou...

Mariana e Júlia se davam muito bem, e tudo era motivo para rirem... As duas se afinavam com uma intensidade forte; Mariana serena e tranquila em todos os sentidos, Júlia atirada, franca e passional — era o casamento perfeito para duas almas em harmonia. Mariana nunca se interessou por nenhum rapaz, e não tinha problema nenhum com isso. Esperou que um dia pudesse sentir tudo o que estava sentindo pelo amado, e sem rodeios se abriu com a amiga:

— Sabe o que é? É que não consigo ficar mais perto de Gustavo sem tocá-lo, e quando ficamos a sós então... Quase pedi para ele dormir comigo.

— Ficou louca? Com seus pais em casa?

— O que tem? Várias amigas nossas têm essa liberdade, seus namorados dormem em suas casas.

— Nossa!!! A bela adormecida despertou, é? Não falei que namorar é bom demais?

— É bom quando estamos amando. Confesso que nunca senti esse calor todo que sinto quando... Ah, você sabe, né?

— E como sei!!!

— Júlia, nunca pensei que amaria tanto um homem como amo Gustavo. Tenho medo de que um dia ele ache que não sou a mulher que ele gostaria.

— Para com isso, Mariana, já há muito tempo Gustavo ama você. Eu nunca quis comentar nada, mas ele sofreu muito. Os pais dele eram contra esse relacionamento, principalmente dona Adélia, ela vivia pegando no pé dele.

— É, eu sei. Por isso naquele domingo eu praticamente o pedi em namoro.

— E como sabia? Nunca comentei nada com você!!!

Mariana contou tudo à amiga sobre os conselhos do pai.

— Puxa... Quem diria que você tomaria essa atitude!!!

— Júlia, preste atenção ao que vou dizer: dona Adélia, minha mãe, o mundo pode ir contra, mas, se Gustavo me amar mesmo, ninguém vai impedir de ficarmos juntos; se precisar eu fujo.

— Credo, Mariana, pare de falar bobagens, está tudo bem. Até sua mãe, que seria o problema maior, está calma. Além disso, estávamos falando de amor, de se entregar de corpo e alma, para que ficar com pensamentos negativos? Eu quero é saber se ele já avançou o sinal.

— Pior que não.

— Calma, o Gustavo sabe que você é para valer. Ele sabe lidar com essas coisas, pode ter certeza de que chegará lá.

— Você quer dizer que ele sabe levar a mulherada para a cama, não é?

— Não foi isso o que quis dizer.

— É, mas lembra daquela conversa de que ele saiu com a faculdade toda? Quero saber essa história direitinho.

— Essa história já não tem a menor importância. E, quer saber? Nada de ciúme, viu?

— É, mas não gosto de algumas meninas me olhando torto. Só pode ser por causa de Gustavo.

— Ué... Mas não foi você mesma que disse que ele só estava fazendo a mulherada feliz?

— É, falei, só que agora é diferente, ele tem a mim para fazê-lo feliz! É só ele querer!

— O que a paixão não faz, né, amiga? A gente tem que abrir aquela comunidade: "É meu e ninguém tasca".

— O pior que é. Agora me conte sua novidade, já falei muito de mim.

— Não tem novidade nenhuma.

— Ah, Júlia... Como não tem novidade?

— Não tem, apenas fiz chantagem.

Júlia baixou a cabeça com uma ponta de tristeza e tentou disfarçar.

— O que aconteceu, Júlia? Eu te conheço, pode falar.

— Já falei que não é nada.

Júlia se levantou e foi em direção à janela e, olhando para o jardim, disse, desalentada:

— É tão bom quando nos apaixonamos e somos correspondidas...

Mariana se aproximou da amiga e, olhando também para o belo jardim, perguntou:

— Por quem seu coração está sofrendo?

— Ah, Mariana, não quero falar sobre isso. Afinal de contas, o importante é que todos gostaram de Gustavo, estou feliz por vocês.

Mariana abraçou Júlia com carinho e sem rodeios concluiu:

— Você está apaixonada por Fernando, não é? Há algum tempo eu venho percebendo.

Júlia abraçou Mariana com força, e, deixando as lágrimas descerem pelo seu rosto, respondeu:

— Mariana, como foi acontecer isso comigo? Eu... eu... que sempre esnobei todos os meninos.

— A bem da verdade, você saía com eles e depois dava um pé bem dado. E eu sempre te falei que um dia iria se dar mal.

— Mas eu nunca saí com Fernando para ficar assim abestalhada.

— Você quer dizer apaixonada? Por que não fala paixão... paixão...

— Porque jurei para mim mesma que isso não aconteceria comigo. Isso não pode estar acontecendo comigo, Mariana, as mulheres sofrem muito por conta desse sentimento ridículo.

— Vem cá, senta aqui perto de mim.

Mariana puxou Júlia e a sentou na cama enxugando suas lágrima carinhosamente.

— Júlia, do que tem medo? Por que não deixa esse amor tomar conta de sua alma? Você vai ver que é maravilhoso.

— E ficar idiota, seguindo todos os movimentos e os passos que dão? Sim, porque ficamos idiotas, a gente quer ficar perto o tempo todo, a gente quer saber seus pensamentos, a gente se pega admirando e valorizando até as bobagens que eles falam. Ah, pelo amor de Deus!!!

— E qual é o problema? Um dia isso ia acontecer, todos nós nos apaixonamos, namoramos, casamos e formamos uma família. É a lei natural da vida.

— Ah, Mariana... Olha como você já está falando em casamento, filhos... Não, isso não é para mim, esqueça. Definitivamente, não quero fazer essa bobagem.

— Mas você não tem outra saída. Já está amando. Quem sabe nós não só seremos amigas, como cunhadas também.

Júlia, chorando e sorrindo ao mesmo tempo, abraçou Mariana, e disse brincando:

— Que bichinho chato, chega sem esperar, sem a gente querer, sem mais nem menos, e acha que pode fazer nosso coração de moradia. É muito abuso, não é?

— Mas me responde olhando em meus olhos. Você está mesmo apaixonada por Fernando?

— Não queria, mas estou. Meu coração dispara quando o vejo, minhas mãos suam, e meus olhos o procuram o tempo todo. Isso me dá uma raiva...

— Júlia, é tão bom esse sentimento que nos impulsiona para a vida. Deixe realmente entrar e se instalar, como você diz, em seu coração. Você vai ver que logo ele também vai estar sentindo o mesmo por você.

— Não, Mariana, não quero me iludir, Fernando é muito zen, é muito na dele; e depois, isso que está acontecendo comigo não tem obrigação nenhuma de acontecer.

— Como não, Júlia? É só parar de se proteger, de ter medo. Mostre para ele que você está apaixonada.

— Não, Mariana, nem pensar, e vamos mudar de assunto, já está tomando um rumo que não estou gostando.

— Claro que a gostosa não vai descer do pedestal. Por que faria isso? Você é covarde mesmo.

— Não sou, Mariana. Fernando não é rapaz para namorar, e eu não quero tomar um não na cara.

— Tá vendo como é covarde? Prefere sofrer um amor escondido do que se declarar para ele. Duvido que se Fernando soubesse não a convidaria rapidinho para sair.

— Mariana, nem pense no que está pensando, ele não pode de jeito nenhum saber que eu o amo.
— Ah! Falou a palavra mágica!!! Tá vendo, não é tão difícil assim!!!
— Também, com você me enchendo o tempo todo. Mariana, agora vamos parar com a brincadeira. Não quero nem que Gustavo saiba que estou apaixonada.
— Falou outra vez!!!
— Ah... Mariana, para com isso, que coisa chata.
— Me desculpe, prometo que não comentarei com ninguém. Júlia, eu amo muito você, e sinceramente espero que Fernando repare na garota maravilhosa que você é.
— Não sei se sou tão maravilhosa assim, mas quem sabe eu tenho sorte como você? Gustavo te ama tanto.
— Você sabe que às vezes não acredito que Gustavo me ama? Ontem, quando ele estava conversando com papai, fiquei observando. Ele é muito mais maduro e responsável do que eu pudia supor.
— Fico feliz que seus pais tenham gostado dele. Tem certeza de que sua mãe não achou nenhum defeitinho em Gustavo?
— Bem, só vou descobrir hoje, porque até ontem dona Maria Alice não disse nada. E você já sabe o que sou capaz de fazer por ele, não sabe? Ai, meu Deus, já estamos falando outra vez de Gustavo.
— E tem coisa melhor que falar dos dois homens mais legais do mundo?

Mariana não respondeu nada, apenas ficou observando o brilho dos olhos da amiga, torcendo intimamente para que ela fosse feliz.

Seu Armando, dona Adélia e Patrícia já haviam se levantado e estavam tomando café.

— Como será que foi ontem na casa de Mariana?

— Deu tudo certo, Adélia, acalme seu coração. Nós podemos ser pobres, mas nossos filhos são uns encantos, não tem quem não goste deles.

— Obrigada pela parte que me toca, papai!

— E não é verdade, minha filha? Cite uma pessoa que não tenha gostado de vocês.

— Ah, papai, é diferente, né?

— E por quê?

— Porque, querendo ou não, nosso mundo é muito diferente do deles.

— Mas vocês sabem conversar qualquer assunto, falam corretamente, são estudados, são educados, falta mais alguma coisa?

— Falta, papai, dinheiro e posição social. Há muitos filhos de papai que não sabem escrever nem o próprio nome, mas são ricos. O dinheiro pode não comprar tudo, mas ajuda em muitos casos.

— É, meu marido, Patrícia tem razão.

— É, meu pai, o ser humano ainda é muito materialista, e não adianta falar que o importante é o que fazemos de bom, pois o aqui e agora é movido pelo dinheiro, que traz junto o poder, e o poder ainda move o mundo. E depois, pai, é muita hipocrisia nós criticarmos quem tem dinheiro se lutamos por isso também. Papai, coloca uma coisa em sua cabeça, se o dinheiro não fosse bom, com certeza Deus não deixaria o homem inventá-lo. Teremos que reencarnar muitas vezes para evoluir e praticar outros valores, como Jesus nos ensinou.

— É, vocês podem dizer o que quiserem, mas continuo achando meus filhos os melhores do mundo.

Patrícia e sua mãe riram da bondade do pai para com as pessoas. Ricos tinham os mesmos valores que os menos favorecidos?

A conversa estava animada na cozinha de dona Adélia quando Gustavo e Fernando se sentaram junto a eles.

— Bom dia!!!

— Bom dia, meus filhos!!!

— Olhe para eles e diga se há alguém no mundo que possa não admirá-los.

— Papai está dizendo que é impossível não nos amarem.

— Papai, o senhor está certo! Aqui em casa não tem pra ninguém!

— Ah, agora vai ficar mais exibido do que de costume — interveio Gustavo.

— Mudando de assunto, a que horas chegou, Gustavo?

— Não cheguei muito tarde, minha mãe. Mas a senhora está ansiosa para saber como foi lá, não é?

— Acertou em cheio, mano.

— Foi tudo bem, o pai de Mariana é boa pessoa.

— E a mãe? Ela gostou de você, meu filho?

— A bem da verdade, eu já os conhecia.

— Como assim?

— Lembra quando fui à casa do doutor Henrique?

— Claro, meu filho!

— Dona Maria Alice passou mal, e eu a socorri.

— Não me diga!!! Eles estavam lá?

— Não só digo como afirmo que são íntimos da família do doutor Henrique. Fiquei muito surpreso quando cheguei à casa de Mariana e dei de cara com eles. E pode ficar tranquila que eles gostaram de mim desde aquele dia.

— Ah, meu filho, melhor assim. Fico feliz por você.

Fernando olhou muito preocupado para o irmão, mas não comentou nada.

— Puxa... A vida às vezes prepara umas coincidências que se contar ninguém acredita — Patrícia falou, admirada.

— As meninas virão para cá hoje?

— Ainda não sei, não combinamos nada, vou levar o carro de Mariana, qualquer coisa aviso a senhora.

— É, mas agora que nosso filho já foi apresentado acho difícil que os pais de Mariana não queiram que fique por lá.

— Pode ser, pai, mas prefiro não abusar.

12

Nova investida

Maria Alice acordou com dor de cabeça; mal conseguia abrir os olhos, mas não pôde esquecer o dia anterior.

"Ah, Gustavo... Por que você fez isso comigo? Eu te quero tanto. Quem sabe não foi melhor assim? Vai ficar mais fácil eu conquistá-lo. Ah, Maria Alice, como não pensou nisso? Ele vai estar sempre aqui em sua casa, e poderemos nos encontrar muito mais vezes. Nem me importo que namore Mariana, ela não sabe ser uma boa amante. Eu suprirei todos os mais íntimos desejos dele. Quando estiver em meus braços não lembrará de mais nada."

Maria Alice dava asas a sua fantasia, e, quanto mais ela se tornava real em sua mente, mais a inspiravam os espíritos zombeteiros.

— Isso mesmo, seja esperta, você é muito mais experiente que sua filha. Agora, levante-se, tome um banho, fique cheirosa e atraente. Ele vai acabar não resistindo a seus encantos.

Maria Alice se levantou, foi até o armário, tomou dois comprimidos para se refazer, entrou no chuveiro e se banhou; mais refeita e bonita, desceu com satisfação e alegria estampadas em seu rosto.

— Bom dia, meu marido!!!
— Bom dia!!! Mais um pouco e seria boa tarde.
— Nossa!!! Dormi tanto assim?
— E como, que nem uma pedra. Não devia beber tanto daquele jeito.
— É, você tem razão, não devia mesmo.
— O que Gustavo vai pensar? Um dia você passa mal, no outro toma um pileque.

Na hora em que Maria Alice ouviu falar de Gustavo sentiu seu coração disparar no peito, e logo respondeu:

— Que vergonha! Ele vai pensar que sou uma mulher fraca, preciso urgentemente tirar essa impressão. Quando vier aqui novamente vou pedir desculpas.

— Então, pode pedir hoje, porque daqui a pouco estará chegando aí.

Maria Alice, radiante de felicidade, perguntou:

— Ele virá aqui hoje?
— Pelo menos foi o que combinou com Mariana. Ficou muito tarde e ele não quis que ela o levasse em casa, e eu não ia deixar o rapaz pegar um táxi. Falei para ir com o carro dela.
— Fez muito bem, Álvaro.

Maria Alice logo pensou: "Preciso dar um carro a ele. Um homem como ele não pode em hipótese nenhuma andar a pé".

— Não vai perguntar por Mariana?

— Não é preciso. Quando passei pelo corredor ela estava rindo com sua amiga. Não sei do que elas riem tanto.

— E não era para estar rindo? Hoje minha Mariana deve ser a mulher mais feliz do mundo!

— Em primeiro lugar, Mariana ainda não é "aquela mulher", e segundo, o que é que tem? Só porque arrumou um namorado? Que, aliás, é bem mais velho do que ela.

— Por favor, Maria Alice, é o primeiro amor da vida dela. Espero que não implique.

Maria Alice pensou com seus botões: "E o meu também".

— Pode deixar, não vou dizer nada. Mas Mariana combinaria melhor com Guilherme. Não sei por que nunca se entusiasmou. Bonito, simpático e ainda por cima tem dinheiro. Só amor não enche barriga!

— Ah, mulher, se te conheço já vai implicar com Gustavo. Dinheiro não é tudo.

— É mesmo? Então doe tudo para os pobres e veja se consegue viver sem esse conforto todo.

— Pelo amor de Deus, está sendo muito radical. Eu espero que não maltrate o rapaz, e que não comece com suas cobranças. Mariana está muito feliz.

— Não precisa se preocupar, claro que não vou maltratar Gustavo, mas que ele é muito mais velho que ela isso está na cara. Mariana precisava de um rapaz de sua idade, combinaria melhor com ela.

— Ah, mulher, disse que não vai implicar, mas está arrumando quinhentos mil obstáculos.

— Tudo bem, tudo bem, não vou falar mais nada. Até que ele parece ser gente boa, vamos ver em que vai dar essa paixão. Para mim, logo, logo ele vai descobrir que Mariana ainda é muito criança.

— Com licença, dona Maria Alice, Gustavo acabou de chegar.

— E o que está fazendo aí parada que não o deixou entrar?

— Desculpe, dona Maria Alice, vou pedir que entre. Com licença.

Em seguida, Gustavo entrou.

— Ah, Gustavo, desculpe a Maria. Ela ainda não o conhece direito.

— Não tem importância nenhuma.

Gustavo cumprimentou Álvaro e Maria Alice, que mais que depressa o puxou e deu-lhe um beijo no rosto.

— Gustavo, quero lhe pedir desculpas por ontem. Reconheço que abusei um pouco da bebida, mas quero que saiba que não é sempre assim. Na verdade, não gosto de bebidas fortes, foi apenas um caso isolado.

— Que é isso, dona Maria Alice, não tenho que desculpá-la de coisa alguma.

— Então façamos de conta que esse episódio não aconteceu.

— Venha, meu rapaz, está um dia muito bonito para ficar enfiado aqui dentro. Vamos até lá fora, perto da piscina deve estar bem mais agradável — disse Álvaro.

Gustavo gostou muito dele, e muito gentil o acompanhou até a piscina. Mariana, assim que o viu pela janela do quarto, desceu correndo.

— Bom dia, mãe!!! Vou ver Gustavo.

— Não precisa sair correndo desse jeito, ele não vai fugir.

Mariana foi ao encontro de Gustavo, e Maria Alice chamou Júlia, que ficou mais atrás.

— Júlia... Quero conversar com você.

— Comigo?

— Quero que me fale desse tal Gustavo.

— O que, por exemplo?
— Falar, oras... De onde Mariana o conhece? Quantos anos tem? Quais são suas intenções?
— Por que a senhora não pergunta para Mariana? Ou melhor, por que não pergunta para ele mesmo? Vai ficar mais fácil. Estava demorando muito para interrogar.
— Júlia, às vezes não acredito que sua mãe é minha amiga. E sabe por quê?
— Não, não sei.
— Como uma pessoa de bem como ela paparica uma filha tão sem modos, tão sem educação como você? O que será que ela fez para merecer esse castigo?
— Deve ser pelo mesmo motivo que a senhora sua mãe a teve também!!!
— Não acredito que me disso isso, menina!!!
Júlia saiu sem esperar pela resposta. Ela era uma moça do bem, porém mais experiente, e não engolia essa de Maria Alice aceitar Gustavo sem mais nem menos: "Aí tem coisa... Ah, só tem. Mas ela não vai prejudicar Mariana mesmo... Eu não vou deixar!".
Maria Alice, por outro lado, mordeu o lábio por não conseguir mais informações do amor de sua vida, e seria muito difícil ver Mariana tocá-lo sem que pudesse fazer nada.
Gustavo, quando viu Júlia se aproximar, disse alegremente:
— Como vai, Júlia? Que bom estar aqui.
— Ah, Gustavo... Hoje eu tinha que vir de qualquer jeito. Você acha que perderia essa carinha tão feliz de Mariana? E estou muito feliz por vocês.
— Muito obrigado. E não é só Mariana que está feliz, eu me sinto como um garotinho que ama pela primeira vez a namoradinha!

— O que não deixa de ser verdade. Eu sei que nunca namorou sério.

— Também não precisa entregar seu amigo aqui — disse Gustavo, brincando.

— Mas teve muitas ficantes! — interveio Mariana, com ciúme.

— Bom, melhor mudar de assunto, não é mesmo, Gustavo? Senão elas vão querer saber nome e endereço das ficantes.

— Seu Álvaro, acho que vou aceitar aquela cerveja que o senhor me ofereceu agora há pouco — brincou Gustavo beijando Mariana.

— Boa ideia, vamos tomar uma cerveja para comemorar esse namoro, mas faço questão de que coloque um calção de banho e se jogue na água com seu sogro aqui.

Gustavo não quis ser desmancha-prazeres, e foi com Mariana colocar a roupa de banho. Quando estavam em um dos quartos escolhendo qual colocar, pois Álvaro tinha muitas para os amigos esquecidos que frequentavam sua casa, ouviram bater à porta, e Mariana gritou:

— Pode entrar.

— Com licença, seu pai disse que você veio escolher um calção de banho para Gustavo, então vim rápido, porque tenho alguns novinhos em meu quarto e faço questão que Gustavo coloque um novinho. Não tem cabimento vestir um usado.

— Ah, mamãe, obrigada.

— Eu acho que não tem necessidade, não quero dar trabalho.

— E desde quando vestir um calção de banho novo é trabalho?

— Por favor, dona Maria Alice, não precisa, Mariana sabe que não sou de luxo.

— Meu genro não vai fazer essa desfeita para mim, vai?
— Gus... Veste, vai... Pela mamãe.
— Está bem... Não vamos brigar por causa disso.
— Então vá buscar, mamãe, traga todos que eu vou escolher.

Maria Alice saiu, e Gustavo puxou Mariana para junto de si, apertou-a contra seu peito e disse em seu ouvido:

— Eu te amo muito, sabia?

Mariana respondeu com um beijo apaixonado. Mas a verdade era que Gustavo não estava se sentido à vontade com a mãe de Mariana por perto, e precisava mostrar para ela que amava sua filha. Quando Maria Alice entrou de volta, presenciou Gustavo beijando sua filha ardentemente, mordeu o lábio contrariada e se pronunciou, na intenção de atrapalhar o casal:

— Aqui está, podem escolher.

Gustavo soltou Mariana, contrariado.

— Deixe que escolho, meu amor.

Mariana escolheu dois, e pediu que Gustavo fosse ao banheiro provar. Assim que Gustavo fechou a porta, Maria Alice disse à filha:

— E você não vai colocar um biquíni para acompanhar Gustavo?

— Claro que vou, mas vou esperar Gustavo provar para ver qual ficará melhor.

— Não se preocupe, Mariana, vá vestir seu biquíni, sabe que mamãe tem bom gosto. Não vai deixá-lo esperando; enquanto ele prova, você vai e volta rápido.

— Está bem... Mas não o deixe sozinho, diga que já volto.

Quando Gustavo saiu do banheiro para que Mariana pudesse escolher o calção, deu de cara com Maria Alice à sua espera. Sem tempo para qualquer reação, Maria Alice o abraçou e beijou seus lábios com todo o fogo que percorria violentamente seu corpo de amante apaixonada.

Gustavo tentou se desvencilhar, mas ela com paixão o apertava contra si. Gustavo não sabia como sair daquela situação sem que Mariana percebesse. Pegou nos pulsos de Maria Alice e a fez se distanciar do seu corpo que ardia em brasa de desejo, e com habilidade pediu:

— Dona Maria Alice, por favor, pare com isso. Não sei o que está passando pela sua cabeça e também não gostaria de saber, mas nunca mais faça isso. Esse jogo em que está me colocando é muito perigoso. Eu não quero ser indelicado com a senhora.

— Por que fez isso comigo? Por que tinha que ser o namorado de Mariana? Há milhões de garotos por aí, por que tinha que ser você, meu Deus?

— Do mesmo jeito que está surpresa, estou também. É melhor a senhora ser coerente e me ver como namorado de sua filha. Além do mais, está me acusando como se eu fosse culpado de alguma coisa.

— Mas não vê que Mariana não é a garota certa para você?

— Dona Maria Alice, por favor, aqui não é lugar para ficarmos discutindo, Mariana pode entrar a qualquer minuto!!!

— E quando podemos nos falar?

— Dona Maria Alice, por favor, se essa situação está sendo difícil para a senhora, para mim está sendo muito mais embaraçosa, não torne as coisas mais desagradáveis do que já estão.

— Mas por que não quis me atender ao telefone? Te liguei várias vezes e não me atendeu.

— Dona Maria Alice, o que acha que tenho para falar com a senhora?
— Então admite que não quis falar comigo?
— Não é que não quis, é que não há assunto. O que espera ouvir de mim?

Maria Alice nunca havia passado por uma situação daquelas, sentia uma paixão avassaladora por um rapaz que vira poucas vezes, e sentia que perto dele perdia o chão. Só a presença dele a dominava por inteiro; não conseguia ter o controle que gostaria, e com certo desespero continuou:

— Gustavo, eu não sei o que está acontecendo comigo, eu te suplico, vamos conversar, eu preciso falar com você longe daqui.

— Está bem, está bem. Mas não agora, e por favor se acalme. Mariana pode voltar a qualquer momento, e a situação se tornará péssima para nós três.

— Você promete por tudo o que é mais sagrado?
— Sim, eu prometo, mas agora é melhor se acalmar, está bem?

Gustavo tentou contemporizar, pois tinha medo que Mariana percebesse, e tentando controlar seu nervosismo entrou no banheiro e fechou a porta. Gustavo não sabia definir o que estava sentindo, só pensava em ir embora, mas como dizer a Mariana? Seus pensamentos estavam confusos, não conseguia raciocinar direito, por mais que fosse frio não podia deixar de sentir ainda o gosto dos lábios de Maria Alice nos seus, e teve que admitir que o calor de seu corpo o deixava completamente atordoado.

"Meu Deus, o que faço agora? Que situação!!! Preciso sair daqui, o que vou dizer?". Gustavo lavou o rosto, molhou a nuca e tornou a colocar a roupa.

Mariana, animada, voltou:

— Já escolheu, mamãe?

Maria Alice estava trêmula, mas procurou ser natural. E respondeu sem olhar para a filha:

— Não sei, Gustavo ainda não saiu do banheiro.

— Tá tudo bem, Gus?

Gustavo saiu do banheiro pálido e, sem esperar que Mariana fizesse muitas perguntas, se adiantou:

— Mariana, não estou me sentido muito bem, acho melhor deixar a piscina para outro dia.

— Meu amor, o que aconteceu? Está pálido! Venha, sente-se aqui, vou pegar um pouco de água para você.

— Não precisa, meu amor, já vai passar, só quero que sente-se aqui do meu lado.

— Mas assim de repente?

Maria Alice vibrava por dentro, alimentando sua ilusão de que Gustavo estava daquele jeito por ter estado em seus braços e sentido o desejo de uma paixão, porém ficou realmente preocupada com o amor de sua vida:

— Mariana, ele está se sentindo mal mesmo, afaste se, deixe que eu o ajudo a se deitar.

— Por favor, dona Maria Alice, já estou melhor, não quero me deitar. É melhor eu ir para casa, não quero dar trabalho.

— Gustavo nem deixou que Maria Alice se aproximasse, evitando que suas reações de antes o condenassem.

— Mas não é trabalho nenhum, se acalme. Vou deixar vocês sossegados, deite-se um pouco. Mariana, fique com ele até melhorar.

Maria Alice preferiu deixá-los, assim Gustavo não precisaria ir embora, pois sua presença fazia bem a ela, que o admirava como a um ídolo. Gustavo, quando se viu sozinho com Mariana, pegou em suas mãos e carinhosamente disse:

— Você se incomoda se eu for para minha casa?

— Gustavo, aconteceu alguma coisa? Já sei. Estava demorando muito, como não percebi? Minha mãe lhe fez mil perguntas, não foi? Ou ela o maltratou? Eu sabia, é típico de dona Maria Alice.

— Calma, Mariana, não é nada disso. Sua mãe não tem nada a ver com meu mal-estar.

— Você tem certeza? Não me esconda nada, por favor. Porque se ela te ofendeu de alguma maneira eu vou arrumar a maior briga.

Gustavo beijou os lábios de Mariana fazendo com que parasse de falar sem parar. Mariana correspondeu apaixonadamente, esquecendo por completo o que dizia. Gustavo e Mariana estavam se amando verdadeiramente, suas almas se realizavam quando seus corpos se aproximavam. E, para evitar que os hormônios dos dois amantes se inflamassem mais, Gustavo falou em seu ouvido:

— É melhor a gente parar, desse jeito não vou querer ir embora.

— Então não vá, eu fecho a porta e esquecemos que existe vida lá fora.

— Ah, Mariana, eu te amo tanto. Mas tenho que ser um bom moço.

— Mas para quê? Comigo você pode ser um mau moço. O que acha?

Gustavo se descontraiu e sorrindo disse:

— Ah, garota, está ficando muito espertinha, viu!!!

— E sabe por quê? Porque te quero como nunca quis nenhum outro. Tudo o que sinto por você é mágico e inédito; eu nem sonhava que pudesse existir algo tão bom assim.

— Essa coisa boa que sente é mais gostosa quando existe amor, fica muito melhor. Mas vamos parar, senão seu Álvaro sobe aqui e não vai entender que sua filhinha quer amar.

Júlia entrou e, assutada, perguntou:

— O que aconteceu? Sua mãe disse que Gustavo não estava muito bem...

— Não é nada, Júlia, já passou. Bem, meu amor, vou para casa.

— Vou com você.

— Nada disso, fique aqui com seus pais e sua amiga. Preciso estudar alguns processos mesmo. E você vai me prometer que vai aproveitar esse dia lindo com seus pais e sua amiga.

— Está bem, eu prometo.

— Ah, Gustavo, não acredito que vai embora. Já não está melhor?

— Já me sinto melhor, mas preciso trabalhar. Amanhã nos vemos na faculdade.

— Está bem, não vou insistir mais, é você quem sabe.

Gustavo desceu com as meninas e se despediu de Álvaro e Maria Alice. Todos ficaram chateados, mas respeitaram a vontade dele.

Gustavo chegou em casa passado. Entrou e foi direto para a cozinha, pois era o lugar preferido de todos de sua família.

— Oi, mãe, oi, pai.

— Nossa, meu irmão, já voltou?

Gustavo beijou a irmã e respondeu:

— Já, preciso trabalhar. Vou aproveitar a tarde para ver alguns processos.

— Ah, meu filho... Hoje é domingo!

— Ah, mãe, como se eu não trabalhasse aos domingos.

— Isso é verdade, mulher, Gustavo sempre trabalhou aos domingos.

— Ah... Mas pensei que agora com Mariana você fosse aproveitar mais os finais de semana.

— Mãe, não sabe que Gustavo é chato com esses processos? Vê se o chefe dele se estressa.

— O doutor Henrique me paga justamente para não fazer. Além disso, para mim é melhor, pois aprendo cada vez mais.

— Ah... Tá bom, meu filho, vamos almoçar, hoje não é dia de discussão.

— Não estou com fome, quem sabe mais tarde.

Gustavo foi para o quarto, e Adélia não engoliu a desculpa do filho, mas preferiu não dizer nada. Assim que entrou, apanhou uma pasta em que havia muitos papéis, sentou em sua cama e começou a estudar todos os processos, procurando não pensar no que havia acontecido. Gustavo era muito dedicado e gostava do que fazia. Estava tão concentrado que não viu que Fernando entrou e sentou na cama à sua frente. Preocupado, quis saber o que estava acontecendo.

— E aí, mano, achei que fosse ficar com Mariana.

— Eu preciso deixar tudo pronto para amanhã.

— Mas você tá legal?

— Claro que sim.

— Tem certeza? Sabe que pode contar comigo.

— Mas o que está acontecendo com todo mundo? Eu sempre trabalhei aos domingos.

Gustavo não queria tocar no assunto da mãe de Mariana, preferia resolver sozinho.

— Ah, Gustavo, pra cima de mim? Até ontem morria de amor pela Mariana. Agora que pode estar com ela vem trabalhar?

— Fernando, o que quer saber?

— Não sei. Tem alguma coisa para eu saber?

— Ah, Fernando, vai almoçar, vai...

— Não quer falar, tudo bem. Mas não pense que engoli essa desculpa.

Fernando saiu, e Gustavo não tocou no assunto. Achou melhor esquecer o que havia acontecido. E se concentrou em seu trabalho. Já passava das sete horas da noite quando terminou, deixando tudo em ordem para o dia seguinte; só deu tempo de colocar as folhas dentro da pasta, e adormeceu exausto.

13

Vingança

Na manhã seguinte, dona Adélia pôs o café na mesa e foi chamar os filhos. Todos se levantaram logo, inclusive Gustavo, e saíram para seus compromissos. O dia transcorreu normalmente. Gustavo, depois da faculdade, chegou bem disposto ao escritório. Cumprimentou Rosana e se dirigiu à sua sala. Assim que entrou se surpreendeu com todos os sócios a esperar por ele.

— Puxa vida, aconteceu alguma coisa? Ou alguém aqui ganhou na loteria e vai dar uma festa?

— Nem uma coisa, nem outra, mas estávamos à sua espera mesmo. Sente-se aqui, Gustavo.

Doutor Henrique puxou uma cadeira e o fez se sentar. Gustavo estava apreensivo, milhões de pensamentos passaram pela sua cabeça, e seu chefe, adivinhando, continuou:

— Está se perguntando o que está acontecendo, não é mesmo?

— É, estou, mas não faço a mínima ideia.

— Bem, Gustavo, de comum acordo fizemos este documento para que o lesse e desse seu parecer.

— Mas é para eu ler agora?

— Neste exato momento.

Gustavo pegou o documento e começou a ler, mas não conseguia concatenar as ideias, e uma emoção o invadiu. Sendo abençoado com bondade por Deus, deixou as lágrimas serem testemunhas de uma conquista de um guerreiro em batalha. Assim que terminou de ler, Gustavo permaneceu de cabeça baixa, sem saber o que dizer. Mas o doutor Henrique se pronunciou, com alegria:

— E aí, meu caro Gustavo, você aceita o nosso convite?

— Puxa, eu não sei nem o que dizer!!!

Um dos sócios interveio emocionado:

— É só dizer que nos aceita como sócios.

Todos, rindo com a brincadeira, foram abraçar Gustavo, que ainda chorava.

— Agora, Gustavo, queira nos acompanhar.

Todos saíram em direção ao elevador; assim que chegaram ao estacionamento, deram uma chave para Gustavo e apontaram para um carro zero quilômetro. Gustavo, eufórico, começou a pular e abraçar um por um, e falava repetidas vezes:

— Não sei o que dizer. Puxa vida, os senhores falaram que ninguém havia ganhado na loteria, mas eu com certeza ganhei.

Depois de Gustavo conferir todos os detalhes do carro, subiram e foram festejar com alegria a mais nova nomeação ao círculo de advogados de São Paulo, com direito a plaquinha e tudo colocada do lado de fora da porta. Rosana contratou um buffet que arrumou tudo antes que Gustavo chegasse. Assim que entraram na sala ele foi recebido com champanhe francês e, no alto, uma faixa enorme com os dizeres: "BEM-VINDO AO MUNDO DOS ADVOGADOS".

Aquela tarde foi só de atenções para Gustavo, que não sabia o que dizer. Até Álvaro e Mariana foram convidados, fazendo surpresa para o mais novo sócio. Assim que Mariana entrou, foi abraçá-lo.

— Meu amor, parabéns, ficamos sabendo agora há pouco; estou muito feliz por você.

Gustavo a beijou apaixonadamente e disse:

— Sabe o que significa tudo isso, Mariana? Que minha vida vai mudar e vou poder logo me casar com você. Eu te amo, eu te amo.

— Eu também, tudo o que quero é ter você, Gustavo.

A comemoração foi até tarde. Já passava das onze horas da noite quando Mariana pediu que Gustavo entrasse em determinada rua e determinado lugar.

Assim que Gustavo embicou o carro, perguntou, beijando Mariana:

— Tem certeza de que quer entrar?

— Nunca tive tanta certeza em toda a minha vida. Eu te amo muito, Gus. Preciso que me ame, preciso senti-lo, saber como é fazer amor com você.

Gustavo beijou Mariana, e eles entraram.

Assim que chegaram no quarto se acariciaram ardentemente, deixando as roupas espalhadas pelo chão. Mariana se entregou de corpo e alma para Gustavo, que em êxtase a amou como nunca havia amado qualquer outra mulher. Só lembraram de ir embora quando Gustavo olhou para o relógio e viu que passava do meio-dia. Para eles nunca foi tão bom esquecer da casa, dos pais, de amigos, e até da faculdade — só não se esqueceram do trabalho, porque seria muita mancada de Gustavo, que começaria seu primeiro dia como sócio da Incorporadora de Alianças Advocatícias S/A. Gustavo passou rápido para deixar Mariana em casa e seguiu para a sua. Assim que entrou, a mãe foi dizendo:

— Sua roupa está em cima da cama. Puxa, meu filho, nós estamos muito felizes por você.

— É, mãe, a senhora não sabe como estou me sentindo. De ontem para hoje aconteceram tantas coisas boas que não quero nem pensar, me dá medo.

Gustavo abraçou e beijou o rosto da mãe, e foi tomar banho. Do lado de dentro do banheiro, ia conversando com a mãe, que estava do outro lado da porta.

— Nossa, meu filho, ontem você ligou tão tarde avisando que não viria para casa!!! A festa foi até hoje de manhã?

— Não, minha mãe, é que depois fui comemorar a sós com Mariana.

Dona Adélia não quis ser indiscreta e mudou de assunto:

— É esse o carro que você ganhou de seu chefe?

— É, na verdade, esse carro foi presente só do doutor Henrique.

Gustavo tomou banho e se arrumou depressa, e com muito primor sua mãe deu os últimos retoques na gravata do filho e o acompanhou até o portão.

— Vá com Deus, meu filho, e tome cuidado.

— Até mais, mãe, fique com Deus também.

Dona Adélia ficou no portão vendo o filho se distanciar, pedindo ao velho Pedro que o amparasse para que ele não voltasse a ficar como no domingo. Que afastasse as entidades que o acompanharam até sua casa.

Gustavo não se intimidou, entrou em sua sala com orgulho e trabalhou como antes, sem nada mudar, reconhecendo a valiosa oportunidade que Deus havia colocado em seu caminho.

Rosana bateu à porta e entrou:

— Gustavo, dona Maria Alice já ligou para você três vezes hoje, o que eu faço?

Gustavo estava tão feliz que nem se lembrava mais dela, mas precisava dar um jeito, fazendo com que ela o esquecesse.

— Rosana, pode ir; se ela ligar novamente, pode transferir para cá.

E não deu outra. A ligação foi transferida como ele havia pedido.

— Alô, tudo bem, dona Maria Alice?

— Sim, estou, mas estou te ligando para cobrar nosso encontro. Você esqueceu?

— Não, não esqueci, mas sinto muito, não vai dar.

— Pelo amor de Deus, Gustavo, preciso desesperadamente ver você, estar com você.

— Dona Maria Alice, não fique assim, se acalme, por favor; meu tempo é limitado, tenho meus compromissos, e realmente não poderei me ausentar de jeito nenhum do escritório hoje.

— Tudo bem, amanhã eu ligo outra vez.

Maria Alice desligou o telefone, mas não se conformou. Gustavo estranhou que ela não tivesse insistido, mas deu graças a Deus, estava muito ocupado e esqueceu-a por completo. Caiu de cabeça nos muitos processos que precisavam ser analisados. Trabalhou até tarde da noite, mas com satisfação conseguiu deixar tudo em ordem. Mariana ligou para ele, que atendeu com alegria. Rosana tinha programado para que todas as ligações caíssem em sua mesa, pois havia ido embora. Aliás, todos já haviam ido embora.

— Oi, Gus, tá tudo bem?

— Comigo está às mil maravilhas, principalmente depois que nos amamos. Eu te amo muito, mas muito mesmo, sabia?

Maria Alice inesperadamente abriu a porta da sala de Gustavo, que ficou com os olhos arregalados quando a viu, mas ela não se intimidou e sentou-se à sua frente. Olhando fixamente em seus olhos, disse, baixinho:

— Pode continuar, não sou ciumenta.

— Você ainda vai demorar aí no escritório?

— Não, Mariana, logo vou embora.

Maria Alice, não suportando ouvir aquela melação, deu a volta, ajoelhou se à sua frente, passou os braços por seu pescoço e começou a beijar todo o seu rosto descendo aos poucos, afrouxando sua gravata e dizendo palavras que provocariam até o mais puro dos homens.

Gustavo, já desesperado de desejo, sentiu seu corpo abrasar e, sem controle de suas emoções, se despediu de Mariana:

— Mariana, preciso desligar.

— Mas pensei em ir até aí encontrá-lo.

Gustavo quase não conseguia se concentrar no que Mariana dizia. Bruscamente desligou o telefone.

E num desespero empurrou Maria Alice.

— Pelo amor de Deus... O que você quer comigo? Quer me enlouquecer?

Maria Alice não desistiu. Levantou-se e o abraçou, beijando loucamente sua boca. Gustavo estava sem controle de seu corpo, que ardia instintivamente, correspondendo às carícias dela, fazendo com que os desejos dela fossem saciados. E quanto mais Gustavo dava vazão a seus instintos viris, mais era influenciado pelos companheiros viciosos de Maria Alice. Mas, antes que Gustavo consumasse o ato e se arrependesse horas depois, ele bruscamente empurrou-a, e fora do juízo normal gritou:

— Eu amo Mariana... Eu amo Mariana... Vê se entende isso e me deixe em paz, não me procure mais.

Gustavo foi em direção à porta e apontou-a.

— Vá embora... E esqueça que um dia você me conheceu.

— Gustavo, você me quer também, você não vê como nossos corpos ardem quando nos tocamos, é muito forte o que sentimos. Nos amamos, esqueça a Mariana e se entregue!!! Sou a mulher certa para você!!!

Gustavo estava fora de si e, passando as mãos pelos cabelos, respondeu:

— Isso que aconteceu há pouco não é amor, e sim uma atração comum entre um homem e uma mulher. Isso acontece com milhares de pessoas, mas não quer dizer que se entregam por amor.

— Mas eu te amo desde o primeiro dia que te vi. E com o tempo você vai me amar também.

Gustavo respirou fundo e tentou mais uma vez contemporizar:

— Não, dona Maria Alice, isso não vai acontecer, e sabe por quê? Porque amor é o que sinto pela sua filha, Mariana. Com ela eu nem precisaria fazer amor. E sabe por quê? Simplesmente porque a amo como nunca amei ninguém. Por isso peço que reflita, e esqueça o que aconteceu aqui, vai ser melhor. E fique tranquila que ninguém vai saber.

 Maria Alice não enxergava o óbvio, que realmente o amor acontece entre duas pessoas naturalmente, não se mede pelo que o corpo está pedindo, e sim pelo que a alma transmite. Com o orgulho ferido chegou perto de Gustavo e disse:

 — Você me ama, sim, e vai se arrepender por me hostilizar, mas vou te esperar o tempo que for preciso. Vai me querer como nunca quis ninguém em toda a sua vida, Mariana é minha filha, e sempre fiz tudo por ela, mas você tinha que aparecer e estragar tudo. O papa pode pedir para eu te esquecer, mas não conseguirá apagar o que sinto. Não vê que Mariana é uma criança e não o fará feliz? Deixe ela em paz, ela tem a vida toda pela frente.

 — Dona Maria Alice, a senhora não está entendendo, eu amo Mariana. E, se quer saber, ela é mais madura do que a senhora imagina, ela é a mulher certa para mim.

 — Tudo bem, Gustavo, você não quer enxergar a verdade. Como eu disse, Mariana é minha filha, mas não ficará com você. Porque é a mim que ama. Pode ter certeza de que de hoje em diante ela será minha rival.

 Gustavo sentiu que Maria Alice não estava para brincadeiras. E, com as têmporas queimando, explodiu:

 — Você está louca? Não vê que eu não te quero, nunca quis? Tudo que fala é fantasia da sua cabeça.

 — Claro que não é, seu amor pertence a mim, mas você logo vai se dar conta disso. Preste atenção, Gustavo, você fica louco em meus braços. Desde aquele dia em que te vi, sabia que seria meu.

 — Dona Maria Alice, estou cansado, trabalhei muito hoje, então não vamos ficar nos expondo a situações desagradáveis.

Vá para sua casa, volte para seu marido. Ele sim a ama de verdade. Vá e não me procure mais. Se quer saber, vou casar com sua filha o mais breve possível.

Maria Alice sentiu-se rejeitada e a mágoa invadiu sua alma. Nunca homem nenhum fizera aquilo com ela, e com o ódio a que uma pessoa poderia sucumbir chegou bem perto dele. Olhou dentro de seus olhos e disse, desafiadora:

— Você pode não ser meu, mas não será de mais ninguém; se acha que vai casar com Mariana, espere para ver. Você hoje assinou sua sentença de morte. Não será feliz com mais ninguém. Será infeliz como está me fazendo hoje.

Maria Alice pousou um beijo ardente em seus lábios, virou as costas e saiu.

Gustavo se deixou cair na cadeira e, com a cabeça entre as mãos, pediu com a alma:

— Meu Deus, me ajude, eu preciso do senhor.

Superdesgastado por tudo o que seu dia lhe propôs, ele ficou ali sentado, tentando avaliar o que estava acontecendo. Por que com ele? O que Deus queria lhe mostrar? Não tinha vontade de ir para casa, pensava em seus pais, em seus irmãos, e teria que fazer uma força absurda para não deixar que percebessem que estava com medo. O telefone tocou novamente, Gustavo deu um pulo, assustado. Era Mariana, então ele tentou ser o mais natural possível:

— Alô... quem é?

— Sou eu, Gustavo, o que está acontecendo? Você desligou o telefone na minha cara, depois tentei várias vezes falar com você, e só agora consegui, por que não me atendeu?

— Desculpe, Mariana, mas é que me senti mal outra vez.

Gustavo estava mentindo e sentiu-se um canalha traidor, mas como contar para Mariana que a própria mãe o disputava com ela? Não poderia expor as duas, mãe e filha, em uma situação terrivelmente dolorosa. "Não, não posso fazer isso. Deus há de mostrar o caminho para eu seguir."

— Meu amor, por que não me ligou? Eu teria ido até aí.

— Não precisa, eu já estou me sentindo melhor.

— Mas não seria melhor eu te buscar? Você deixa seu carro no estacionamento, e eu o levo para casa.

— Não, Mariana, já estou bem melhor, e depois é muito tarde para você ir embora sozinha. Não ficaria sossegado.

— Tem certeza de que já pode dirigir? É melhor ir ao médico e ver o que está acontecendo.

— Tenho. Mariana... Eu te amo muito. E aconteça o que acontecer nunca vou deixar de te amar.

— Por que está dizendo isso? Estou te achando triste.

— Nada, apenas senti vontade de dizer. Nunca... Nunca eu a faria sofrer, eu preferiria morrer antes.

Mariana não sabia o que era, mas sentiu uma vontade enorme de chorar, então deixou que as lágrimas descessem pelo seu rosto. Tentando ser natural respondeu:

— Gustavo, não sei o que está acontecendo com você, nem o que o aflige, mas eu também nunca o magoaria, eu te amo, eu te amo, meu amor.

Gustavo não pôde segurar a dor que estava sentido naquele exato momento, mas tentou esconder o nó que o sufocava pressionando sua garganta.

— Mariana, já está muito tarde e estou muito cansado. Amanhã nos vemos na faculdade.

Magoado, não disse mais nada e desligou o telefone. Quando chegou em casa, todos estavam dormindo, só sua mãe o esperava.

— Puxa, meu filho, estava preocupada.
Gustavo abraçou sua mãe. Mas um abraço diferente, um abraço angustiado.
— Mãe, não diz nada, apenas me abrace.
Adélia, sem dizer nada, mas pressentindo algo ruim, pediu a seu guia espiritual que acolhesse seu filho. Mãe e filho ficaram abraçados por um longo tempo. Gustavo estava confuso, e nos braços da mãe sentiu que só ela poderia acalmá-lo do medo que o consumia.
— Mãe, vou deitar.
— Mas não vai comer nada, meu filho?
— Não, mãe, obrigado, estou muito cansado.
Antes que Gustavo saísse, a mãe pegou a mão dele e a beijou:
— Meu querido, duma em paz, bom descanso.
Durante vários dias, Maria Alice ainda tentou fazer com que Gustavo se entregasse a ela. Deixava vários recados com a secretária, seguia-o nas ruas — até mesmo na porta de sua casa chegou a abordá-lo, tentando fazer com que ele assumisse seu amor por ela, mas Gustavo não mudou sua posição, pelo contrário, estava perdendo a paciência com a insistência dela. Gustavo estava esgotado com as várias investidas de Maria Alice. Mas não deixou-se intimidar com suas ameaças. Até que um dia Maria Alice o convenceu de encontrá-la, mas ele só concordou porque era em um lugar público. Assim que Gustavo chegou a uma praça perto de sua casa encostou o carro, e logo em seguida Maria Alice entrou e sentou-se a seu lado, chorando. Gustavo, vendo-a naquele estado, perguntou:
— O que aconteceu, dona Maria Alice, para chorar desse jeito?

— Ah, Gustavo me perdoe... Refleti muito, e vi que estava completamente errada. E se estou chorando assim é porque estou muito arrependida. Ainda bem que me concedeu esta última conversa. Prometo que nunca, nunca mais procurarei você. Mariana gosta muito de você, e não tenho o direito de fazê-la sofrer. Você me perdoa? Por favor, diga que sim!

Gustavo ficou emocionado por Maria Alice ter sido tão sincera, e com o coração aliviado se pronunciou:

— Puxa, dona Maria Alice! Não sei o que dizer, mas pode ter certeza de que estou muito feliz, e aliviado também. Não falei que depois que refletisse veria que não era nada daquilo que a senhora sentia por mim?

— Mas prometa que nunca, mas nunca mesmo, tocará nesse assunto com Mariana. Que tudo está morto e enterrado.

— Pode ficar sossegada, nunca ninguém ficará sabendo.

— Posso confiar em você?

— Claro que sim! Isso tudo é passado.

— Então já vou indo. E me perdoe mais uma vez.

Maria Alice beijou o rosto de Gustavo com carinho e foi embora. Gustavo soltou um suspiro profundo, era como se tivessem lhe tirado um fardo enorme das costas, e feliz também foi embora. Naquele dia Gustavo sentia-se tão leve, como se tivesse nascido de novo com mais uma oportunidade concedida pelo criador. À noite saiu com Mariana para jantar e depois se amaram intensamente.

No dia seguinte, Gustavo acordou feliz, e foi para a faculdade. Não queria perder mais nenhuma aula, pois faltavam apenas alguns dias para que se formasse, e pudesse colocar seu certificado em um bonito quadro, pendurando-o na parede de sua sala.

Gustavo sentiu falta de sua amiga Júlia, que por algum motivo não foi à aula. Bem disposto foi para o estacionamento, onde todos sempre se encontravam para ir embora. Então foi surpreendido pelo irmão, Fernando.

— Gustavo!!!

— O que foi? Está tão pálido!!!

— Eu não sei o que aconteceu, mas Júlia me ligou agora há pouco. Disse que tentou em seu celular, mas só chama e você não atende, disse que havia acontecido uma desgraça na casa de Mariana.

— Mas o que aconteceu? Você não perguntou?

— Não, não perguntei, só sei que Júlia não veio à faculdade porque está com Mariana no hospital!

— Fernando, me empresta o celular, esqueci o meu em casa.

Gustavo, nervoso, ligou para Júlia, que atendeu de imediato.

— Júlia!!! É Gustavo!!! O que aconteceu com Mariana?

— Não posso falar. Liga mais tarde.

— Não, Júlia... Se aconteceu alguma coisa com Mariana, me fale agora...

— Gustavo, agora não dá, a gente se fala mais tarde.

— Qual é o hospital em que ela está?

— Gustavo, não venha para cá, por favor!!!

— Mas se Mariana está no hospital eu preciso vê-la.

— Gustavo, confie em mim e vá para casa. Assim que puder eu te ligo e explico tudo. Por favor, não insista.

Júlia desligou o celular, e Gustavo começou a suar frio e a passar mal. Fernando foi quem dirigiu o carro para casa. Quando chegou, Gustavo ligou para Rosana avisando que não ia para o escritório.

Depois foi para o quarto e esperou com ansiedade pelo telefonema de Júlia. Não conseguia parar de pensar em Mariana, e desesperado perguntou para si mesmo:

"Meu Deus, o que poderia ter acontecido com Mariana? Ontem ela estava tão bem, ficamos juntos até de madrugada. Deixei-a em sua casa tão bem, não existiam pessoas mais felizes que Mariana e eu!!!"

Gustavo pensava mil coisas ao mesmo tempo. Nervoso, levantou-se e foi para a sala, mas não saía de perto do telefone, e estava com o celular em uma das mãos. Fernando, Patrícia e dona Adélia, aflitos, faziam companhia para ele, mas ninguém falava nada, ficou cada um com seus pensamentos, orando para que Mariana estivesse bem, mesmo sem saber realmente o que havia acontecido. Já eram cinco horas da tarde quando Júlia encostou o carro em frente à casa de Gustavo. Quando entrou, estava péssima, e seus olhos, inchados de tanto chorar. Assim que ela entrou abraçou Fernando, dizendo:

— Não, não... Não posso acreditar. Fernando, diz para mim!!! Por favor diz que é mentira!!!

Fernando soltou seu abraço e enxugou suas lágrimas:

— Calma, Júlia. Acalme-se e me conte o que está acontecendo.

— Eu me recuso a acreditar. Gustavo não faria isso com Mariana.

E com uma crise de nervos foi para cima de Gustavo, e começou a esmurrá-lo alucinadamente. Gustavo apenas a abraçou forte, contendo sua ira. Todos que estavam na sala se assustaram com o comportamento de Júlia. Fernando a segurou na tentativa de acalmá-la e com um grito a fez parar de se debater:

— Júlia!!! Você bater em Gustavo não vai aliviar seja lá o que for. Se acalme e conte para que possamos entender.

Com o grito de Fernando, Júlia parou assustada, tirou um monte de fotos da bolsa e colocou nas mãos de Gustavo.

Assim que Gustavo viu foto por foto entendeu tudo o que estava acontecendo. Como se o mundo tivesse desabado em sua cabeça, jogou as fotos pelo chão e, fora de si, vociferou:

— Em que hospital Mariana está? Fala... Em que hospital Mariana está? Fala, Júlia!!!

Júlia, apavorada, agarrou se em Fernando, e nada disse. Gustavo saiu para a rua, entrou no carro e cantando pneu, saiu desnorteado. Fernando apanhou as fotos no chão e disse, mostrando-as para Júlia.

— Você não está acreditando nessa mulher vulgar e safada. Ou está? Responde, Júlia... Como pode pensar que meu irmão faria uma coisa dessas?

Fernando gritava sem noção, e Júlia estava apavorada. Dona Adélia, entrando no meio dos dois, puxou o filho para o canto, tentando controlar a situação:

— Fernando, você sabia de tudo o que estava acontecendo com seu irmão e não quis contar para nós achando que passaria ou resolveria tudo, não é? Mas não deu certo, então agora explique o que você por algum motivo quis resolver sem sucesso nenhum.

Fernando contou desde o início, finalizando com uma raiva que expelia pelos olhos:

— Gustavo é inocente. E ele nunca faria uma coisa dessas. Com certeza ela armou direitinho por Gustavo rejeitá-la.

— Mas por que ele não contou tudo a Mariana?

— Como poderia contar que a própria mãe disputava com ela seu namorado?

— Meu Deus! Como ela pôde fazer isso com a filha? Será que não tem remorso por Mariana atentar contra a própria vida? — Júlia chorava desesperada por Gustavo e por Mariana, que estava em um hospital com os pulsos cortados, entupida de sedativos.

— E agora, mãe, o que será de Gustavo e Mariana?

— Não sei, Patrícia, a única coisa que sei é que isso confirmou meus avisos. Vou fazer tudo que estiver ao meu alcance para ajudar Gustavo a esquecer essa família.

— Mas como, dona Adélia? Eles se amam.

— Gustavo vai ter que esquecê-la. Se essa mulher não pensou na própria filha, você acha que vai poupar meu filho? Ela deixou bem claro que fará tudo para acabar com a união dos dois.

— Eu não posso me conformar com essa decisão da senhora, mãe.

— Mas quando Mariana acordar vou contar tudo, e eles poderão fugir e viver bem longe dela.

— Ah, Júlia, minha querida... Você acha que essa mulher vai deixar que Mariana acredite em meu Gustavo? E depois, essas fotos são muito comprometedoras, quem tirou essas fotos fez com que parecessem um casal muito íntimo. Podem contar-lhe o que quiserem, mas a mágoa em seu coração não a deixará acreditar, pelo menos por enquanto.

— Meu Deus! Eu fui tão ruim para Gustavo, não confiei nele. Preciso encontrá-lo!

— Mas onde?

— É melhor deixar que ele se acalme.

— Não, não posso esperar. Ele deve estar precisando de nós. Vou procurá-lo.

— Mas onde irá achá-lo?

— Não sei, dona Adélia, vou rodar por São Paulo, mas vou achá-lo.

— Eu acho que sei onde encontrá-lo.

— Então vamos — falou Júlia.

— Eu também vou com vocês, Júlia tem razão, Gustavo deve estar precisando de nós.

Os três saíram para procurar Gustavo, e dona Adélia elevou seu pensamento a Deus, pedindo misericórdia para que ele fosse forte e não fizesse nenhuma besteira. Depois de rodarem por todos os lugares prováveis, encontraram o carro de Gustavo em frente ao hospital em que Mariana estava internada. Gustavo passou por vários hospitais de São Paulo, até que achou onde Mariana estava internada. Assim que entraram no saguão, viram Gustavo sentado com os braços dobrados sobre os joelhos, apoiando a cabeça. Júlia se agachou à sua frente e o envolveu em seus braços, chorando copiosamente:

— Gus, não fica assim, isso vai passar. Assim que Mariana sair dessa tudo será esclarecido.

Gustavo não respondeu nada, não tinha forças para isso.

— Nós vamos contar como tudo aconteceu, e ela entenderá; não é possível que a verdade não prevaleça.

— Mano, vamos para casa, amanhã é um outro dia e você poderá vir visitá-la.

Gustavo levantou a cabeça muito abatido, e com uma dor insuportável na alma respondeu:

— Não vou sair daqui enquanto não vir Mariana. Só quero vê-la nem que seja apenas por um minuto.

— Gus, seu irmão tem razão, vamos para casa.

— Não quero ir para casa, preciso saber como ela está.

Júlia olhou para Fernando e Patrícia como quem diz "nada nem ninguém vai me tirar daqui".

— Vamos fazer uma coisa: nós vamos para o carro, e Júlia sobe para saber como ela está. O que acha?

— Mas saí agora há pouco, seu estado deve ser o mesmo.

— Por favor, Júlia, faça isso, quem sabe Gustavo acalma.

— Você faria isso? Por favor, Júlia!!!

— Está bem, Gustavo, eu vou.

Fernando e Patrícia levaram o irmão para o carro, e Júlia subiu para ver Mariana. Assim que entrou no quarto, Maria Alice se levantou depressa do sofá agredindo Júlia:

— O que você quer aqui? Veio buscar notícias para o canalha?

— Não, não vim, eu vim para ver minha amiga.

— Pois fique sabendo que não é bem-vinda. Já ficou demais aqui hoje. Será que a família não pode ter um pouco de privacidade?

— Calma, mulher, Júlia sempre foi amiga de nossa filha.

— Mas a partir de hoje não será mais. Não vê que foi ela quem trouxe, aquele... aquele...

— Aquele quem, dona Maria Alice? É melhor pensar bem no que vai dizer.

— Você está me ameaçando?

— Não, dona Maria Alice, não faria uma sujeira dessas, embora a senhora sempre tenha me achado atrevida, sem educação e amiga de verdade do Gustavo, não seria tão baixa. Sabe por quê? Uma pessoa de bem jamais ousaria machucar alguém que ama de verdade, e eu amo Mariana e tio Álvaro!!!

Maria Alice sentiu suas pernas bambearem, pois teve certeza de que Júlia estivera com Gustavo e acreditara em sua versão. Maria Alice, mais do que nunca, teria que afastar Júlia definitivamente de Mariana. Ela era esperta e muito mais experiente, e se abrisse a boca colocaria tudo a perder. Maria Alice achou melhor não enfrentá-la naquele momento.

— Bem, se veio saber como ela está, não precisa ficar preocupada, ela ficará bem.

Júlia chegou perto de Mariana, que continuava sedada, pousou sua mão sobre a dela e disse:

— Mariana, eu gosto muito de você. Fica boa logo; quando eu chegar amanhã quero vê-la acordada.

Deu um beijo em suas mãos e, virando-se para seu Álvaro, pediu:

— Seu Álvaro, assim que ela acordar amanhã o senhor me avisa?

Seu Álvaro se levantou, abraçou Júlia, e com carinho acompanhou-a até o corredor. Assim que se viu só com Júlia, disse:

— Júlia, sinto muito por tudo isso que aconteceu. Será difícil Mariana se recuperar dessa desgraça toda que pairou sobre minha casa.

Júlia sempre gostou muito do pai de Mariana, ele era uma pessoa sensata e humilde, embora já tivesse nascido em uma família rica com muitos privilégios. E, sentindo que poderia perguntar o que realmente havia acontecido, soltou:

— Por favor, seu Álvaro, o que aconteceu na realidade?

— É melhor deixar esse episódio terrível para lá.

— Por favor, seu Álvaro, o senhor é uma pessoa boa e equilibrada, eu preciso saber.

— Até agora me custa acreditar nessa história absurda. Nunca pensei que Gustavo abusaria de minha confiança; abri minha casa para ele e o acolhi com amor.

Álvaro deu um suspiro profundo e começou a narrar tudo o que sabia para a menina Júlia.

— Maria Alice chamou a mim e Mariana aos prantos, estava tão nervosa que mal conseguia falar. Precisei dar-lhe um comprimido tranquilizante. Assim que ela se recompôs, tirou da bolsa umas fotos que, com muito esforço, nos mostrou. E infeliz contou tudo para a filha:

"— Mariana... Mariana... Eu não queria fazer isso. Mas não tive alternativa. E com muita dor em minha alma resolvi contar-lhe tudo antes que você soubesse por ele. Eu sabia que esse rapaz não prestava, essa gente não tem nada a ver com nosso mundo. Mas pode acreditar em sua mãe... Eu não faria isso com você... Eu te amo mais que minha própria vida. Mas desde aquele dia em que conheci Gustavo ele não me dá paz.

"Mariana, com olhos arregalados, olhava para as fotos que pareciam comprometedoras e ao mesmo tempo olhava para a mãe, tentando entender o que estava acontecendo. Completamente destorteada, perguntou aos gritos:

"— O que a senhora está querendo dizer... Fale, mamãe... Fale, pelo amor de Deus!!!

"Maria Alice, com um fingimento diabólico, respondeu:

"— Mariana... Não tive culpa nenhuma, mas Gustavo anda me seguindo. Não posso mais sair de casa que ele me segue a todos os lugares possíveis e imagináveis.

"— Não é possível, mamãe... Ele diz que me ama... A senhora está confundindo...

"— Não estou, minha filha... eu sei que é difícil acreditar, mas ele me aborda na rua implorando que eu o ame. Que ele precisaria... Que precisaria...

"— Fale, mamãe... Fale... Precisaria de quê?

"Mariana se deseperava andando de um lado a outro, passando as mãos pelos cabelos.

"— Não... Isso não é verdade... Isso não pode estar acontecendo... Diga, mamãe, que está mentindo... Diga, mamãe...

"Mariana, sem forças, se deixou cair no chão, e com as mãos no rosto chorou copiosamente. Eu estava sem reação, não conseguia acreditar no que estava acontecendo, então, olhando para as fotos, perguntei, irado:

"— Maria Alice, por que você está com ele nesse carro? E como conseguiu as fotos?

"— Depois de fugir dele e chamá-lo à razão, pois não aguentava mais a pressão, resolvi ir ao seu encontro para resolver essa situação de uma vez por todas. E eu, muito ingênua, entrei e sentei ao seu lado para conversar. Mas ele insistia, e dizia que estava apaixonado por mim. Começamos a discutir até que... até que me agarrou. Fiquei apavorada. Com medo mesmo, não sabia do que ele era capaz. Aí comecei a falar para mim mesma: calma, Maria Alice, calma, Maria Alice, pensa, pensa, e resolvi ceder pelo menos para que ele se acalmasse, e combinei em ir encontrá-lo à noite.

"— Eu não acredito que cedeu, e foi encontrá-lo!!!

"— Claro que não, mas estava com muito medo dele.

"— E como conseguiu essas fotos?

"— Foi exatamente por eu não ir ao seu encontro que estas fotos vieram parar em minhas mãos.

"— Não estou entendendo.

"— Recebi um telefonema anônimo para eu ir sem falta a um endereço na Zona Leste. Quando cheguei, reconheci que aquela rua era perto de onde Gustavo morava. Mal eu estacionei o carro, um garoto bateu no vidro e perguntou se eu era Maria Alice. Com muito medo afirmei com a cabeça, então ele pediu para eu baixar o vidro e jogou um envelope no meu colo, dizendo que eu lesse o bilhete, e saiu correndo. Quando eu abri o envelope eram essas fotos. E o resto vocês já sabem.

"— Aquele desclassificado fez chantagem com você?

"— Sim, meu marido. Disse que marcaria outro encontro, mas se eu não aparecesse ele acabaria com minha vida mostrando essas fotos comprometedoras para você, Mariana!!! Eu sinto muito... muito mesmo, mas não poderia compactuar com essa sujeira que ele enfiou na cabeça. E com certeza ele faria o que prometeu, as fotos originais devem estar em seu poder. Aí fui obrigada a lhe mostrar, minha querida, antes que ele o fizesse, mas olha, Mariana, ele armou direitinho, quem vê essas fotos pensa mesmo que somos amantes, mas te juro que não é nada disso.

"Mariana, desesperada e infeliz, sentiu como se tivessem lhe arrancado a alma violentamente. Não precisando mais de um corpo despedaçado por tão miserável dor, correu para a cozinha, onde segundos depois Maria solta gritos de terror.

"Quando cheguei, Mariana estava com os pulsos arreganhados em meio a uma poça de sangue, que se esvaía rapidamente. E tudo o mais você acompanhou."

Júlia abraçou seu Álvaro e chorou com uma tristeza imensa que lhe invadia todos os sentidos. E seu coração clamava pela justiça divina, pois sabia que a justiça dos homens falharia mais uma vez em prol dos mais afortunados. Ela prometeu a si mesma que defenderia a verdade, e a verdade estava na mão direita de Deus. Acreditava em Gustavo como quem acredita em sua própria existência. Soltando-se do abraço, olhou bem nos olhos de seu Álvaro e fez sua escolha:

— Sei que dói muito. Mas, se eu fosse o senhor, não acreditaria em uma só parte da história fantasiosa de sua mulher. Sei que o senhor também sabe onde está a verdade.

Júlia se virou e foi embora com a consciência de que sua amizade poderia terminar ali, e que Mariana talvez nunca descobrisse quem realmente era sua mãe, mas fez o que tinha que ser feito: ajudar Gustavo a recolher seus pedaços, o que talvez demorasse sua existência toda, mas com certeza ela estaria a seu lado.

Álvaro, aturdido, ficou parado pensando que até uma jovem quase sem experiência de vida enxergava a verdadeira Maria Alice.

Quando voltou para o quarto, Maria Alice, inquieta, perguntou ao marido:

— Onde ficou até agora? Não me diga que ficou se lamentando com gente estranha.

— Júlia não é estranha, pare de ser injusta.

— O que sei é que não a quero mais em nossa casa.

— Por quê? Será porque ela enxerga mais do que devia?

— Por que está dizendo isso? Do que está falando? Você sabe que Júlia nunca gostou de mim, e com certeza vai se unir àquele abusado e inventar outra história. Estou cansada, com os nervos à flor da pele, não quero tocar mais nesse assunto. A bem da verdade, qualquer dia desses eu sumo, e levo Mariana comigo.

Álvaro se calou na hora, pois não poderia viver sem Maria Alice. Ao contrário dela, se casou por amor e, mesmo com o passar de alguns anos, Maria Alice continuava uma bela mulher. Álvaro não era um homem fraco, mas sim apaixonado. Estava disposto a fazer tudo para apenas viver a seu lado. Muitas vezes passou por cima de sua honra só para não tomar uma decisão impulsiva e depois se arrepender.

Mas estava em dúvida se Gustavo era tudo aquilo mesmo, ou se Maria Alice arrumou aquela confusão toda porque não achava Gustavo à altura de Mariana. "Maria Alice sempre sonhou que Mariana namorasse e casasse com qualquer outro que fosse de nosso meio, e rico, claro. Mas não... Ela não seria tão cruel a ponto de fazer com que nossa filha cometesse infortúnio, vindo a sofrer por muitos e muitos anos após a morte. Não... não posso pensar uma coisa dessas, Gustavo deve mesmo ter feito tudo o que ela contou."

14

O apoio

Júlia vinha andando em direção do carro quando Gustavo, ansioso, correu para encontrá-la.

— E aí, Júlia, como ela está?

— Calma, Gustavo, vamos para sua casa que eu conto tudo.

Gustavo estava muito nervoso, mas achou melhor irem para casa mesmo. Assim que entraram, seu Armando foi abraçar o filho.

— Gustavo, meu querido, como você está?

Gustavo abraçou forte o pai e não respondeu nada. Armando continuou:

— Quero dizer que sei como você está se sentindo, mas pode ter certeza de que a verdade não demorará a aparecer — Seu Armando beijou o rosto do filho e disse com o coração apertado: — Eu conheço os filhos que coloquei no mundo e estou tranquilo quanto a seu caráter.

— Pai, obrigado pela força, mas não me trará Mariana de volta.

— Se ela merecer mesmo ter você a seu lado, ela acreditará na sua versão.

— É, nós sabemos disso, seu Armando, mas será que Mariana saberá?

— Claro que sim. Assim que ela ficar boa, Gustavo a procura e explica tudo. Ela vai entender.

— Sinto muito, mas não vamos mais ter acesso a Mariana. Até eu fui proibida de ir à casa dela.

— O que está dizendo? — perguntou Gustavo, confuso.

— Vamos todos nos sentar que eu contarei tudo o que houve.

Todos se sentaram e Júlia contou do bate-boca com Maria Alice. E finalizou com a história toda que ela inventou para seu Álvaro e Mariana.

— Eu não estou acreditando!!! Ela contou exatamente como foi, mas com uma diferença: que o louco sou eu!!!

— Essa mulher é uma psicopata, precisam interná-la. — disse Fernando.

— Mas a história das fotos, meu filho, de onde tirou?

— Não sei, quer dizer, eu sei. Como fui tolo, meu Deus, ingênuo, burro, idiota, sei lá mais o quê! Mãe, onde estão as fotos? Deixe eu dar uma olhada.

— Para que, meu filho? Deixarão você mais aborrecido do que já está.

— Eu preciso ver, mãe, por favor, vá buscá-las.

Assim que dona Adélia voltou com as fotos, Gustavo a pegou nas mãos e as olhou melhor. Logo viu que foram tiradas quando ela marcou o último encontro perto de sua casa, confirmando para Mariana que era ele mesmo, pois ela conhecia aquela pracinha — a que sempre iam aos domingos.

— Ela marcou aqui na praça perto de casa?

— Exatamente.

— Gustavo, ela é mais louca do que eu pensava, e não duvido de que você e Mariana fossem vigiados, pois ela fez questão de marcar onde você namorava a filha. Ela não conhece o bairro, quer dizer, não que nós saibamos.

— Mas, meu filho, seja sincero, você lhe deu alguma esperança?

— Não, mãe, claro que não. Só errei uma única vez. E confesso que quase perdi a cabeça.

— Ah, eu sabia, meu filho, eu sabia, por que, meu filho?

— Mãe, não aconteceu nada... Por que esse desespero?

— Porque a mulher já era doente por você, colocou na cabeça que te ama, você ainda... Não quero nem pensar...

— Mãe, o que a senhora queria que eu fizesse? Eu estava no escritório trabalhando sozinho, sossegado, aparece essa mulher do nada, vem para cima de mim como se fosse a pessoa mais íntima... E ainda por cima eu estava com Mariana ao telefone.

— Não acredito, meu filho, nem com a filha no telefone ela se acanhou?

— Não, aí que ela me provocou mesmo. E, quer saber, nem vou contar do que ela é realmente capaz. Só quero que a senhora saiba que não aconteceu nada de fato, eu sempre fui sincero com ela, nunca lhe dei esperanças. E foi justamente depois desse dia que ela começou a ser mais possessiva, me abordando por todo canto — até aqui na porta de casa já veio. Eu é que não quis preocupá-los.

— Para mim não é tão difícil de acreditar.

— Por que, você sabe de alguma coisa que poderá ajudar meu irmão? — perguntou Patrícia.

— Não, não sei... É que eu não confio nela de jeito nenhum. Até minha mãe fala que é implicância minha, mas não é implicância, existe algo de estranho com ela e seu Álvaro, ainda vou descobrir. Nunca quis comentar nada, mas ela me fez várias perguntas a seu respeito, Gustavo, só que nunca dei importância; eu achava que ela queria arrumar uma desculpa para que vocês não namorassem, só isso.

— É melhor você deixá-la em paz.

— Vou ter que deixar, com certeza ela não deixará eu entrar em sua casa.

— Desculpe, Júlia, até você entrou no rolo?

— Não faz mal, minha preocupação não é com o que ela pensa, mas sim com Mariana. Eu tenho certeza de que ela fará com que Mariana fique contra mim.

— E tudo isso é por nossa amizade, não é mesmo?

— Não, Gustavo, você sabe que não é por isso. Sou uma ameaça para ela. Ela é esperta, e isso lhe dá a certeza de que sei da história real. Eu sinto muito por tudo o que está acontecendo. Bem, pessoal, vou embora, senão minha mãe ficará preocupada. Ela nem sabe o que aconteceu com Mariana, quando eu contar, vai se acabar... minha mãe quer bem a Mariana como se fosse sua filha.

Júlia abraçou forte Gustavo, penalizada:

— Você pode contar comigo. Descanse bem, amanhã nos veremos na faculdade.

Fernando acompanhou Júlia até o carro.

— Você está bem para ir sozinha? Não quer que eu vá com você até sua casa?

— Não, muito obrigada, Fernando, eu vou sobreviver.

Fernando acolheu Júlia em seus braços e acariciou seus cabelos. Júlia amava muito Fernando, mas sempre o deixou à vontade, nunca quis cobrar nada... mas era impossível estar em seus braços e não desabafar, já que ele estava ali justamente apoiando-a. Fernando a apertou em seus braços com carinho e disse, emocionado:

— Tudo o que você ofereceu a meu irmão eu ofereço a você. E pode contar comigo para tudo o que precisar. Sei que você e meu irmão sofrerão mais com tudo isso que está acontecendo, mas vou estar aqui sempre que precisar.

Júlia começou a chorar copiosamente, deixando fluir uma mágoa indescritível por ver sua amiga sobre um leito, desacordada. Fernando em silêncio apertava-a em seus braços, esperando que ela se acalmasse, e depois de longos minutos afrouxou o abraço para poder olhar em seus olhos:

— Eu a quero muito bem, desculpe por gritar com você.

— Fernando, eu...

— Não, não precisa falar nada, apenas me perdoe. Sei que que gosta de ficar em meus braços, mas é preciso que vá embora — brincou Fernando, para aliviar sua tristeza.

— É convencido mesmo.

— Convencido, eu? Sei que ficaria a noite toda em meus braços mesmo!!!

Fernando abriu a porta do carro e a fez entrar, pousando um beijo em seu rosto:

— Vá embora, amanhã nos veremos.

Júlia foi embora e Fernando entrou.

15

A verdade nua e crua

No dia seguinte, Mariana teve alta e foi para casa. Gustavo ligou várias vezes, mas sem sucesso — não o deixaram falar com ela a pedido de sua mãe. Seu peito apertava de saudade e de necessidade de ter Mariana junto de si; achava que morreria de amor.

Já passava das seis horas da tarde quando Maria Alice entrou em sua sala sem bater e se pôs à sua frente:

— Eu te avisei que não ficaria com Mariana. Você tem dois dias para pensar na proposta que vou lhe fazer. Se sua resposta for negativa, não só terá perdido Mariana como perderá o emprego também.

Gustavo deu a volta em sua mesa e, segurando os braços de Maria Alice violentamente, a pressionou contra parede. Com as têmporas em brasa, disse:

— Quem pensa que é, sua vadia? Se você faz seu marido de palhaço e sai se oferecendo para os homens com que cisma, é um problema exclusivo seu, mas não faça mais nada que possa induzir sua filha a chegar aonde chegou. Estou pouco me lixando para suas propostas. E se quer já minha resposta vou lhe dizer com todas as letras. É, e sempre será não... Está me ouvindo, sua vadia? É não. E eu posso perder emprego, perder o que quiser, mas se fizer isso de novo com Mariana eu a mato com minhas próprias mãos, você entendeu direito? Eu a mato.

— Gustavo, totalmente fora de si, segurou o pescoço de Maria Alice e começou apertá-lo com tanto ódio que cegou. Se não fosse o doutor Henrique entrar naquele exato momento, ele a teria estrangulado facilmente.

— Pare, Gustavo!!! Pare, Gustavo!!!

Gustavo estava completamente desorientado. Quanto mais doutor Henrique gritava, mais ele sufocava Maria Alice. Foi então que o doutor Henrique deu-lhe um soco certeiro, levando-o ao chão. Maria Alice mal conseguia respirar. Doutor Henrique a fez sentar-se e deu-lhe água. Gustavo, caído ao chão, começou a chorar descontrolado emocionalmente. Depois de algum tempo, o doutor Henrique ajudou Gustavo a se levantar.

— Meu Deus, você quase a matou!!! E se eu não estivesse por perto? Amanhã você seria um homem preso e condenado!!! Eu não sei o motivo, mas com certeza não valeria a pena.

— Desculpe, doutor Henrique, mas valeria a pena sim. É só o senhor ir à casa dessa... dessa... e ver com seus próprios olhos o que ela foi capaz de fazer.

— Gustavo, acalme-se, por favor, cuidado com o que fala.

— Eu já não estou mais me importando com o que possa acontecer comigo; o que eu quero é que essa mulher esqueça que um dia existi.

— Mas não vou mesmo. Minha proposta continua de pé, tudo sempre foi do meu jeito. Eu sempre consigo o que quero. Você é um excelente advogado e precisa ter a confiança de seus clientes; sem clientes, sem dinheiro, e sem dinheiro nunca será nada. Quem vai querer um advogado canalha que seduz as clientes?

— Maria Alice, meça bem suas palavras, pois eu sou testemunha do que acabou de dizer.

— Medir minhas palavras? Você, testemunha? Não me faça rir. Eu tenho é desprezo por você. Eu amo você, Gustavo, acredite de uma vez por todas; se não for meu, não será de ninguém.

Maria Alice virou-se e saiu, mas ainda conseguiu ouvir do corredor Gustavo gritar:

— Eu não tenho medo de você, pode fazer o que quiser, sua louca... está me ouvindo? Sua louca!!!

— Calma, meu filho, não vale a pena, você só vai conseguir uma dor de cabeça.

Gustavo não quis ser indiscreto, mas doutor Henrique sabia de alguma coisa. Gustavo só se limitou a pedir desculpas:

— Doutor Henrique, me perdoe, eu perdi a cabeça. Essa mulher me atormenta desde aquele dia em sua casa. Não sei mais o que faço, ela me segue, me agarra, e muito mais coisas que eu prefiro não comentar. E pelo seu olhar não acredita em mim, não é?

— Ah, eu acredito sem sombra de dúvida!!!

Gustavo, estupefato, não entendeu nada do que o doutor Henrique quis dizer, e olhando-o fixamente esperou que ele continuasse:

— Você não entendeu nada, não é mesmo? E também não sabe com quem se meteu. Mas vou contar tudo a você, preciso mesmo dividir esse pedaço da minha vida que guardo com tanto remorso.

Gustavo se acomodou na cadeira e ficou com os olhos grudados em seu chefe.

— Há muitos anos eu me apaixonei por uma moça em uma pequena cidade do interior em que nós morávamos. Nós éramos muito jovens ainda, não tínhamos terminado nem o ginásio naquela época, mas com a paixão que nos cegava acabei a engravidando. Ficamos desesperados, não sabíamos o que fazer. Mas, para minha infelicidade, soube depois de alguns meses que ela havia se casado e vindo morar em São Paulo. Pensei que fosse morrer de tanto amor.

Gustavo ouvia atentamente, mal se mexia, queria ver onde ele chegaria com aquela história.

— Mais surpreso fiquei ainda quando recebi uma carta dela dizendo que eu viesse para São Paulo. E foi o que fiz, pois eu estava iludido, não pensei duas vezes. Nós nos encontramos onde é a casa dela hoje. Fiquei atônito quando ela disse que havia alugado um apartamento para mim, e que eu ganharia uma bolsa de estudos até me graduar como advogado, como eu havia sonhado na pequena cidade onde nasci e me criei. Mas aí veio a tal proposta de que me arrependo até hoje por ter aceitado.

— E qual foi a proposta?

— Que eu nunca lhe cobrasse o paradeiro da criança que tínhamos tido. E foi assim que me tornei esse advogado tão famoso, com prestígio e bem conceituado no mercado; até influências políticas acrescentei a meu currículo como advogado. Mas tudo isso não paga o remorso que tenho por abrir mão desse filho. E de vê-lo crescer sem que eu soubesse ao menos onde está.

— E o senhor nunca mais viveu sua história de amor com ela?

— Algumas vezes, pois em minhas ilusões achava que ela me amava, mas com o tempo fui me desiludindo, pois ela nunca me amou de verdade; aliás, nunca amou ninguém, nem seu marido. O tempo foi passando e acabei achando realmente o amor que me completava em tudo, que é minha esposa Marli.

— Que eu tive o prazer de conhecer.

— Exatamente. Eu e Marli tivemos Guilherme, e viveríamos em plena harmonia se não fosse por esse filho que não conheci. Minha consciência me cobra todos os dias quando me levanto e quando me deito...

— E o marido dela não sabe de nada?

— Como não, meu jovem? Ele não só sabe de tudo como foi ele que me custeou até me formar, em troca também de uma proposta.

— E qual foi?

— De realizar seu maior desejo de ser pai. Foi assim que nasceu Mariana. E seu pai não é ninguém menos que o poderoso Álvaro, que proporciona todos os desejos de sua amada Maria Alice. Por isso é com muito pesar que amanhã não fará mais parte de nossa sociedade.

— Senhor, está me dizendo que entrei para a sociedade a pedido dele?

— Não. Com toda a sinceridade lhe afirmo que não. Fui eu quem quis, por você ser um advogado de extrema competência; mesmo porque ele sempre me deu liberdade, sempre acreditou em mim como advogado. Sabe, Gustavo, ele nunca impôs nada para mim, simplesmente só faz o que ela determina. Como ela nunca sentiu nada por mim, nunca houve problemas entre nós.

— Deixa eu ver se entendi. O senhor chegou aonde chegou por sustentar uma proposta? E seu Álvaro também? Tudo que parte de dona Maria Alice é uma proposta? Eu mal posso acreditar que exista uma trama tão reles, tão maligna.

— Exatamente, Maria Alice tem o poder de convencer as pessoas à sua volta, sempre com jeito consegue o que quer.

— E sua esposa sabe da existência desse filho?

— Não, Gustavo, peço que nunca toque nesse assunto seja lá com quem for.

— Doutor Henrique, não sei o que dizer ao senhor.

— Não diga nada, meu jovem, apenas me perdoe. Posso estar muito enganado, mas Álvaro vai me procurar, e logo. Mas mesmo assim vou tentar contemporizar com ele.

— Por favor, doutor Henrique, não faça nada por mim. Para facilitar as coisas vou até pegar meus pertences; eu mesmo me demito, assim o senhor não precisa passar por nenhum constrangimento.

— Gustavo, você me surpreende. Pensei que fosse esperar pelo menos eu tentar falar com Álvaro, mas quer saber minha opinião? Você está certo, não ceda nunca, porque ela deve estar apaixonada mesmo. Nunca vi Maria Alice se humilhar, muito menos se ridicularizar assim por um homem.

— Apaixonada, doutor Henrique? É como o senhor disse, todos os desejos dela são atendidos, e comigo não vai ser diferente. Se eu ceder, ela vai propor algo também. Ela acha que pode brincar com as pessoas, que tem o poder nas mãos, mas comigo não; aprendi uma coisa com minha família: amor, dignidade, honestidade e confiança temos ou não em nossa alma, e com o passar do tempo isso vai se solidificando cada vez mais, basta colocarmos em prática. E pode ter certeza, doutor Henrique, nada nem ninguém no mundo comprará o que sou.

— Eu sei que decepcionei você, e desejo realmente que nunca ceda. Mas conheço Maria Alice. Ela está amando pela primeira vez na vida, então pode se preparar, porque ela vai fazer de tudo para conquistar você. Eu sinto muito, Gustavo.

— O senhor quer saber? Eu também sinto, mas só por Mariana, que não sabe que sua mãe não ama ninguém. Uma pessoa assim não tem amor-próprio; ou melhor, não sabe que existe esse sentimento.

— Gustavo, não quero lhe falar mais nada sobre isso. A única coisa a fazer é esquecer Mariana, pelo menos agora, só assim Maria Alice poderá se acalmar.

— Eu sei que não quer se envolver, nem deve, mas não é possível aceitar que Maria Alice faça o que quer, passando por cima de todo mundo, e ninguém fazer nada. O senhor vai me desculpar, mas seu Álvaro, e até mesmo o senhor, conviver com uma pessoa que o manipula e consentir de braços cruzados é muito para meu entendimento. É como se estivesse fazendo todas as vontades de uma criança mimada. Ela tem que saber que tudo na vida tem limites, e que não tem o direito de fazer com que a infelicidade de todos seja apenas um mero prazer seu, como se só ela existisse na face da Terra. Eu acho que vocês já estão bem crescidinhos para irem e virem, têm suas próprias escolhas. Vocês agem como se ela fosse soberana, como se os senhores dependessem dela. Eu não acredito!!! Principalmente o senhor, doutor Henrique!!! O senhor não é nada dela, e seus estudos não saíram barato, estão bem pagos com sua infelicidade. Porque saber que tem um filho mas não saber como vive é a pior coisa que pode acontecer a uma pessoa. Pense bem, doutor Henrique, é um ser humano, não é qualquer criatura, é seu filho!!! O senhor deve se olhar no espelho todos os dias, mas não saber direito quem é.

Gustavo recolheu todos os seus objetos e saiu. Henrique abriu a boca e fechou, deixando que algumas lágrimas descessem pelo seu rosto triste. Nunca ninguém havia falado com ele daquela maneira, mostrando-lhe como foi fraco e covarde. E, olhando tudo à sua volta, percebeu que não adiantou montar aquilo com que sempre sonhou se realmente não sabia dizer quem era. Sua alma se dilatava de tanta dor, fazendo com que seu coração almejasse perdão do criador. Desalentado, levantou-se, apagou todas as luzes, fechou o escritório e foi embora. Gustavo chegou em casa e contou tudo à sua família:

— Vai ser difícil, mas terei que montar um escritório aqui mesmo no quartinho dos fundos, e batalhar aos poucos novos clientes.

— Não faz mal, meu filho, não tem dinheiro que pague nossa tranquilidade. E depois, o importante é amor e desempenho, o resto será uma consequência.

— Amanhã mesmo farei uma boa faxina no quartinho e logo estará pronto; montaremos um belo escritório.

— Obrigado, pai, obrigado, mãe, eu sei que terei que lutar muito, mas chego lá.

Naquela noite Gustavo demorou a pegar no sono. Mariana vinha em seus pensamentos e seu peito se oprimia de dor e lamento por tudo o que estava acontecendo. Ela era seu tudo, seu nada, seu inferno, sua calma e o poder de ser dona de seu ego, sua alma. Gustavo lembrou das noites de amor em que se entregaram, sentindo seu perfume de mulher em plenitude de desejo e prazer.

16

O acerto de contas

No dia seguinte, Mariana não desceu para o café; sua dor era insuportável, nada mais tinha sentido.

Bateram à porta, e Álvaro entrou:

— Bom dia, minha filha! Posso conversar com você?

Mariana, com o olhar distante, não respondeu.

— Por favor, pelo amor de Deus, Mariana, fale comigo.

— Pai, quero ficar sozinha. Me deixa em paz.

— Mas até quando vai ficar assim? A vida continua. Não pode se entregar dessa maneira.

— Que vida? Que vida, pai?

— Que é isso, minha filha! Não fale assim.

Mariana não tinha vontade de falar, sua cabeça estava confusa e exausta com pensamentos que atormentavam feito um redemoinho a arrastar tudo de melhor que existia em sua alma. Luís e Rita estavam a seu lado.

— O que irá acontecer agora? Mariana precisa acreditar em Gustavo!

— Quando voltamos a usar um corpo esquecemos em parte o que nossa alma registrou. Tudo fica muito confuso, mas Mariana tem um trunfo importante.

— Já sei... O amor verdadeiro. Mas tudo aqui fica mais denso, mais difícil de analisar com apuro. Além disso, Maria Alice também ama Gustavo.

— Não, Rita, isso que ela sente não é amor. Se fosse, ela deixaria que Gustavo e Mariana fossem felizes. O amor, quando verdadeiro, é aquele que sentimos com a alma, aquele que não dói, não sofre, não cobra, mas sim aquele que nos traz paz, serenidade, confiança.

— Mas da outra vez foi a mesma coisa. Maria Alice é muito cabeça-dura.

— Rita, não julgue. Cada um dá de acordo com sua evolução, nunca damos o que ainda não possuímos.

— Mas será que ainda não aprendeu? Antes de chegar aqui se propôs a reparar o que fez a eles.

— É, eu sei, mas muitos dos encarnados prometem, essa não é uma exceção. Quantos prometem e não cumprem?

— Mas nesse caso nós não poderíamos dar uma mãozinha a eles?

— Rita, você sabe que tem a hora certa. Além do mais, Gustavo fez coisas de que não pode se orgulhar.

— Eu sei, mas se o ajudássemos com aquelas famosas intuições... Sabe? Ele não erraria de novo.

— Sua alma sabe. Ele tem que se educar e não usar mais uma vez a desculpa de não superar a atração fascinante que tem por Maria Alice.

— Mas ele nunca amou Maria Alice.

— Nós sabemos, mas quem deve saber é ele. Gustavo sempre foi impulsivo por sexo, e foi por isso que aconteceu aquela tragédia. Ele sabe quem ama e quem não ama, e isso é o que mais importa. Ele ainda tem, inconscientemente, que não deve se envolver com Maria Alice. Conseguiu trazer em sua alma esses dois sentimentos. Só tem que se esforçar e trabalhar para não errar mais uma vez.

— Mas Maria Alice não dá trégua! Cada vez que o encontra o ataca, assim não há homem que resista.

— Rita, pare de defender Gustavo. Se ela é obsessiva, foi porque ele fez com que ela se sentisse assim, a culpa é dele também. Ele tem que aprender que temos nossas escolhas, desde que não magoemos ninguém. Se sabemos bem o que sentimos, por que iludir terceiros? Não podemos ter tudo.

— Mas acho Gustavo tão bom. Não consigo vê-lo como um dom-juan.

— Rita, você sempre faz suas piadinhas.

— Ah... Isso não é um defeito; ele só não conseguiu viver com uma só.

— Mas não foi você mesma que falou que Gustavo não amou Maria Alice?

— É, eu sei que falei, mas ele não conseguiu, oras! A vida passada ele amou, então só procurou fazer felizes as mulheres de sua vida.

— Não adianta querer tomar partido de um ou de outro, nós estamos aqui apenas para ajudá-los. E vamos nos concentrar aqui com Mariana.

— Vamos, minha filha, levante-se, tome um banho, se arrume. Logo vai estar tudo esquecido.

— Para o senhor é fácil, mas como vou viver daqui para a frente? Por favor, pai, vá embora, me deixe aqui no meu canto.

— Nenhum homem merece que sofra, eles são todos iguais.

— O senhor também?

— Claro que não, minha filha. Eu amo sua mãe!

— Não são todos iguais?

— Mariana, não estou aqui para julgar ninguém, apenas quero que se dê uma chance. Há tantos outros rapazes.

— Eu preciso falar com Gustavo.

— Mas sua mãe não vai permitir que você se encontre com ele.

— Eu já sabia que sua resposta seria essa. Não podemos nunca contrariá-la, não é mesmo? Ela sempre estará acima de tudo, não é isso? Gustavo me pediu tanto que confiasse nele, fossem quais fossem as circunstâncias.

— Por que ele pediu que confiasse nele? Não acha que é prova de suas atitudes?

— Papai, ele não faria isso comigo. Eu sei, eu sinto, Gustavo me ama, minha alma diz isso.

— Por que não, minha filha?

— Está bem, papai, por favor me deixe só.

— Não quero que fique assim tão triste, faça um pouco de esforço, por mim, minha filha.

Mariana virou-se para o lado, deixando seu pai sem respostas. Sem saída, Álvaro saiu do quarto e foi direto para o escritório de Henrique. Assim que chegou, pediu que avisasse que estava lá.

— Senhor Álvaro, o doutor Henrique não veio.

— Não veio? Como assim?

— Ele avisou que não viria agora pela manhã.

— Então, quando chegar, peça para ligar para mim, estarei esperando.

Gustavo estava em seus últimos dias de aula, logo teria seu diploma nas mãos. Assim que chegou à faculdade, foi à sala de Mariana procurá-la, mas ela não compareceu às aulas. Júlia tentou mais algumas vezes falar com ela, mas não passaram suas ligações.

Dona Adélia estava preocupada, mas animada com a limpeza do quartinho para montar o escritório de advocacia do filho. Estava arrumando na estante todos os livros que Gustavo provavelmente usaria, com o maior capricho, quando a campainha tocou e ela foi atender.

— Pois não...

— Por favor, senhora, é aqui a casa de Gustavo?

Dona Adélia, desconfiada, perguntou:

— Quem gostaria?

— Eu sou Henrique, do escritório de advocacia. Sou chefe de Gustavo.

— Ah, sim... O que deseja?

— A senhora deve ser a mãe dele. Não precisa se preocupar, eu sei que estão todos preocupados, mas preciso muito falar com ele.

— Ele está na faculdade.

— Eu posso esperar? Sei que a senhora está desconfiada, mas pode ficar tranquila, vim para tratar de assunto do interesse dele; aqui está meu cartão confirmando quem sou.

Adélia, sem alternativa, deixou que o doutor Henrique entrasse e esperasse pelo filho.

— Pode entrar.
Adélia abriu o portão e o conduziu à sala.
— Por favor, sente-se. O senhor me desculpe, mas meu filho tem passado por muitos aborrecimentos, e todos aqui em casa estão apreensivos.
— Eu sei... Como é mesmo sua graça?
— Adélia.
— Com todo o respeito, dona Adélia, eu sei o que Gustavo está passando, por isso mesmo vim até aqui. Ontem nós conversamos muito, e ele falou algumas coisas que mudaram meus pensamentos e fizeram com que eu tomasse uma decisão.
— Só espero que não seja nada que possa atrapalhar seu caminho.
— Não, senhora, fique tranquila, não é nada que possa prejudicar ninguém.
Doutor Henrique e dona Adélia conversaram por mais algum tempo quando Gustavo, Fernando e Júlia entraram.
— Doutor Henrique, que surpresa! Espero que não tenha acontecido mais nada...
— Acalme-se. Está tudo bem.
— Doutor Henrique, este é meu irmão, Fernando, e esta é nossa amiga Júlia.
Henrique cumprimentou Fernando e Júlia.
— Como está, Júlia?
— Muito bem, doutor Henrique. E o senhor? É uma surpresa grande encontrá-lo aqui.
— A surpresa também foi minha, mas fico feliz que você tenha amizade com Gustavo, e, pelo que estou vendo, com os demais também.

— Eu e Gustavo nos formamos juntos, somos da mesma turma.

— Não me diga! Fico feliz por isso, não sabia que se conheciam há tanto tempo assim!

Gustavo abraçou-a e, muito satisfeito, disse:

— Esta moça aqui é minha melhor amiga; é ela que aguenta minhas lamúrias. Mas vamos nos sentar. O que o trouxe aqui? Antes que o senhor responda, quero que me perdoe por ontem.

— Não se preocupe, se não fosse sua sinceridade talvez nunca viesse a tomar a decisão que tomei. E com certeza não estaria aqui agora. Eu conto muito com você.

— Comigo?

— Sim, Gustavo, com muito orgulho vim lhe pedir que trabalhe comigo.

— Eu sinto muito, doutor Henrique, mas não volto mais para aquele escritório.

— E quem disse a você que é para voltar ao escritório?

— E não é?

— Não, Gustavo. Eu também vou pedir para sair da sociedade, e quero começar uma nova vida graças a você. Pretendo abrir um escritório, e quero que venha trabalhar comigo. O que acha?

Dona Adélia levantou as mãos e, com a emoção lhe saltando da alma, agradeceu:

— Deus seja louvado, muito obrigada senhor!

Gustavo não sabia o que dizer. Levantou e abraçou o doutor Henrique, e com a voz embargada, disse:

— Puxa, doutor Henrique, agradeço o convite. Bem, para falar a verdade, não sei o que dizer.

— Não diga nada, apenas aceite.

— Claro que eu aceito. Mas antes tem algo que preciso discutir com o senhor.

— Se for por minha causa, não se preocupe, você tem que ver seu lado, depois eu me viro.

— Não, Júlia... Eu não poderia aceitar. Você ficou comigo em todos os momentos. Além do mais, nós não íamos montar juntos um escritório?

— Gustavo, não é preciso dizer o que é. Será um prazer ter Júlia conosco.

— Puxa vida, não acredito que logo eu vou trabalhar com o doutor Henrique!

— Pelo amor de Deus, não é para tanto! Sou um advogado como outro qualquer.

— Ah, não seja modesto, vai! O senhor está é dando uma colher de chá para esses dois aprendizes — brincou Fernando, muito feliz por Júlia e Gustavo.

— Está bem, vai... Um pouquinho — retribuiu brincando doutor Henrique.

— Ah, doutor Henrique, o que posso fazer para retribuir tudo o que está fazendo por eles?

— Dona Adélia, pode ter certeza de que estou pensando em mim também. Quero Gustavo ao meu lado, estou fazendo um bom negócio, pode ter certeza. Ganhamos muitas causas pela competência de Gustavo durante o tempo em que esteve conosco.

— Bom, já que não posso fazer nada à altura do senhor, faço questão de que fique para o almoço.

— Puxa... Quem ficou muito honrado agora fui eu, e muito feliz aceito.

Dona Adélia foi para a cozinha adiantar o almoço. E doutor Henrique expôs algumas ideias, pedindo que eles tivessem muita determinação.

— Mas quero que saibam que será um grande obstáculo que teremos que enfrentar. E não será nada fácil, por isso vamos ter que nos unir e ter perseverança, batalhar e nunca, em hipótese nenhuma, fraquejar. E você, Gustavo, já sabe do que estou falando, não sabe?

— É, doutor Henrique, eu sei. O senhor está seguro de sua decisão? É como se tivesse de começar tudo outra vez.

Doutor Henrique, com um semblante sério e ao mesmo tempo desafiador, respondeu:

— Nunca estive tão certo de minha decisão. Tenho consciência do que poderá acontecer, mas devo reparar muitos atos impensados de minha vida. E é você quem está me dando oportunidade.

Doutor Henrique, Gustavo, Júlia e até Fernando discutiram todos os detalhes da nova empreitada, anotando as primeiras providências a serem tomadas. Todos estavam dispostos a começar uma nova vida.

Dona Adélia chamou todos para o almoço, fazendo uma prece com enlevo agradecendo pela refeição e por tudo o que esse dia trouxera para todos os presentes. Depois do tão esperado cafezinho, doutor Henrique se despediu, deixando seus novos amigos de profissão incumbidos de encontrar o mais rápido possível um novo local com as condições necessárias para se acomodarem e recomeçarem a trabalhar. Doutor Henrique os tranquilizou dizendo que todas as despesas seriam cobertas por ele, fazendo um acordo com os dois jovens advogados.

Assim que o doutor Henrique chegou, logo lhe deram o recado do senhor Álvaro. O que não foi surpresa nenhuma para ele. Preferiu não ligar para Álvaro, deixando para mais tarde, quando já tivesse comunicado aos sócios sua rescisão de contrato. Nenhum dos outros advogados ficou satisfeito com a decisão de Henrique, mas não tiveram como impedi-lo, pois foi firme em seus propósitos. Claro que não comentou o motivo verdadeiro. Deixou que a vida se incumbisse de lhes mostrar a verdade, mas sabia que publicariam em todos os jornais sua saída, pois era um dos mais bem conceituados advogados de São Paulo — e tranquilamente esperou pela bomba que tomaria conta de várias fofocas. Ele não estava mais se importando com julgamentos infelizes a seu respeito, o que importava mesmo era o que estava sentindo realmente depois de muito tempo de jornada, e nada é mais prazeroso do que não escolher o caminho mais fácil, mas o que nos faz entender o que é crescer de maneira correta, sem débitos morais nos cobrando todos os dias e que dinheiro nenhum pagaria mesmo que vivêssemos toda a eternidade.

Já passava das sete da noite quando Álvaro chegou, e doutor Henrique o esperava sentado na sala de reuniões. Bateu à porta e entrou:

— Posso entrar?

— Claro, como tem passado, Álvaro?

— Para falar a verdade, aborrecido, mas nada que o tempo não cure. E você, meu amigo, como está?

— Eu estou bem. E Mariana como está?

Álvaro respondeu que a filha estava melhor, mas, envergonhado, não deu continuidade ao assunto.

— Henrique, sabe que não o incomodaria por nada neste mundo, mas preciso falar com alguém, e ninguém mais apropriado que você para me ouvir.

— Pode falar, você nunca me incomodou, pelo contrário. Se eu puder de alguma forma ajudá-lo...

— Bem, não sou de rodeios, portanto vim falar sobre Gustavo.

— Eu já esperava. E sei também que veio para que eu o tirasse da sociedade.

— Não! Em hipótese nenhuma!

— Não? Mas pensei que...

— Não, sei que Gustavo criou problemas, mas não posso fazer isso.

— Gustavo criou problemas?

— Por favor, Henrique...

— Tudo bem... E posso saber qual é o motivo?

— Henrique, sempre fui muito sincero com você, e quero que saiba que estou ciente da pessoa com quem casei, e Maria Alice nunca escondeu nada de mim. Desde que chegou aqui em São Paulo nunca conversamos abertamente, de homem para homem, mas chegou a hora, e não estou aqui para lhe cobrar nada, só preciso que me ouça.

Henrique ficou inquieto, pois Álvaro fez o que fez, mas nunca tocou no assunto. Por impulso, quis se defender:

— Álvaro, sei que...

— Henrique, não estou aqui para lhe cobrar nada, mesmo porque sempre o achei um homem de admirável moral e bons princípios. Como eu já lhe disse, conheço muito bem a pessoa com quem me casei, portanto não precisa se preocupar. Apenas peço que me escute.

Henrique jamais esperara um dia falar sobre um assunto que, ele sabia mais do que ninguém, não era só delicado, mas doloroso para Álvaro.

— Henrique, você sempre soube que amo Maria Alice muito mais do que um homem poderia um dia amar. Por isso, fiz tudo o que pude para trazer-lhe felicidade. Nunca me importei se estava fazendo certo ou não, tampouco se passei por cima de sentimentos e até mesmo de sofrimentos de outras pessoas; simplesmente fazia para que Maria Alice nunca ficasse infeliz. Até que chegou Mariana. Mariana nasceu, cresceu, se tornou uma moça e, para minha felicidade, uma pessoa super do bem. Nunca pensei que amaria com tanta intensidade outra mulher que não fosse Maria Alice. E a vida está me cobrando reparos que não sei se conseguirei fazer. Já faz alguns anos que faço parte, ou melhor, que sou adepto ao espiritismo, porque foi nele que achei repostas para minhas terríveis dúvidas, e essas dúvidas foram esclarecidas. Durante esse tempo todo fui amparado e orientado para que eu pudesse me fortalecer e trazer Maria Alice à razão.

Henrique prestava atenção a cada palavra que Álvaro, com tanta verdade, dizia, tentando avaliar quanto sofrimento ele carregava por amor. Emocionado, disse:

— Álvaro, não conheço a religião para argumentar com precisão, mas já ouvi muitas coisas positivas confortando pessoas que perderam seus familiares precocemente.

— E realmente a doutrina não só traz conforto como prova, por meio de mensagens, que existe vida após a morte, e que na verdade não morremos, apenas mudamos de um estágio para outro, onde podemos resgatar valores esquecidos quando estamos usando o corpo de carne. E é isso o que mais me angustia, pois sei que a consequência do que eu mesmo procurei chegou, trazendo angústia e dor.

— Se sabe, então por que não faz alguma coisa, homem?

— Porque eu errei desde o começo, arremessei-a a paixões e ilusões desenfreadas, fazendo todos os seus gostos, até os mais absurdos, e hoje vou pagar de um jeito ou de outro, porque não tenho mais saída, independentemente de fazer suas vontades ou negá-las. E sabe por quê? Porque Maria Alice não deixará Mariana ser feliz. Pelo menos não com Gustavo. E uma das coisas que aprendi é que Deus sempre nos deu oportunidades para aprendermos tudo com amor e aceitação, e se protelarmos aprenderemos com muita dor. E minha dor está chegando, Maria Alice está amando, e nem eu nem ninguém vai impedi-la de tentar ser feliz, ela não abrirá mão nem pela felicidade da filha.

Álvaro, sem vergonha nenhuma, se humilhou deixando as lágrimas fluírem pelo seu rosto, e com olhar triste pediu:

— Henrique, você já sofreu um dia por essa mulher!!! Me diga, o que faço para que as duas mulheres mais importantes de minha vida não sofram?

Henrique, perplexo, ficou alguns minutos em silêncio olhando para Álvaro, que estava em um pranto que exalava muito desespero, como uma criança perdida à procura do caminho para casa.

— Álvaro, sinto muito por você. Mas quero que saiba que nunca amei Maria Alice, apenas senti o que muitos jovens sentiram um dia, nada mais que uma ilusão passageira, que infelizmente me fez viver cada dia de minha vida o remorso que me acompanhará pelo resto dos meus dias.

Álvaro sabia que o amigo se referia à criança que Maria Alice teve. E mais uma vez escolheu negar a verdade. Henrique, olhando fixamente para ele, continuou:

— Quer um conselho mesmo que custe seu sofrimento?

— Diga, Henrique, pelo amor que tem por seu filho!!!

— Faça o que tem que ser feito, faça o que é certo. Esse é mais um capricho de Maria Alice. Não é justo impedir Mariana e Gustavo de seguirem suas vidas, você sabe que um dia a verdade vai aparecer. Pois então enfrente, e deixe que ela apareça já.

— Mas como impedir Maria Alice? Está apaixonada mesmo. Dói como se me cravassem um punhal em meu peito, mas eu vejo como fica quando Gustavo está por perto, e sei que está amando como nunca amou ninguém. E independentemente de eu chegar à verdade, ela não vai aceitar Mariana ao lado de Gustavo.

— Por isso mesmo!!! Gustavo a odeia. Se não fosse eu chegar em sua sala, teria estrangulado Maria Alice. Só você poderá fazer alguma coisa, antes que a desgraça aconteça e tenha que conviver o resto de sua vida com essa culpa.

— Você está me dizendo que, depois de tudo o que aconteceu com nossa filha, Maria Alice ainda veio atrás de Gustavo?

— Infelizmente é a pura verdade. Isso não pode acontecer, Álvaro!!!

— Meu Deus, a situação está pior do que eu supunha. Mas como vou dizer para minha filha que sua mãe inventou aquela história absurda? Não posso nem pensar no que irá acontecer em minha casa!

— Você me perguntou o que deveria fazer. E essa é minha opinião: terá que escolher um caminho, espero que faça o que for melhor.

— Obrigado, Henrique, por me ouvir. E, se não for pedir muito, nunca comente nada com Gustavo, sei que gosta muito dele, mas se contar ele ganhará forças para procurar por Mariana.

— Gosto muito de Gustavo mesmo, como pessoa e como profissional, mas não vou interferir em sua vida, nem na dele. Só quero que saiba que hoje estou deixando essa sociedade, não terei mais participação nenhuma aqui. E antes que saiba por outros meios, quero comunicar que trabalharei com Gustavo e Júlia em outro lugar.

— Como assim?

— É, Álvaro, não quero mais protelar uma vida mais justa. E, sabendo que Gustavo estaria com os dias contados aqui no escritório, fui procurá-lo, propondo-lhe sociedade.

— Mas você não pode fazer isso!!!

— Por que não? Que eu saiba, até há pouco me elogiou como um homem correto. Nunca fiz nada que o desabonasse, não vejo por que não.

— Mas Gustavo já não é sócio de todos vocês aqui?

— Não, Gustavo não quer mais a sociedade. Pegou todas as suas coisas e não vai mais voltar. Além do mais, os documentos não foram concretizados, felizmente Gustavo ainda não havia assinado nada, então não tem nada que o prenda. E ele não quer mais voltar, então temos de respeitar suas decisões.

— Você não pode deixar Gustavo manipulá-lo desse jeito.

— E quem disse que estou sendo manipulado? Apenas fiz minha opção profissional; não vou perder um ótimo advogado por causa de sua mulher.

— Mas vai nos abandonar. Se vai sair daqui por causa de Gustavo, e o chamou para ser sócio, está declarando que não prestará mais serviços para minha empresa nem para mim.

— E por que não? Não é porque vou sair daqui que não poderei continuar como seu advogado. Apenas fiz uma escolha, e essa escolha não inclui meu passado.

— Mas Maria Alice vai achar que isso é uma guerra. E que você tomou partido de Gustavo.

— E quem disse que estou preocupado com sua mulher? Álvaro, vamos deixar uma coisa bem clara: Maria Alice é um problema seu, não meu. E se você achar que ela cobrará tudo o que gastou comigo, porque sei que a primeira coisa que jogará na minha cara é isso, pode fazer as contas, porque pagarei centavo por centavo. Mas, se assim mesmo ela insistir, diga que paguei muito caro por tudo o que sou hoje. E, com todo o respeito que tenho por vocês, não quero que pensem que faço isso por estar ou não do lado de Gustavo. Apenas estou do meu lado, e por isso mesmo não quero ser mais a pessoa que um dia fui. Transformando atos impensados em cobranças de consciência.

— Mas vou dizer o que para Maria Alice? Ela não vai entender o que se passa realmente, que foi uma opção sua e que tem todo o direito de fazer o que quiser.

— Vamos fazer uma coisa, Álvaro? Não diga nada, apenas espere as fofocas que vão se espalhar. Deixe que ela tire suas coclusões como tantos outros irão tirar.

— Mas isso vai ser um inferno em minha vida!!!

— Bem... Quanto a isso, não posso fazer nada... O que sei é que Maria Alice não tem nada para cobrar de mim. Porque teria que lavar sua roupa suja, e isso seria muito desgastante para ela.

— Mas você está se aproveitando do nosso passado!!!

— Em hipótese nenhuma. Apenas não quero e não posso alimentar que devo alguma coisa a Maria Alice, ela precisa começar a entender que já paguei, e muito caro. Se eu conti-

nuasse aqui fazendo parte de uma sociedade que ela praticamente escolheu a dedo não seria justo comigo mesmo.
— Não foi bem assim, você sabe disso!
— Álvaro, como não?
— Ela apenas indicou alguns deles.
— E tinham que ser todos seus amigos e ricos como você!!!
Álvaro, nós nos tornamos amigos por imposição dela. Nada é natural quando se trata de sua mulher. Não que eu não preze sua amizade, mas muitas vezes me senti mal na sua presença, muitas vezes olhei para você como se tivesse que reverenciá-lo a todo instante, e também ter que provar a todo momento que você podia confiar em mim como homem, que nunca desrespeitaria você em relação ao que aconteceu um dia, entre mim e sua mulher, e eu não quero viver mais assim. Quero que a partir de hoje tudo esteja enterrado. E não quero tocar nesse assunto nunca mais em minha vida.
— Você tem razão. Nem eu nem ninguém poderá lhe cobrar nada, porque nada foi feito obrigado ou escondido.
Álvaro se despediu de Henrique com muita tristeza em sua alma, mas tinha consciência de que o mais culpado fora ele. Para piorar, chegou em casa e sentiu que nada de bom tinha acontecido, nem mesmo o milagre de ver Mariana andando pela casa mais animada.
Assim que Maria Alice o viu chegar e entrar para o escritório, foi atrás.
— Já chegou, Álvaro? Por que veio direto para cá?
Álvaro não estava com a mínima vontade de conversar, apenas gostaria de ficar ali sem que ninguém o perturbasse. Que o mundo esquecesse que ele existia.
— Aconteceu alguma coisa? Você não me parece bem. Vou preparar seu aperitivo, tenho certeza de que logo vai relaxar.

Maria Alice saiu e logo voltou com um copo de uísque com duas pedras de gelo, como seu marido gostava. Álvaro pegou o copo de sua mão, bebeu em um só gole e ficou olhando para Maria Alice, se perguntando por que ela tinha esse poder sobre ele, o que ela tinha em sua alma que o enfeitiçava e o arrastava para um caminho onde não era permitido ter princípios nem moral, restando apenas um homem rico e infeliz.

— Álvaro, quer conversar? Eu sinto que não está bem.
— Não. Apenas me prepare mais um drinque.
— Não, chega. Quem mandou tomar de uma vez?

Álvaro não disse nada, apenas se levantou e preparou ele mesmo. Tomou uma, duas, três doses seguidas. Maria Alice se irritou:

— O que está acontecendo que eu não sei?
— Não está acontecendo nada, além do que já estava previsto um dia. Maria Alice, entenda uma coisa, nós procuramos a causa, e mais tarde vem o efeito.
— O que está acontecendo com você? Está bebendo como um louco, e fala coisas sem nexo.

Álvaro se levantou e pegou mais uísque. Maria Alice foi atrás, na tentativa de lhe tirar o copo, mas foi em vão, pois ele a empurrou e, olhando fixamente em seus olhos, perguntou:

— Por que nunca me amou? Eu te dou tudo, se pudesse daria o universo, mas você sempre quer o mais difícil, ou melhor, o impossível.

Álvaro, um tanto alcoolizado, riu na cara de Maria Alice, e continuou:

— É, porque... O que quer nunca vai ter... E sabe por quê? Porque ele te odeia, ele não é trouxa igual a mim, ele você nunca vai dobrar...

Maria Alice pensou que fosse cair do salto, e com o rosto vermelho de vergonha por ser desmascarada, foi para cima de Álvaro tirando-lhe o copo das mãos.

— Não sei do que está falando! E nem quero saber, vamos para o quarto que vou lhe colocar no chuveiro.

Maria Alice a muito custo conseguiu levar Álvaro para o quarto, mas ele levou a garrafa e, completamente alcoolizado, gritava com a mulher:

— Deixa eu beber, sempre fiz tudo o que queria, nunca lhe pedi nada.

Álvaro bebia cada vez mais, diretamente da boca da garrafa. Maria Alice entrou rápido no quarto e fechou a porta para que Mariana não ouvisse o descontrole do pai. Muito nervosa, ela tentou lhe tirar a garrafa das mãos, mas, como se estivesse possuído, Álvaro segurou o rosto da mulher bem junto ao seu, gritando alucinado:

— Você pensa que não sei... Mas eu sei tudo de você, mulher... E você não vai conseguir desta vez brincar com esse... E sabe por quê? Sabe? Porque ele não é banana como eu, ele não é vendido. É, dona Maria Alice... Ele não te ama, ele ama sua filha... É com ela que ele quer ficar...

— Cala a boca, Álvaro, você não sabe o que está falando, está bêbado!!!

— Eu posso ter tomado uns goles a mais... Mas sei muito bem... Que você inventou tudo aquilo... E sabe por quê? Porque ele não te quer... Ele não te deseja... É melhor esquecê-lo... Ele ama e deseja Mariana... Você está me ouvindo, sua... sua...

Maria Alice, no auge de sua vergonha explícita, levantou a mão e deu uma bofetada no rosto de Álvaro, que caiu na cama desmaiado.

Maria Alice ficou muito assustada com a reação de seu marido, nunca havia presenciado algo parecido.

Álvaro sempre fora um homem muito sensato e extremamente educado. Suas atitudes eram muito bem pensadas, principalmente em relação à sua família. Maria Alice precisou da ajuda de Maria para levantar o marido. Assim que ele melhorou, colocou-o no chuveiro, trocou sua roupa, deu-lhe um comprimido para que se sentisse melhor no dia seguinte, para não deixar nenhum vestígio de mal-estar, deitou-se ao seu lado até ele dormir profundamente. Depois de algumas horas, Maria Alice se levantou, foi até a cozinha, apanhou um copo de água e tomou um calmante. Agitada, sentou-se na sala e ficou pensando em como seria o dia seguinte:

"Por que Álvaro chegou assim em casa? Será que esteve com Gustavo? Não... não pode ser. Ele não faria isso. Mas por que essa atitude? Mas, se Gustavo veio encher a cabeça dele, vai se arrepender... Ah, vai."

Maria Alice não percebeu, mas um espírito zombeteiro chegou bem perto dela e começou falar em seu ouvido:

— Isso mesmo! Não deixe que nada atrapalhe seu romance; você e Gustavo nasceram para se amar. Se você insistir um pouco, ele vai ceder, ele também sempre gostou de mulher oferecida, fogosa. Não deixe que Mariana atrapalhe, ela tem a vida toda para arrumar um homem; Gustavo é seu.

Maria Alice, influenciada, ficou ali pensando que nada iria impedi-la de ser feliz com Gustavo, nem mesmo Mariana. Ela era muito nova ainda para saber o que é realmente o amor. Logo o comprimido fez efeito, e Maria Alice adormeceu na sala mesmo.

17

A descoberta

Passaram-se alguns dias, Mariana estava melancólica e completamente abatida. Assim que amanheceu saiu escondido, pois não tinha a mínima vontade de ver seus pais. Assim que chegou em frente à casa de Júlia, pensou por alguns minutos no que fazer, e depois entrou, assustando todos os que estavam tomando café.

— Mariana, minha filha, que surpresa!!! Venha, entre, sente-se aqui.

— Desculpem-me por eu vir tão cedo, mas não aguento mais aquela casa, meu pai se embriagando todos os dias, minha mãe... Bem, minha mãe continua a mesma, se importando só com coisas fúteis.

— Você fez bem de vir para cá. Júlia te procurou várias vezes, mas não a deixaram entrar em sua casa.

— Como assim? Não a deixaram?
— É, amiga, infelizmente, mas deixa pra lá, o importante é que está aqui comigo.
Júlia abraçou Mariana, muito emocionada, Alberto e Norma se olharam felizes por verem-nas tão próximas outra vez. Mariana afrouxou o abraço e confusa perguntou:
— Por que não deixaram você entrar em minha casa? Qual foi o motivo?
Norma chamou sua empregada e pediu que colocasse mais um xícara na mesa para Mariana. Na tentativa de mudar de assunto se pronunciou:
— Puxa, Mariana!!! Você veio no dia certo. Gilda fez aquele bolo de laranja de que você gosta!!!
— Tia Norma, o que está acontecendo? O que estão escondendo de mim?
— Sua mãe não quer mais que eu vá à sua casa.
— Júlia!!!
— Ah, mãe, ela tem que saber que a mãe dela é uma peste!!!
— Mariana, tome seu café tranquila, depois conversaremos com você — disse Alberto, conciliador.
Mariana tomou café e comeu o bolo de que tanto gostava. Sentia-se tão bem na casa de tia Norma, como ela a chamava, que comeu como havia muito não conseguia. Todos ficaram felizes com o apetite da menina. Depois de algum tempo, e de Mariana se fartar, foram para a sala e contaram tudo a Mariana. Ela sentiu um ódio grande da mãe, suas lágrimas desciam sem parar:
— Tia Norma, diga que isso tudo não passou de um sonho ruim.
Norma abraçou a menina, mas não disse nada; seria muito cruel qualquer tipo de comentário.

Mariana chorou, chorou muito. Quando ficou mais serena, Norma e Alberto tentaram aliviar a dor da menina.

— Mariana, isso não é o fim; se você parar e pensar, ninguém teve culpa.

— Como não, pai?

— Júlia, não julgue dessa maneira. Maria Alice conheceu Gustavo em outras circunstâncias. Você acha que Maria Alice ia se envolver com um rapaz que sua filha ama?

— Desculpe, Mariana, mas eu acho sim, pai!!!

— Júlia, pare de implicar com Maria Alice; já disse a você que não é bom cultivar sentimentos negativos. Um dia poderá se arrepender.

— Eu sei, pai, mas não consigo ver certas atitudes de dona Maria Alice e não me indignar.

— Seu pai tem razão, Júlia, as coisas não são tão simples assim. Você acha que Maria Alice iria escolher para ela esse sofrimento? Às vezes acontecem coisas que estão fora do nosso entendimento. Todos nós estamos sofrendo com tudo isso, mas garanto a você que ela sofre muito mais.

— Mãe, desculpe, mas não acredito que dona Maria Alice sofra. Ela calculou cada passo para desmoralizar Gustavo. E por quê? Porque tudo sempre tem que ser como ela planejou; se sair de outra maneira, ela não aceita.

— Júlia, minha filha, sofrimento que eu digo é sentir que está tudo errado e não ter como mudar. Maria Alice sabe que todos vão conspirar contra ela, ficou como a vilã, e no fundo isso nos faz muito mal, nos faz sofrer.

— Por favor, parem, parem. Vocês estão falando como se fosse qualquer outra mulher, como se uma garota normal disputasse o namoradinho da escola. Ela é minha mãe, tia Norma!!! Quero pensar um pouco, quero analisar as coisas por outro aspecto, talvez tio Alberto tenha razão. Minha mãe ainda não conhecia meu namorado, é trágico, é horrível, mas é um fato, e eu tenho que dar um tempo para Gustavo, e para mim também. Gustavo deve estar péssimo com essa história também. Aliás, ele já sofria com tudo isso já faz algum tempo.

— Por que diz isso, Mariana?

— Porque ele pedia pra que eu sempre confiasse nele, sentia que ele estava inseguro. Vou até mais longe, sentia Gustavo angustiado, não sei explicar, mas me pedia com um certo medo, agora já sei por quê.

— Muito bem, Mariana, pare, analise, e resolva com sabedoria. Se você quiser, ou melhor, é bom que fique aqui em casa por um tempo, longe de sua mãe, e de Gustavo, vai conseguir analisar com mais sucesso. Pode acreditar no que eu digo.

— Obrigado, tio Alberto, o senhor está sempre certo. Sempre consegue ver tudo com mais senso. Eu vou aceitar ficar aqui com vocês, quando estou aqui me sinto segura, mais calma.

Alberto abraçou Mariana com carinho.

— Então se arrume bem bonita e faça tudo como sempre fez, quando acontece alguma coisa em nossa vida que não gostamos, é preciso dar tempo ao tempo, mas continuar a rotina da melhor maneira possível, se preferir não ir trabalhar para não ver seu pai, e ter que sofrer por ele, não vá. Agora nesse momento cuide somente de você, cuide bem de seu corpo e de sua alma, respire fundo quantas vezes precisar, mas continue em frente.

Norma sentia admiração por Alberto. Quando resolveu morar com ele, alguns anos atrás, teve medo de não dar certo, mas com o tempo sentiu que fez a coisa certa, hoje não viveria sem ele. Alberto era a força e a paz que precisava quando Júlia chegou. E muito emocionada estendeu a mão para a filha, e juntas abraçaram Mariana e Alberto.

18

A vida volta ao normal

Gustavo, com ajuda de Fernando, achou um local simples mas muito harmonioso, com três salas espaçosas. Já passava das sete e meia da manhã quando chegou em frente ao prédio, e esperou o doutor Henrique, que logo em seguida encostou o carro:

— Bom dia, Gustavo!

— Bom dia, doutor Henrique! Como o senhor tem passado?

— Muito bem, pode acreditar. Nunca estive tão bem em toda a minha vida!

— Fico feliz que esteja assim tão bem!

— Não vai me perguntar por quê?

Gustavo olhou para doutor Henrique admirado. Sentiu a diferença na maneira com que doutor Henrique se dirigiu a ele, como se fossem velhos amigos de infância. E, abrindo um sorriso contagiante, perguntou:

— Doutor Henrique... Por que está tão bem disposto?

Doutor Henrique respondeu para Gustavo retribuindo sua brincadeira, quase que irônico:

— Porque posso continuar meu caminho sem ligações por interesses! Sou completamente livre de tudo o que me sufocava!

Doutor Henrique abraçou Gustavo e, muito feliz, contou sua conversa com Álvaro, omitindo alguns detalhes desagradáveis que prometeu a seu amigo não comentar.

Os dois futuros sócios entraram no prédio e subiram alguns andares. Doutor Henrique gostou e aprovou. Eles fizeram alguns planos para mudar e decorar tudo com muito entusiasmo. Passaram o dia juntos, e providenciaram tudo, do decorador à parte burocrática de documentos, para que ficassem em ordem com a lei. Os dois estavam cansados, mas satisfeitos. E com alegria começariam uma nova vida, uma nova empreitada. Já passava das oito horas da noite quando doutor Henrique convidou Gustavo para jantar.

— Gustavo, podíamos ir jantar juntos. O que acha? Estou faminto.

— É, acho que merecemos, vou aceitar.

Entraram em um restaurante da Zona Sul e pediram um lugar mais reservado para poderem conversar à vontade. Estavam se acomodando quando Júlia discretamente cutucou Mariana e disse:

— Mariana, não vai olhar agora, mas Gustavo acabou de entrar com doutor Henrique.

Mariana começou a tremer, e seu coração disparou tão forte no peito que pensou que fosse sair pela boca. Apertando a mão da amiga, perguntou:

— Júlia, o que vou fazer agora?
— É melhor não fazer nada e agir naturalmente, porque ele já nos viu e está vindo para cá.
— Ai, meu Deus, me ajude!!!
— Calma... respire fundo, e tudo bem.
— Oi, Júlia, que coincidência!!! Posso me sentar?
— Claro.

Gustavo puxou uma cadeira, sentou-se bem na frente de Mariana e, com os olhos brilhando de amor, perguntou:
— Como vai, Mariana?
— Oi... Gustavo... Estou bem...

Gustavo não pôde deixar de ver que seus pulsos ainda estavam com grandes ataduras. Sentiu uma dor em seu peito e, penalizado, continuou:
— Que bom te ver. Eu te procurei tanto, queria tanto conversar com você, mas...
— Mas não deixaram. Eu sei — afirmou Mariana.

As mãos de Mariana tremiam e transpiravam tanto que Gustavo num impulso as acolheu entre as suas, delicadamente as secando com um guardanapo.
— Por favor, Mariana. Eu posso conversar com você? Estou te implorando.

Mariana ficou sem saber o que dizer; apenas soltou suas mãos das dele e baixou a cabeça com tantos sentimentos embaralhados em sua alma.
— Gustavo, nós poderíamos nos sentar com você e o doutor Henrique? Eu preciso conversar muito com ele.

Mariana fez uma cara de quem não aprovou, mas Júlia, como tomou aquela atitude de propósito, nem ligou para a cara feia da amiga.

— Claro! Se Mariana também aceitar.
— Por mim não tem problema algum — disse Mariana, meio contrariada.

Doutor Henrique se levantou e, muito gentil, puxou a cadeira para Júlia se acomodar. Gustavo fez a mesma coisa para Mariana, que facilitou que ele se sentasse mais perto. Fizeram os pedidos, que logo foram servidos.

Mariana aos poucos foi se descontraindo, e até sorrindo já estava com as histórias cômicas de tribunais que doutor Henrique contava. Gustavo procurou não pressionar Mariana, mas sua vontade era de abraçá-la ali mesmo e dizer quando a amava. Júlia estava conversando, mas só pensava em uma maneira de Mariana aceitar conversar com Gustavo a sós. Ao ver doutor Henrique pedir o café, e com receio de não haver uma oportunidade, disse de supetão:

— Doutor Henrique, se não for incomodá-lo, eu gostaria de ver o escritório novo. Acho que não é tão tarde? É?

Doutor Henrique entendeu na hora a intenção de Júlia:
— Sem problema nenhum!! Eu ia convidá-la mesmo!
— Então, Gustavo... Você leva Mariana para minha casa depois?
— Claro, levo!!!

Mariana, bem mais tranquila, concordou — aliás, sua vontade era ficar com Gustavo e nunca mais ter que voltar para casa. Júlia e doutor Henrique saíram, deixando Gustavo e Mariana no restaurante. Gustavo achou melhor conversar com Mariana no restaurante mesmo, pelo menos até que eles se entendessem.

— Mariana, eu sei que não gostaria de tocar nesse assunto tão desagradável, mas infelizmente preciso contar minha versão. E espero que acredite em mim.

— Gustavo, não é preciso. Já sei de tudo.
— Júlia te contou?
Mariana confirmou com a cabeça.
— Não quero falar sobre isso, estou me sentindo péssima.
— Me perdoe, mas eu preciso falar. Lembra-se de quando pedia para que confiasse em mim? Foi por tudo isso que aconteceu. Mariana, querendo ou não, eu sou bem mais velho que você e mais experiente, o que não quer dizer que me comporto como um machista. Mas os homens, de maneira geral, sabem quando uma mulher está se insinuando, e até mesmo quando vai pegar no pé. Mas que ela fosse chegar a esse ponto eu nunca poderia imaginar. Mariana, não sei como posso me referir à sua mãe; está sendo superdifícil ter que falar dela, afinal de contas, ela é sua mãe, e isso nunca vai mudar. A única coisa que peço é que acredite em mim; eu amo você, e vou te amar para o resto de minha vida. Demorei para aceitar que eu te amava, por todos os motivos que você já sabe, não é preciso repetir. E sabe por quê? Porque eu sabia que você não era uma garota qualquer, e não seria legal eu sair com você logo de cara se não fosse pra valer, pra poder te assumir de verdade. Eu sinceramente não sei por que uma coisa dessas aconteceu comigo. Às vezes tento achar uma única explicação. Mas não consigo. Mariana, perdoe ter que falar sobre esse engano todo, mas preciso saber o que está passando pela sua cabeça. Eu te amo, Mariana, pelo amor de Deus, confie em mim.

Mariana olhava para a rua através do vidro, sem conseguir encarar Gustavo, que estava supermal com a situação. As lágrimas desciam copiosamente pelo rosto da garota, que num repente perguntou em desespero:

— Gustavo, o que houve realmente entre você e minha mãe?

— Mariana, se partir do princípio de que sua mãe não representa nada para mim, te afirmo que não houve absolutamente nada.

— Então aconteceu alguma coisa?

Gustavo pegou nas mãos de Mariana.

— O que é acontecer alguma coisa para você?

— Ai, Gustavo... Não me faça sofrer mais do que já estou sofrendo... Eu quero saber se... você sabe... Pelo amor de Deus...

Gustavo se levantou da mesa e a acolheu em seus braços tentando conter um desespero visível de que Mariana poderia supor um contato físico de Gustavo e sua mãe. (O amor verdadeiro, aquele que já faz parte da alma, não precisa necessariamente ter contato físico para ser absoluto, pois ele é eterno e soberano.) É ilusório o ser humano achar que ter contato físico seja amor. Pois muitos têm esse tipo de relacionamento, mas nunca amaram.

Gustavo ficou com Mariana em seus braços e, afagando seus cabelos, concluiu:

— Mariana, vamos esquecer esse assunto, você está sofrendo muito, e eu também, o que me interessa é se me ama, o resto é o resto.

Mariana afrouxou o abraço e, olhando nos olhos de Gustavo, insistiu:

— Você não entende... O que dói e que não consigo aceitar é supor que vocês possam ter tido alguma coisa, como homem e mulher... Sabe?

— Mas de que importa isso agora? Não vai mudar nada. Sua mãe não representa nada para mim, ela não passa de uma desequilibrada.

— Gustavo, eu não vou conseguir viver pensando em você e minha mãe; eu amo você demais, mas não sou forte o bastante para aceitar essa situação.

— Mariana, você está sendo muito imatura. Olhe para mim e preste atenção: eu não quero te enganar, só quero que acredite em mim. Meu único erro foi não ter te contado quando tive a infelicidade de conhecer sua mãe na casa do doutor Henrique.

— Mas você não fala o que realmente aconteceu...

Cada vez que Gustavo lembrava das cenas em que se deixou seduzir por alguns minutos por Maria Alice sentia ódio por ser homem e imbecil. Tomado por exaustão de pensar em tudo o que aconteceu, disse, alterado:

— Mariana... O que você quer saber? Se sua mãe veio para cima de mim? Veio, o que mais quer saber? Se ela veio me beijar? Veio... e foi só... pelo amor de Deus, não quero nunca mais ter que repetir isso.

Mariana chorava decepcionada nos braços de Gustavo. E, sabendo que teria que dar um tempo para Mariana, ele disse, completamente desanimado:

— Venha, Mariana, vou te deixar na casa da Júlia.

Mariana entrou no carro de Gustavo, e foram para casa. No caminho, não só Mariana chorava; Gustavo desabou com ódio do mundo, mas não disse nada, não era preciso se maltratarem mais.

Assim que chegaram à casa de Júlia, Gustavo deu a volta e foi abrir a porta do carro para Mariana descer.

— Por favor, Gustavo, entre no carro.

Gustavo entrou novamente no carro e esperou que ela falasse alguma coisa.

— Gustavo, pensei muito, mas a única coisa que me ocorre no momento é dar um tempo; você está muito machucado e eu também, mas nem por isso deixarei de dar importância ao que minha mãe está sentindo também.

Gustavo chorava com uma dor terrível, e procurou, sem magoar Mariana, dizer seu ponto vista.

— Mas isso não é justo. Eu te amo, e vou ter que entender um fato de que não tive culpa nenhuma?

— Ninguém teve culpa nenhuma.

— Como não? Não estou entendendo.

— Minha mãe não sabia que você era meu namorado, aliás não tinha acontecido nada entre nós.

— Não acredito que você também vai ceder aos caprichos de sua mãe.

— Você não entende, nós estamos sofrendo, mas minha mãe também.

Gustavo sabia mais do que ninguém que não era bem assim, que a mãe dela não estava preocupada com ela. Na verdade, estava se lixando para os sentimentos dela. Que Maria Alice estava realmente o disputando, e que faria de tudo para ser vitoriosa em mais um capricho seu. Passaria por cima de tudo e de todos para satisfazer seus desejos. Gustavo esfregou o rosto energicamente, enxugando as lágrimas que teimavam em descer, e sentiu que lutava em vão, que Maria Alice conseguira o que queria, e não era o momento de insistir. A bem da verdade, Gustavo não tinha argumentos para ter Mariana. Tinha que respeitar sua decisão. No momento sua mãe era mais importante que ele. Então, decidido, continuou:

— Tudo bem, Mariana, eu sabia que ia ser assim.

— Não é isso, Gustavo. Do jeito que está falando parece até que estou do lado de minha mãe. Você não sabe como está doendo ter que ficar sem você, pelo menos por...

Gustavo a cortou e, de maneira firme, continuou:

— Mariana, não precisa terminar, eu já entendi. Fique sossegada, não a procurarei mais. Se um dia você ainda me quiser, sabe onde me encontrar.

Gustavo saiu do carro, deu a volta e abriu a porta para Mariana, que chorava por fazer justamente o que não queria. Gustavo não se aproximou de Mariana para não sofrer mais, entrou no carro e saiu sem olhar para trás. Mariana sentiu uma dor profunda; sem forças, se deixou cair ali mesmo no chão, gritando para si mesma:

— Deus, te odeio, te odeio!!! Por que deixou que isso acontecesse em minha vida? O que fiz para merecer uma dor como essa?

O porteiro, assim que viu Mariana no chão gritando, foi socorrê-la. Pegou-a nos braços e a levou para dentro da casa. Norma e Alberto, assustados, foram em sua direção.

— Meu Deus, o que houve?

— Não sei, dona Norma, um rapaz a deixou aqui e foi embora; em seguida ela caiu no chão e começou a gritar.

Alberto pegou Mariana nos braços e a levou para o quarto; pediu que Norma desse um banho na menina.

— Mas, Alberto, ela não está bem!!!

— Por isso mesmo, faça o que estou pedindo, depois me chame.

Norma, com muita dificuldade, pois Mariana mal parava em pé, deu o banho, trocou-a e chamou Alberto. Luís e Rita ficaram ao lado de Mariana, e juntos fizeram um trabalho de fortalecimento. Luís admirava a generosa e sábia alma de Alberto, e o conduziu para esclarecer a menina Mariana.

— Mariana, como se sente?

— Melhor, tio. Eu estou dando trabalho para vocês!!!

— Quer falar sobre o que houve? Ou prefere apenas descansar?

Mariana começou a chorar novamente. Alberto enxugou suas lágrimas e, de maneira firme, se pronunciou:

— Mariana, chorar é muito bom, deixa nossa alma mais aliviada, mas chorar muito deixa nossa alma frágil e vulnerável, dando oportunidade para grandes energias ruins penetrarem, portanto, chega de choro, tente contar o que houve. Às vezes nos falta tanta força que pensamos até em morrer por achar que sofremos mais que o mundo, que nosso problema é mais grave que os de todos. E nos perguntamos: por que será que Deus deixou tudo isso acontecer? Por que Deus nos esquece nas horas mais difíceis?

Norma olhava, admirada com a tranquilidade e a sabedoria com que Alberto conduzia a conversa com Mariana.

— Como sabe tudo o que estou sentindo?

— Porque todos nós passamos, ou vamos passar, por grandes provações. Mas temos obrigação de extrair o melhor daquele problema que estamos vivenciando. Pode parecer uma dor terrível e interminável, mas na verdade ela vai passar e deixar nossas almas mais fortes e mais sábias. Todos nós nascemos para cumprir algo. E sabe por quê?

Mariana prestava atenção igual a uma criança que ouve sua história preferida. Balançando a cabeça negativamente, esperou Alberto continuar:

— Porque, na maior parte das vezes, nós mesmos nos prontificamos a nascer e cumprir algo que ficou inacabado, ou corrigir erros que praticamos consciente ou inconscientemente, mas que precisarão ser reparados para nosso próprio adiantamento.

— Quer dizer que pedi para passar por tudo isso?

— É como eu disse, muitos voltam por vontade própria, outros são impostos.

— Tio Alberto, de onde tirou tudo isso? O senhor frequenta um centro espírita também?

— Não, querida Mariana, apenas leio muito, mas gostaria. Só preciso de coragem. Porque, embora eu acredite nessa crença, tenho muito medo, ainda não estou pronto; bem, mas deixe esse assunto para lá, outro dia podemos discutir. Só toquei no assunto para que você entenda que problemas todo mundo tem, e, sofrendo ou não, vamos ter que os enfrentar, não tem alternativa. Mas podemos optar por um caminho mais confortável.

— Como assim? Como conseguir resolver?

— Apenas viver.

— Como apenas viver?

— Mariana, tem como mudar tudo isso por que você está passando? Não tem, minha querida, mas você não precisa sofrer dessa maneira. Deixe de sofrer, Mariana!!! Muitas coisas que acontecem conosco são de mais fácil solução, porque só dependem de nós mesmos, contamos apenas conosco mesmos. Porém, outras envolvem outras pessoas e, quando isso acontece, o modo de pensar e sentir é diferente, e não podemos impor nosso raciocínio, nosso sentimento, temos que entregar nas mãos de Deus. Ele com certeza achará uma solução, mas não da noite para o dia. Precisamos de tempo, no sentido verdadeiro da palavra mesmo. Por isso não quero que sofra, procure viver como se nada tivesse acontecido, tire esse fardo das costas, ele não é só seu. Você ficando mal ou não nada muda, então enfrente com mais ânimo, mais fé, mais força. Aí, sim, com todos esses sentimentos dentro de você, chegará à solução, pode acreditar em mim. Não é só você que sofre neste exato momento, existem dores maiores, pode ter certeza.

Mariana se sentiu mais forte com as palavras de Alberto. Achou mesmo que tinha que parar de sofrer daquela maneira, pois não ia mudar os fatos.

— É, acho que o senhor tem razão. Mas eu amo Gustavo, nunca houve outro em meu coração, e tenho certeza de que nunca haverá.

— Faça desse amor sua força. Se for sincero tudo o que você e Gustavo sentem, será possível viverem esse amor. Mas por ora você tem que esperar pela resposta, e só o tempo a trará.

— Puxa, tio!!! O senhor me faz me sentir forte. Se o senhor estivesse comigo na hora em que encontrei Gustavo, talvez eu ficasse como estou agora, mais confiante.

— Isso mesmo, busque não sei de onde, mas busque força, deixe sua alma fortalecida. Mas agora me conte. Você encontrou com Gustavo?

— Encontrei. Foi horrível!!! Pensei que fosse morrer.

Mariana contou tudo aos tios. Parecia mais madura, como se tivessem se passado uns dez anos, e com grande pesar concluiu:

— Por isso, tio, não quero Gustavo perto de mim. Vou fraquejar, e não posso pensar nele enquanto não falar com minha mãe.

— Mas, pelo que falou, Gustavo não aceitou sua decisão.
— É, não aceitou, quer dizer, não entendeu; ele acha que é mais um capricho de minha mãe.
— Mariana, não quero me meter entre sua mãe e você, mas não acha que ele tem razão?
— Eu não sei. Ela não quis atrapalhar, nem roubar meu namorado. Afinal de contas, como iria adivinhar que era o mesmo Gustavo quando o conheceu?
— Mariana, tenha fé de que logo tudo isso vai passar, porque Gustavo ama você, e logo sua mãe vai enxergar que ela nunca o terá. Desculpe, Mariana, mas eu acho que Alberto tem razão, é mais um capricho dela.
— Eu sei, tia. E se não for? Como ficar com o homem que ela ama?
— Mas, Mariana, você não está entendendo. Gustavo jamais vai olhar para sua mãe, ou se interessar por ela, você vai abrir mão de seu amor sem cabimento nenhum.
— Norma, se Mariana pensa assim, temos que respeitar.
— Está bem, faça como achar melhor. A única coisa que quero é você bem, não se deixe abater.

Luís ficou feliz com o aproveitamento das palavras tão bem colocadas por Alberto, fazendo com que Mariana entendesse. Pelo menos conseguiu que Mariana se fortalecesse. E, graças à ajuda de Alberto, que tinha medo por sentir alguns fenômenos que a mediunidade traz. Mas com o tempo se acostumaria, e satisfeito saiu com Rita.

Norma e Alberto deixaram Mariana descansar, mas não estavam acreditando na decisão que tomou. Eles conheciam Maria Alice o suficiente para saber que não faria o mesmo pela filha.

Os dias passaram, todos voltados para seus compromissos. Mariana voltou a trabalhar, e tentou recuperar as notas dos dias que faltou à faculdade. Mas continuou na casa de Júlia; falava com a mãe só por telefone, sem tocar no assunto. Maria Alice, por sua vez, achou ótimo; parecia que nada havia acontecido. Álvaro, desmoralizado, não ia mais assistir às palestras e tomar passes, estava descrente com tanto sofrimento dele e da filha. Mas conseguiu enxergar que Maria Alice era mais egoísta do que ele pensava. Não se conformava com a mudança de atitudes dela; não era nem sombra da mãe que ficava às voltas com a filha. Sua dedicação infelizmente acabou. A maior parte dos dias voltava tarde para casa, ficava trabalhando ou ia beber nos barzinhos da vida. Ele passou as roupas e todos os outros pertences para outro quarto, não suportava olhar para Maria Alice e ler em seus olhos o que sentia por outro. Estavam juntos na mesma casa, mas só conversavam o necessário. Álvaro se sentia perdido. Muitas vezes pensou em procurar por Norma, mas lhe faltava coragem. Aliás, lhe faltava coragem para tudo, até para se separar legalmente de Maria Alice.

19

Novas alianças

Dias e meses se passaram. Norma estava se arrumando para ir até a casa de Gustavo, pois, como os dois recentes advogados haviam firmado com o doutor Henrique, Norma e Alberto acabaram nutrindo uma amizade harmoniosa com todos da família. Norma estava de saída, quando teve a surpesa de ver Maria Alice entrando.

— Como vai, Norma?

— Eu vou bem, e você?

— Estou de bem com a vida. Não vai me convidar para entrar?

Norma convidou a amiga para entrar; assim que se acomodaram, Maria Alice se pronunciou:

— E minha filha Mariana como está?

— Na medida do possível, bem.

— Eu vim até aqui para saber se Mariana vai voltar para casa; sinceramente eu não queria que nada disso tivesse acontecido. Estou sofrendo muito.

— Está sofrendo porque Mariana está aqui ou porque inventou toda aquela história do Gustavo?

Maria Alice ficou vermelha e, com uma raiva que se via em seus olhos, respondeu:

— Por minha filha Mariana não; sei que está sendo muito bem cuidada. Agora, quanto ao Gustavo, não vim aqui para discutir, tampouco para falar dele. Me sinto péssima, não quero que ninguém sofra; eu errei, mas há tempo para corrigir. Quem nunca errou que atire a primeira pedra.

Maria Alice encenava como ninguém, até derramou algumas lágrimas. Norma ficou confusa e com pena da amiga.

— Desculpe, eu não quis ofendê-la. Esqueça o que falei.

— Não tem importância, todos me julgam mesmo.

— Bem, Maria Alice, você veio até aqui para saber se Mariana vai voltar; fico feliz em saber que sente falta dela. Mas esse assunto é de vocês duas, é melhor ligar para ela. Quem sabe vocês se entendem.

— É o que vou fazer. Eu vou embora, estou te atrapalhando, você estava de saída.

— Não quer tomar um café? Assim você aceita minhas desculpas.

— Não precisa, fica para uma próxima vez, não quero te atrapalhar.

Maria Alice saiu da casa da Norma mais aliviada, pois tudo indicava que Mariana não voltaria para casa, e isso seria muito bom; deixou que eles pensassem o que quisessem. "Eu amo

Gustavo e vou ficar com ele; só preciso ter mais calma e me aproximar mais. Na hora certa descubro o endereço daquele infeliz do Henrique, que se meteu onde não devia. Por que ele tinha que se meter? Ah, mas vou descobrir."

Maria Alice só pensava em ter Gustavo. Ela era obcecada por essa paixão, não sabia definir por que aquele sentimento a arrebatava. Mas era mais forte do que ela.

Norma chegou à casa de Adélia. Assim que entrou, pediu desculpas pelo horário:

— Ah, Adélia, me perdoe por chegar perto do horário de almoço.

— Que isso, Norma, será um prazer se ficar para almoçar conosco.

— Não, Adélia, de jeito nenhum, não quero dar trabalho.

— Mas que trabalho? Colocar mais um prato na mesa?

Norma riu da simpatia e simplicidade da recente amiga. E, abraçando Adélia, disse:

— Como não aceitar? Está um aroma tão bom que até abriu meu apetite.

Assim que Patrícia e Fernando chegaram foi servido o almoço. Norma se sentia à vontade e feliz na casa de Adélia; eles eram pessoas simples, mas de um amor contagiante. Fernando logo conquistou a simpatia de Norma, que admirou como o casal Armando e Adélia educou seus filhos, pois estavam sempre de bem com a vida. Eles se amavam e se respeitavam, solidificando cada dia mais, fazendo com que lutar pelo pão de cada dia fosse a atitude mais simples e corriqueira de sua vida. Norma riu tanto com as palhaçadas de Fernando que sua mãe precisou mandá-lo embora:

— Fernando, chega de tantas brincadeiras sem graça; vai logo dar suas aulas.

Fernando beijou as três mulheres e saiu; Patrícia logo em seguida se despediu, e foi trabalhar também. Quando Adélia se viu sozinha com Norma, ficou à vontade para perguntar:

— Norma, como está a menina Mariana?

— Como poderia estar? Às vezes acho que Mariana não vai resistir a tanta tristeza.

— Tenho feito muitas orações por ela. Já atentou contra a vida uma vez, e não quero que aconteça o pior. Gosto muito da menina Mariana, e sei que Gustavo também. Às vezes passamos por provações muito difíceis, mas temos que perseverar e acreditar que tudo é para melhor. Deus às vezes quer nos mostrar algo que na hora não percebemos, mas, quando deixamos o tempo passar, chega o esclarecimento em nossa alma, e aprendemos a lidar com mais sabedoria com aquele problema, que até então parecia sem propósito e desmedido. Deus é a perfeição, e sabe que tudo em nosso caminho é transitório. Ele apenas quer que tiremos o melhor de tudo o que vem ao nosso encontro, fazendo com que nos tornemos pessoas melhores. Gustavo só precisa ser mais firme quando se encontrar com Maria Alice, porque ainda não tem sabedoria, ou permissão, para saber o porquê e para que essa rivalidade entre mãe e filha.

— E por que tem que ser firme? Será que ainda vão se esbarrar?

— É, Norma, tem muitas coisas que chegam a mim, mas também não tenho esse poder de logo reconhecer qual será o passo seguinte; a única coisa que sinto é que Maria Alice vive na ilusão, e enquanto estiver iludida virá atrás de Gustavo. E ela tem o poder de envolvê-lo, de seduzi-lo.

— Minha nossa, Adélia! Como sabe de tudo isso?

— Depois de muito treino como médium, ficamos mais aguçados com as comunicações com esses espíritos maravilhosos, que classificamos como mentores, ou guias espirituais. E, assim sendo, nossos sentidos telepáticos captam melhor mensagens de ajuda ou de instruções.

— Adélia, confesso que estou admirada, e assustada ao mesmo tempo, com essas explicações todas. Não sabia que era adepta dessa doutrina!

— Nós todos aqui em casa somos espiritualistas. Acreditamos que existe vida após a morte do corpo, e acreditamos também que nada é coincidência. Tudo tem um porquê, e, com exceção de um ou outro encarnado, sempre estaremos ligados aos mesmos espíritos, por afinidade ou por faltas que cometemos e teremos que reparar. Por isso fico muito aflita com meu filho. Maria Alice não está em seu caminho à toa. Eu pedi tanto a ele que continuasse a ir ao centro para estar sempre com boas vibrações, mas ele se afastou, e por influência de Maria Alice, por isso mesmo está vulnerável, sujeito a se envolver com ela.

— Puxa, Adélia, você está falando e eu estou me lembrando das palavras de Alberto, que falava mais ou menos como você. Até parece que combinaram!!!

— É, querida, sempre haverá um anjo bom ao nosso redor, seja em família, seja com amigos.

— Vamos, continue, estou interessada em saber sobre esses mistérios.

— Todos nós atraímos, de acordo com nossos pensamentos e atitudes, coisas boas ou ruins. Para você entender melhor, vou tentar dar um exemplo. Nos classificamos como espíritos encarnados porque temos o corpo nos identificando nesta vida, mas também há milhares de desencarnados nos rodeando. Se estivermos em comunhão com Deus, e procurarmos ter uma boa conduta como cristãos, agindo da melhor forma, atrairemos energias naturais e espíritos mais evoluídos, fazendo com que absorvamos o melhor da natureza e tenhamos o equilíbrio necessário para aprendermos com sabedoria galgar para a evolução. Boas vibrações, boas energias e bons amigos espirituais. Entendeu?

— Acho que sim! Então Maria Alice está com esses espíritos ruins de que você está falando?

— Sim. Mas aprenda desde já que não são espíritos ruins, e sim sem esclarecimento, ignorantes. E Maria Alice, atraindo esses espíritos, alimenta mais e mais suas ilusões, querendo ter Gustavo para satisfazer seus desejos. E Gustavo, por sua vez, se deixa levar por esses desejos que ela conseguiu plasmar, uma energia viva, fazendo com que ele não resista a seus instintos de homem.

— Nossa, Adélia, nunca pensei que nós atraíssemos coisas assim, e até mesmo espíritos. Meu Deus! Como fazer com que Gustavo não caia em tentação e piore seu relacionamento com Mariana?

— Aí é que está. Se Gustavo não a vir, não será influenciado por seus desejos. Pois ele mesmo se guarda, e tem consciência de seus atos e do que é certo ou errado. Mas, se eles se encontrarem, ele agirá sob influências de laços passados.

— Nossa!!! Preciso estudar mais sobre esse assunto.

— Quando quiser eu a levo ao centro que frequentamos, e posso também lhe emprestar alguns livros que ajudam muito, esclarecem as dúvidas.

— Eu aceito, sim. Pode separar, pois preciso estudar sobre isso tudo o que está dizendo. Bem, amiga Adélia, eu vim fazer um convite a vocês todos. Gostaria muito que fossem passar um domingo em nossa casa.

— Puxa, Norma, muito obrigada, mas minha família é tão grande que vamos dar trabalho para vocês.

— Por favor, Adélia, que trabalho? Pelo contrário, vai ser um dia maravilhoso, tenho certeza. Foi ideia de Júlia, não sei se reparou, mas ela está caída de amores por Fernando.

— É, eu reparei sim, mas Fernando é muito assim... como posso dizer? É do mundo, é solto, não se apaixonou por ninguém ainda, nunca o vi com qualquer garota que fosse, e não quero que Júlia sofra.

— Eu sei, Adélia. Já conversei com ela, é preciso ir devagar; tem homens que conquistamos no primeiro olhar, e tem homens que nem com reza braba se amarram.

Adélia riu com a brincadeira da amiga, e concluiu:

— Bem... Nós não sabemos, de repente ele também já está amando; o surpreendi ligando várias vezes para Júlia. Mas é melhor Júlia não se entregar muito, deixe que ele corra atrás. Também, o que Júlia viu nesse maluco do Fernando?

— Ah, Adélia... Ele pode ser tirador de sarro, pode não levar nada a sério, pode até esnobar as mulheres. Mas que é um rapaz lindo, de tirar o fôlego, isso não podemos negar. Falei para Júlia: "Minha filha, nunca se deve amar um homem muito bonito, dá muito trabalho, as mulheres ficam em cima". Imagino na academia. Ah... isso não é pra mim não. Homem bonito é muito trabalhoso.

Adélia sorriu e ao mesmo tempo ficou orgulhosa com o elogio.

— Bom, vamos deixar que o tempo se encarregue das novidades, e vamos tomar um café com bolo.

20

Mais ajuda

Doutor Henrique, Gustavo e Júlia estavam felizes com a nova fase de suas vidas, embora as críticas ainda fossem motivo de fofocas para vender mais jornais. Alguns clientes do doutor Henrique, por fidelidade, não se importavam com críticas da oposição e continuaram firmes a seu lado, passando a confiar em seus outros dois sócios. Já estava perto de terminar o dia quando Marli e Guilherme chegaram fazendo surpresa para os três advogados. Eles estudavam um processo superimportante que defenderiam sem permitir nenhum erro. Qualquer defesa que fizessem sempre era analisada pelos três minunciosamente, para que nunca tivessem surpresas desagradáveis que dessem margem favorável ao oponente. Estavam tão entretidos debatendo provas daqui, provas de lá, que não viram quando entraram brincando:

— Essas provas são todas falsas!

— Puxa, que surpresa agradável!

— Como vão esses advogados admiráveis?

Doutor Henrique se levantou para beijar a esposa e abraçar o filho.

— Como está essa força, meu pai? Se eu não vier até aqui não consigo vê-lo.

— É verdade... estamos trabalhando demais.

— Mas o que deu em vocês para virem até aqui?

— Nós viemos trazer solidariedade a vocês. E saber como está Gustavo.

— Eu estou muito bem, dona Marli, nós estamos nos entendendo muito melhor do que eu esperava.

— Esse é meu filho Guilherme.

— Muito prazer, já o vi na casa da senhora, mas não tivemos oportunidade de nos falar.

— O prazer é meu. Meu pai fala muito de você, então vim ver quem é esse mais novo advogado que roubou todas as atenções que antes eram só pra mim.

— Não é pra tanto, pode ficar sossegado.

— E você, Júlia? Estou feliz e surpreso que esteja trabalhando, pensei que fosse deixar o diploma só na parede de sua casa! — brincou Guilherme.

— Ah, é assim? Pois quando precisar de um advogado não precisa me procurar, viu!

Guilherme abraçou Júlia com muito orgulho, pois sempre admirou sua amiga; ela era diferente das meninas ricas que conhecia.

— Júlia, não faça isso comigo, preciso muito de uma advogada a meu lado, mesmo que não seja para me defender.

— Seu bobo, se não for para defendê-lo, para que, então?

— Pra ir comer uma pizza ou tomar um drinque, sei lá, é só escolher.

— Falando em pizza, vamos todos comer uma pizza. Hoje ganhei o dia. Estou com todos de que gosto ao meu lado, e isso me deu um apetite danado.

Todos saíram descontraídos e foram para o restaurante. Guilherme conheceu melhor Gustavo — travaram um bate-papo que deixou Henrique satisfeito, pois ele sabia que ali começaria uma grande amizade. Júlia também ficou feliz por Guilherme se dar bem com Gustavo. Marli aproveitou que seu marido e os dois rapazes estavam tão entretidos, puxou Júlia mais para perto dela e perguntou:

— Júlia, como está Mariana? Fiquei sabendo, estou muito preocupada.

— Ah, Dona Marli... Parece que as coisas se acalmaram, mas Gustavo e Mariana estão separados.

— Meu Deus, como podíamos imaginar que Mariana fosse namorar justamente Gustavo?

— Ah... A senhora fala como se fosse a coisa mais comum do mundo. Não seria ao contrário, não?

— Não é isso, Júlia, é que foi uma coincidência Gustavo ser o mesmo rapaz por quem Maria Alice se interessou.

— E a senhora fala com essa naturalidade? Ela é casada, tem mais que ficar em casa com seu marido. Onde já se viu agora sair por aí cismando com os rapazes?

— Júlia, minha querida, eu me expressei mal, mas pelo que vejo não gosta muito de Maria Alice.

— Não é isso. Dona Maria Alice tem alguma coisa que não bate com meu santo, e depois ela acha que está certa. A senhora pensa que ela disse: "Não, minha filha, isso foi uma trágica coincidência, mas, pode deixar, pela sua felicidade faço qualquer coisa"? Não, ela não mexeu um dedo para apoiar Mariana.

— E como está Mariana nessa situação?

— Está bem melhor, ela está morando em minha casa.

— Júlia, não sei bem como ajudar, mas tenho que fazer alguma coisa. E sua mãe? Qual é a opinião dela?

— Minha mãe está morrendo de pena de Mariana, mas não há o que fazer, a não ser esperar. Com tudo o que aconteceu, minha mãe acabou estreitando amizade com a família de Gustavo; eles são maravilhosos e dona Adélia é uma pessoa muito sábia. Foi ela que pediu para eu levar minha mãe na casa dela; por que, não sei. E acabou que elas se veem sempre.

— Eu vou amanhã falar com sua mãe, faz alguns dias que não a vejo. E, quanto a você, procure não deixar Mariana isolada, ela precisa de você. Quem sabe você e Guilherme não saem juntos para confortá-la.

— Eu sei que Mariana precisa de todos nós. O problema é que agora estou trabalhando. Já a convidei para vir comigo. Mas, com Gustavo aqui, nem pensar. Mas tenho fé de que logo tudo isso passará.

21

O sacrifício

Os dias passavam e Gustavo se dedicava totalmente ao trabalho, às vezes em exagero. Era uma forma de não pensar muito em Mariana. Tentou algumas vezes sair com outras garotas, mas não conseguia levar adiante; seus pensamentos eram só em Mariana. Muitas vezes levava vários processos para casa na intenção de camuflar o amor que sentia por ela. Era um sábado à tarde, estava abatido e enfiado no quarto estudando, avaliando um processo, quando Júlia e Guilherme chegaram.

— Como vai, dona Adélia?

— Eu vou bem, e vocês, meus queridos?

— Tudo em paz. E Gustavo?

— Está no quarto. Eu gostaria tanto que ele saísse um pouco, fosse dar uma volta, mas só diz que não tem vontade... esse amor ainda vai acabar com ele. Nunca mais tocou no nome de Mariana, mas sei que sofre muito ainda.

— Dona Adélia, posso ir lá falar com ele?

— Claro, meu filho, vê se o tira de lá.

Guilherme bateu à porta e entrou:

— Gustavo, vim buscá-lo para ir comigo ao shopping, e não aceito sua recusa.

— Oi, Guilherme, que surpresa!!!

— Vamos, meu, vai tomar um banho, e vamos ver algumas gatinhas.

— Jura que vai me fazer levantar? Estou com muita preguiça; além do mais, estou no meio de um processo complicado.

— Ô, meu! Leva para o doutor Henrique, ele não está fazendo nada. Afinal de contas, ele também tem que trabalhar.

— Só você, Guilherme, pra me fazer dar risada.

— Mas não é mesmo? Sua outra sócia está lá na sala, fala pra ela se virar que você vai namorar muito hoje!!!

— Tá bom... Eu vou tomar banho, vai...

— Acho bom! Onde está o namorador? Pelo menos foi a informação que me deram!

— No mínimo foi sua amiguinha Júlia que inventou essa história.

— História? Não foi isso que me contaram. Inclusive me disseram que queriam refazer o conto da chapeuzinho vermelho com o lobo mau.

— Ah, cara, agora você confirmou mesmo que foram a Júlia e meu irmão, né? É, mas a chapeuzinho vermelho não quer me ver nem pintado de ouro.

— Desculpe, Gustavo, queria tirar você dessa e acabei lembrando de quem não devia.

— Não, cara, não tem problema nenhum. Mesmo porque não é preciso tocar em seu nome para eu me lembrar; aliás, meus pensamentos todos são dela. Às vezes gostaria de dormir para, quando acordar, puf, tudo ter sumido.

— Então vai tomar banho, vai... E se você quiser a gente fala sobre o assunto.

Gustavo foi tomar banho e Guilherme foi para a sala.

— E aí, Guilherme? Conseguiu tirar Gustavo do quarto?

— Ah, dona Adélia, o que eu não consigo. Já foi tomar banho. Pode deixar que não vou deixar ele se enfiar no quarto, pelo menos não neste fim de semana. Preciso aproveitar a trégua dos fissurados pela perfeição do corpo.

— É mesmo! Fiquei sabendo que você é um ótimo cirurgião plástico.

— É, mas não é fácil, não; trabalha-se muito. Mas, mudando de assunto, cadê Fernando e Patrícia?

— Fernando já deve estar chegando e Patrícia está trabalhando.

— É mesmo! Patrícia trabalha no shopping, às vezes eu esqueço.

Logo em seguida Fernando chegou, e ficou feliz de encontrar Guilherme em sua casa.

— Oi, Guilherme, como está, cara?

— Estamos te esperando pra dar umas voltas.

— Não diga que foi tão gentil assim comigo! Veio é atrás do seu amiguinho!

— Como você é ciumento, hein, meu?

— Eu!!! Com ciúme de você com meu irmão, tá brincando? Falando nisso, onde ele está?

— Seu irmão está tomando banho.
— Ah, não diga que conseguiram tirá-lo da toca.
— Foi Guilherme que conseguiu.
— Fernando, se você vai junto, arrume-se logo, senão ficará para trás.

Fernando foi tomar banho e, em seguida, os quatro amigos saíram.

Guilherme e Gustavo aproveitaram e fizeram compras. Estavam saindo de uma loja de calçados quando trombaram com Mariana. Gustavo e Mariana entreolharam-se e, como se o mundo parasse naquele momento, sentiram o pulsar de seus corações acelerar, bombeando bruscamente o sangue que corria em suas veias, liberando os hormônios com desespero gritante de paixão e desejo.

— Mariana!!! Que surpresa!!!
— Como vai, Gustavo?
— Estou bem.
— E eu? Não me cumprimenta?
— Ah, Guilherme... Me desculpe!!!

Guilherme deu um beijo em Mariana, e aproveitou a oportunidade:

— Júlia e Fernando estão nos esperando na praça de alimentação, não quer vir conosco?
— Não, obrigada. Minha mãe me espera. Depois de alguns longos dias, estou indo vê-la.
— Vamos, vai!!! Não vai fazer essa desfeita para nós, vai?
— Não, Guilherme. Quem sabe outra hora.
— Está bem... Fica pra próxima.

Eles se despediram. Sem sentir os passos que dava, Gustavo falou com mágoa:

— Ela não quis vir por minha causa. Como pode, até ontem nós nos amávamos como se fôssemos os únicos na Terra, agora não passo de um estranho.

— Pare com isso, Gustavo, vai ver combinou com a mãe mesmo!!!

— É isso que me dá mais raiva, ela protege a mãe. É por causa da mãe que não me quer mais.

— Gustavo, não fique se torturando. Vamos tomar alguma coisa forte para relaxar, faça de conta que não a encontramos.

Gustavo não quis mais retrucar, aquele assunto era desgastante, tinha que esquecê-la de qualquer jeito.

Assim, foram ao encontro dos amigos. E, depois que Patrícia saiu do serviço, foram todos ao cinema.

Mariana tinha vontade de arrancar o coração e jogá-lo fora, para não sentir mais aquela dor insuportável. Sem se importar com onde estava, saiu correndo, entrou no carro e chorou seu desespero até esgotar todas as lágrimas.

— Não posso me revoltar. Tio Alberto falou que eu fizesse uma prece.

Mariana respirou fundo várias vezes:

— Deus, nosso Pai, me ajude a tirar esse amor do meu coração. Não quero pensar mais nele. Deus, faça com que nunca mais me lembre de que Gustavo existiu em minha vida.

Mariana aos poucos foi serenando, ligou o carro e foi para a casa de seus pais. Assim que entrou pelo portão, experimentou uma sensação estranha, mas procurou ser mais forte, mais madura.

— Talvez seja saudade, afinal faz bastante tempo que não venho aqui.

Assim que Mariana entrou, Maria veio dar boas-vindas.

— Puxa, Mariana!!! Quanto tempo!!! Seja bem-vinda.
— Obrigada. Minha mãe está?
— Está sim, ela pediu que subisse quando chegasse.
Mariana subiu e bateu à porta.
— Posso entrar?
— Claro, minha filha, esta casa também é sua.
Maria Alice tentou abraçar Mariana, mas ela se desvencilhou.
— Mãe, eu vim aqui para conversar com a senhora.
— E sobre o que, minha filha?
— Por favor, mãe, sente-se aqui, vai levar algum tempo, essa conversa vai ser demorada.
— Ai, Mariana, fala logo, o que aconteceu?
— Mãe, eu vim até aqui para falar do Gustavo.
— Mariana, quero...
— Mãe, calma, não vim lhe cobrar nada, só quero que seja sincera comigo.
Maria Alice baixou a cabeça, demonstrando tristeza. Mariana sentiu pena dela.
— Eu quero saber se a senhora está mesmo apaixonada por Gustavo.
Maria Alice esperava tudo, menos aquela pergunta surpreendente.
— Mariana, eu não sei o que responder.
— Responda a verdade, não tenha medo, não vou brigar nem lhe cobrar nada, eu só preciso saber.
Maria Alice, muito experiente, esperou que a filha falasse tudo o que queria, pois estava sentindo sua vitória. Derramando algumas lágrimas, respondeu:
— Eu sinto muito, minha filha, mas eu o amo muito, eu juro que tentei esquecê-lo assim que o trouxe aqui em casa

como seu namorado. Mariana, juro que não podia sonhar que Gustavo fosse o mesmo...

— O mesmo homem? Tudo bem, mãe. Não vou dizer que estou contente, e também não espere que eu entenda tudo. Mas, se é assim, eu não serei mais obstáculo. Não volto mais para ele. E, por favor, quando nos encontrarmos, não quero mais tocar nesse assunto.

Maria Alice abriu a boca e fechou.

— É isso mesmo que a senhora ouviu, eu pensei bem, analisei, e vi que não amo Gustavo, foi apenas uma paixão passageira.

— Não, minha filha, não devo!!! Se alguém aqui tem que renunciar, essa pessoa sou eu!!! Afinal de contas, ele é seu namorado.

— Mãe, não precisa esconder nada, a senhora sabe que sei de tudo o que aconteceu, inclusive que andava atrás dele desesperadamente e que tudo o que falou a respeito de Gustavo não era real. E se fez tudo isso seu amor por ele é verdadeiro. Ninguém em sã consciência trairia nem mesmo uma amiga.

— Ah, minha filha!!! Me perdoe, eu realmente fiz por desespero, fiquei cega de amor por ele, e queria apenas vê-lo, só isso!!! E, como uma menina idiota, o segui algumas vezes.

Maria Alice falava e chorava desesperadamente, mas por dentro estava feliz. Tudo deu certo, agora poderia conquistar Gustavo sem esconder de ninguém.

Seus amigos zombeteiros riam de Mariana, e com euforia falavam no ouvido de Maria Alice:

— Isso é só o começo, pois vamos ajudá-la muito mais; todos os seus desejos serão atendidos.

— Mas, por favor, seja honesta com meu pai; diga que não o ama. Todos devem estar sabendo, e ele não merece uma humilhação como essa. Quero que se separe do papai legalmente para que ele possa seguir seu caminho.

Maria Alice, muito vivaz, pensou rápido que jamais abriria mão da fortuna. Se poderia ter as duas coisas, por que fazer escolhas? Ninguém precisaria saber mesmo. Se poderia ter o dinheiro e o homem que amava, por que a separação? E rápido fez sua encenação:

— Nunca, minha filha... Jamais faria isso... Eu tenho que esquecê-lo. Ele foi o mal em nossas vidas, nós duas temos que esquecê-lo. Se você renunciou, eu também farei isso. Gustavo trouxe muita desarmonia. Se você conseguiu terminar tudo com ele, por que eu... por que eu, minha querida, não vou tirá-lo da minha vida? Mariana, vamos esquecer tudo isso. Você tem razão, nunca mais vamos tocar nesse assunto. Você é minha filha, Álvaro é meu marido, e é com vocês que quero ficar.

— Bem, a senhora é quem sabe. Pense bem em seus sentimentos, faça uma avaliação de tudo. Mas, se quiser ser livre e ir atrás de seus ideais, deixe papai em paz, faça tudo direito, como uma pessoa de bem.

— Vamos aqui, agora, fazer uma promessa: você e eu esqueceremos que um dia conhecemos Gustavo.

— Eu já tomei minha decisão. Só espero que seja honesta e tome a sua. Meu pai não merece viver com alguém que não o ama. Não quero vê-lo sofrer.

— O que é isso, Mariana? Errei e não vou negar, mas por vocês esquecerei esse episódio terrível de nossas vidas.

Mariana saiu do quarto da mãe como se estivesse sem alma, e foi embora. Maria chamou por ela, mas não obteve resposta. Sua decisão foi bem pensada.

"Como viver com um homem que minha mãe também ama? Nunca poderíamos nos reunir para um almoço, um jantar, uma festa; mamãe nunca o trataria como genro. Não, não posso ficar com Gustavo e conviver com a sombra da minha mãe entre nós. Como ser feliz se minha mãe seria infeliz? Por que o destino foi cruel comigo?"

Mariana dirigia sem saber direito onde estava, mas precisava ficar sozinha; aquela dor era só dela, e não gostaria que todos lhe cobrassem por sua decisão. Já passava da meia-noite quando Mariana chegou à casa de Júlia.

— Mariana!!! Onde estava? Fiquei preocupada com você.
— Fui falar com minha mãe.
— E ficou até agora?
— Não, depois eu fui dar umas voltas.
— Guilherme me contou que o encontrou.
— É verdade.
— Nossa, Mariana!!! Não quer conversar?
— Desculpe, amiga, estou cansada, vou para meu quarto.

Júlia deu um beijo em Mariana, mas não conseguiu segurar a boca:

— Não vai me dizer nada sobre Gustavo?
— O que quer que eu diga?
— Sei lá, alguma coisa. Se ficou feliz, se falou com ele.
— Júlia, entenda uma coisa: Gustavo não faz mais parte da minha vida. Então não adianta ficar na expectativa. Tudo acabou.
— Eu não acredito que foi à casa de seus pais para comunicar que tudo acabou entre Gustavo e você!!!

— E por que não? Eu precisava falar com minha mãe. Eu precisava lhe contar que Gustavo não significa mais nada para mim. Aliás, nunca significou.

— Mariana, quem quer enganar? Você mesma? Porque você não me engana.

— Júlia, isso tudo foi um grande engano; depois de tudo o que aconteceu descobri que nunca amei Gustavo.

Júlia esquentou as têmporas e, esbravejando, puxou Mariana pelo braço:

— Mariana, olhe bem nos meus olhos e me diga que não ama Gustavo.

Mariana respirou fundo para tirar forças não sabia de onde. Olhando fixamente nos olhos da amiga, respondeu:

— Não, não amo Gustavo. Até parece que foi você quem terminou tudo!!!

— Você está sendo ridícula e fraca. Como pode fazer isso com vocês dois? Você resolve o que quer e pronto? Você pode mandar em sua vida, mas não na vida dos outros. Você está impondo sua postura.

— Júlia, não quero discutir com você, o que está feito está feito e ponto final.

— O que pensa que vai acontecer? Acha que se deixar Gustavo ele vai correr para os braços daquela... daquela louca da sua mãe?

— Isso já não é problema meu. Só espero que minha mãe não faça meu pai sofrer.

Mariana virou as costas e saiu. Júlia não se conteve, e com ironia gritou:

— Tomara que Gustavo encontre uma garota que o ame de verdade e se case, porque assim vai doer menos em você. Sua mãe não merece que se anule por ela. Ela não merece.

Ao ouvir a provocação da amiga, Mariana tomou um choque, parando no meio da escada. Pensou que fosse desfalecer ali mesmo, por tentar fingir que acabou um amor que ainda latejava vivo em seu peito. Mas, sem querer que Júlia tirasse sua máscara, continuou a subir as escadas sem olhar para trás.

Júlia deixou-se cair no sofá sem se conformar com a atitude da amiga.

— Mariana está fazendo um sacrifício sem merecimento nenhum. Maria Alice jamais faria isso por ela. Meu Deus!!! Como Mariana deve estar sofrendo!!! Até quando vai suportar fingir?

Júlia foi para seu quarto, mas demorou para pegar no sono.

22

O acidente

Aos poucos as famílias de Júlia e Guilherme se interessaram pela doutrina espírita, e começaram a frequentar o centro com Adélia e Armando. Estudando e aprendendo a observar os detalhes de cada dia vivido, e encontrando respostas para dúvidas inconscientes. O porquê de certas coisas acontecerem em nossos caminhos. O porquê de certas pessoas serem ou não tão importantes em nossas vidas, o porquê de algumas afinidades fazerem valer a demonstração de amor incondicional.

Uma vez por semana, Adélia, Armando e todos os outros participavam de trabalhos voluntários servindo à população mais carente do local, doando alimento, roupas e remédios e fazendo com que assistissem a aulas de educação cristã, trazendo mais entendimento a suas almas. Norma, depois de esclarecer muitas dúvidas no centro espírita, resolveu ir conversar com Gustavo seriamente. Adélia já havia pedido sua ajuda, pois Gustavo se recusava a voltar aos trabalhos espirituais de que sempre fizera parte. Mas agora Marli se sentia mais preparada para poder ajudá-lo. Pegou sua bolsa e saiu, chegando de surpresa ao escritório:

— Como vai, Rosana?

— Oi, dona Norma!!! Que prazer em vê-la por aqui. Graças a Deus, nós todos estamos bem.

— Rosana, será que posso falar com Gustavo?

Rosana também viera fazer parte da nova empreitada, aceitando o convite de Gustavo.

— Claro que sim, pode entrar, ele está sozinho.

Norma bateu à porta e entrou.

— Com licença, Gustavo, estou entrando.

— Norma, aconteceu alguma coisa? Você me parece nervosa.

— É, realmente. Não é bem nervosa a palavra a ser usada, mas sim preocupada!

— E em que posso ajudar?

— Gustavo, eu sei que não deveria estar me metendo em sua vida, mas eu precisava vir até aqui.

Gustavo se mexeu na cadeira, inquieto, mas não conseguiu ser indelicado com Norma.

— Norma, eu gosto muito de você, sou grato por tudo o que faz pela minha família, mas não quero falar sobre o que veio falar. Tudo o que aconteceu é passado. E passado a gente enterra.

— Mas por que não quer falar?

— Porque não tem o que falar. Acabou, estou em outra página do livro.

— Mas eu e sua mãe estamos preocupadas com você. Você só pensa em trabalhar até tarde da noite, e quando sai daqui fica enfiado sei lá onde. Você mal dorme. Quantas vezes tem ido para casa, tomado banho e voltado para trabalhar? Você não dorme, não se alimenta. Olhe seu estado, está pálido, magro. Até quando vai agir assim?

— Mas não estou fazendo nada de mais. Eu trabalho direito, não perco meus compromissos. Não sei por que essa preocupação toda.

Norma não estava achando uma maneira de dar continuidade à conversa, pois suas resposta eram evasivas. Quando Norma começou a ficar sem graça na frente de Gustavo, pois ele não a deixou à vontade prevendo suas intenções, Júlia bateu à porta e entrou:

— Puxa, mãe, estou te ligando no celular e só cai na caixa postal!!!

— Ah, me desculpe, acho que desliguei sem querer.

Júlia sentiu que alguma coisa estava no ar e, sem cerimônia, perguntou:

— Interrompo alguma coisa?

— Não, filha, foi bom ter chegado. Eu vim até aqui para convidar Gustavo a ir ao centro conosco.

— É mesmo, Gustavo, por que nunca mais foi ao centro?

— Porque não tenho tempo.

— Se você deixar de se enfiar nos barzinhos por aí, terá.

— Mãe!!!

— Norma, não quero e não vou ser indelicado com você. Mas, se insistir com esse assunto, vou ser obrigado a me levantar e ir embora.

Gustavo nunca mais tocou no nome de Mariana. Era como se ela tivesse morrido. Ele estava completamente decepcionado com a vida.

— Por favor, Gustavo, não faça isso. Por que você não se abre comigo? É impossível viver assim como está. Você se fechou como uma ostra. Todos nós precisamos desabafar, pôr para fora tudo o que incomoda.

— Mas nada me incomoda. Vocês é que estão incomodados. Já conversei com minha mãe, mas pelo visto não adiantou nada.

Norma não estava conseguindo penetrar a alma de Gustavo. Ele havia se fechado de uma maneira muito cruel com ele mesmo. Mas Norma insistiu, e chamou Luís em seus pensamentos, mas não era preciso, pois foi justamente Luís quem a levou para orientar, e estava bem ao lado dela. Norma sentiu-se mais forte, mais firme. E num rompante falou, emocionada:

— Gustavo... Da última vez que fomos ao centro, conheci seu irmão Luís, ele está com muitas saudades suas.

Quando Norma pronunciou Luís, foi como se algo mágico tocasse em Gustavo. Com os braços apoiados sobre a mesa, segurou a cabeça entre as mãos e chorou copiosamente, deixando que lavasse e purificasse sua alma. Em segundos reviveu a cena em que estavam em uma festa e um rapaz, com ciúme da namorada, apontou uma arma e atirou, mas Luís entrou na frente protegendo Gustavo, e o projétil entrou no peito dele com precisão, acertando seu coração, fazendo com que Luís caísse em seus braços. Ainda olhando para o irmão, brincou:

— Tá vendo? Quem manda ser tão bonito e roubar os olhares das mulheres?

E em seguida cerrou seus olhos com um lindo sorriso no rosto. Gustavo, desesperado, o agarrava e gritava insistentemente:

— Não, irmão... Não me deixa... Abre os olhos, fala comigo... Não me deixa, não sou nada sem você... Por favor, acorda...

Mas Luís não voltou, fazendo com que o remorso invadisse sua alma, e ele caísse na cama doente. Ficou vários dias sem dormir, chegando à exaustão. Sua mãe precisava vigiar seu sono, porque tinha pesadelos terríveis, acordando agitado. Gustavo se consumia dia a dia, não tinha mais vontade de viver. Adélia entrou em desespero, internando-o em um hospital a conselho de um médico vizinho seu, para que pudessem sedá-lo, e então alimentá-lo por sonda, porque fatalmente Gustavo não sobreviveria. Adélia ficou meses indo visitar seu filho no hospital, até que achou conforto no centro espírita Caminho da Luz, orientado pelo mentor velho Pedro. Enquanto Gustavo estava internado, Adélia o tratava com água fluida que trazia do centro e com passes que aplicava todos os dias com a ajuda de colaboradores. Aos poucos ele foi reagindo, até que saiu definitivamente do hospital. Foi assim que conheceram a doutrina espírita, fazendo valer uma nova etapa de suas vidas. Tudo mudou para melhor, não como irmãos de fé em uma religião, mas por terem tido a oportunidade de fazer uma reforma íntima e colocar na prática a verdadeira religião, que é aprender a ter a caridade pura e simples na alma, sem vaidade ou orgulho, literalmente fazer sem escolher a quem, apenas caridade.

Norma ainda não compreendia o porquê de estar ali, nem por que amava Gustavo e sua família, mas sentiu que estava fazendo a coisa certa. Depois de esperar pacientemente seu amigo extravazar a emoção, aproximou-se dele e o abraçou, fazendo uma prece a Luís, agradecendo por algo que havia mudado em Gustavo. Luís, ao lado deles, teve certeza de que Norma tinha jeito para a coisa, de que sua alma era uma fortaleza, e que sentia prazer em elucidar as almas perdidas. Aproveitando tão salutar energia que a circulava, aplicou passes nele, gotejando luzes azuis e violetas, trazendo serenidade a Gustavo, desfazendo os plasmas maléficos que constituem vida através de pensamentos negativos e sugestivos de espíritos ignorantes. Norma sentiu que estava sendo amparada. Feliz por aos poucos entender o linguajar das mensagens explícitas dos mentores espirituais, pronunciou-se com alegria:

— Gustavo... Por que não volta para o lugar que te acolheu com devoção e carinho? Tenho certeza de que seu irmão quer lhe falar.

Gustavo enxugou as lágrimas que ainda teimavam em lubrificar seus olhos e, totalmente mudado, respondeu, segurando as mãos da amiga:

— Por favor, Norma, não fique assim. Obrigado por se preocupar comigo. E eu devo lhe pedir desculpas por ter sido tão grosseiro com você. Prometo que farei de tudo para ir com vocês ao centro de velho Pedro.

Júlia, emocionada por tudo o que ouvira, abraçou sua mãe e Gustavo com alívio por sentir que até o ar estava mais leve. Luís abraçou os três, satisfeito por Norma ter conseguido ajudar seu amado irmão. Rita se aproximou de Gustavo, deu-lhe um beijo no rosto e, como dois lindos anjos de Deus, ela e Luís sumiram no ar.

Norma olhou no relógio, espantada.

— Nossa, já passa das oito da noite!!! Alberto deve estar me esperando!!!

Gustavo, com uma sensação leve e confortável, despediu-se de Rosana, e acompanhou suas amigas até o carro. Abraçou carinhosamente Júlia e Norma e, com um sorriso maravilhoso, agradeceu mais uma vez por ter amigas tão sinceras. Gustavo estava sentindo paz, liberdade. Entrou no carro, colocou uma música e, tranquilo, resolveu ir para o barzinho que frequentava, perto da faculdade — mas não para afogar as mágoas, só queria ficar em paz consigo mesmo, precisava se encontrar. Só não notou que estava sendo seguido por Maria Alice, que havia seguido Norma. Maria Alice ficou de plantão na portão da amiga por vários dias. Chegava bem cedo, pois uma hora ia se dar bem. E foi exatamente o que aconteceu — claro que com uma mãozinha de seus companheiros de energia. Não só descobriu onde era o novo escritório como também ficou pacientemente atrás de Gustavo.

Gustavo entrou, cumprimentou seu amigo dono do bar e sentou-se a uma mesa na parte mais tranquila e afastada da agitada noite paulistana. Pediu um drinque e, enquanto tomava alguns goles de uísque, olhava maravilhado para a cidade iluminada de São Paulo. Quantos encontros teve naquele lugar, quantos papos com amigos, quantas noites felizes teve naquele mesmo lugar. Quantas saudades!!!

Gustavo deu asas à imaginação, relembrou muitos momentos bons. De repente alguém o cumprimentou:

— Como vai, Gustavo?

Gustavo voltou de suas lembranças, olhou na direção de Maria Alice e, tranquilo, respondeu:

— Não acredito no que estou vendo!!! Se acha que vou colocá-la daqui para fora ou xingar, está enganada. Estou na boa, e nada vai me aborrecer hoje.

— Puxa, Gustavo, que bom que está compreensivo. Eu precisava te ver, estou morrendo de saudades de você.

Gustavo olhava para Maria Alice sem conseguir entender tudo o que estava acontecendo. Por que ele?

— Nossa! Você está mais magro e muito abatido! Não pode continuar assim. Sabe, Gustavo? Daria tudo para saber em que está pensando neste exato momento!

Gustavo parou, respirou fundo, se ajeitou melhor na cadeira, pegou o copo, degustou seu uísque super em paz e, com os olhos fixos em Maria Alice, pensou: "O que se passa na cabeça de uma mulher como ela, o que faz aqui a essa hora? E seu marido, será que não está preocupado?".

Maria Alice pela primeira vez ficou constrangida diante do amor de sua vida, pois Gustavo a olhava fixamente sem dizer nada.

— Você está me admirando, ou é impressão minha?

Gustavo resolveu observar Maria Alice e ver o que era verdade e o que era loucura dela. Com os olhos fixos, perguntou:

— Eu sei que gosta de provocar o sexo oposto. Mas o que quer provar com isso? Quer provar que é uma mulher muito atraente e que mexe com a cabeça dos homens? Ou quer mostrar que tem o poder?

— Nem uma coisa, nem outra, eu apenas te quero. Eu sei que você me quer também. Por que luta contra isso? Gustavo, não vou dizer que nunca brinquei com os sentimentos dos homens, mas hoje estou pagando por tudo o que fiz. Eu te amo de verdade, aliás, nunca amei ninguém em minha vida. Eu acho sinceramente que você não me ama ainda, mas sente um desejo forte por mim, e foge justamente por isso, não quer admitir. Sei que posso fazê-lo me amar, é só você me dar uma oportunidade.

Gustavo ficou olhando para ela, mas não respondeu nada; achou melhor não levar adiante aquela loucura, pois sentia que ela não estava fingindo, seus olhos mostravam, sem preconceito nenhum, paixão e desejo. E ele não podia alimentar esse sentimento dentro dela. Sem tirar os olhos de Maria Alice, pediu mais um uísque para o garçom. Maria Alice, cada vez que encontrava com Gustavo, se desesperava por ele ser sempre firme e muito introspectivo. Ela era mimada, sempre conseguia tudo o que queria, mas com Gustavo era diferente.

Gustavo não queria de forma alguma deixar que Maria Alice o irritasse. Continuou calado, apenas a observando. Maria Alice estava completamente iludida; suas fantasias eram as mais ousadas, só pensava em estar nos braços do homem amado.

— Gustavo, quando vai se convencer de que eu sou a mulher certa para você? Deixe eu provar quanto te amo. Se você me amar uma única vez, vai ver que sou sincera, vai sentir minha felicidade quando estou perto de você.

Gustavo, com o olhar fixo nela, não respondia nada. Sabia que era a mulher que todo homem gostaria de levar para a cama. Mas não era o que gostaria para sua vida. Com muita tranquilidade, desviou o olhar para a janela de vidro que dava para a rua, pensando no que iria fazer com aquela mulher — ela não desistia nunca.

"Será que uma mulher como ela se apaixona? Não, não pode ser, se não pensa na filha, que é o amor mais verdadeiro e incondicional, não pode amar nenhuma pessoa. O que ela quer é tumultuar minha vida."

Gustavo continuou bebericando seu drinque completamente calado. Maria Alice, sem conter sua excitação, pegou na mão dele, e trêmula lhe pediu:

— Faça amor comigo, eu estou te pedindo. Por que me rejeita assim? Eu sei que não está com Mariana. Eu sei que terminaram tudo. O que impede de nos amarmos?

Gustavo tirou a mão da dela, pois admitia que ela tinha poder de sedução e que cada vez que ela o tocava sentia um desejo forte de possuí-la, às vezes quase impossível de controlar. E, cínico, Gustavo perguntou:

— Por que quer ir comigo para a cama? Para logo em seguida contar para sua filha? Se você já inventou toda aquela história sem eu fazer nada, imagine se eu for para a cama com você.

Maria Alice tentava convencê-lo, era sua oportunidade. Ele estava mais solícito, mais sereno, estava a um passo de conseguir. Realmente Gustavo estava passivo e em paz. Mas, mais uma vez, o homem de sua vida a deixou frustrada. Gustavo ingeriu de uma vez só o líquido do copo, tirou algumas notas da carteira, colocou-as sobre a mesa e com os olhos fixos em Maria Alice levantou-se e disse:

— Vá para casa, já é tarde, seu marido deve estar preocupado.

Saiu sem esperar reação dela, dirigiu-se para a rua e ficou próximo do meio-fio, esperando pelo manobrista. Assim que o carro parou, Gustavo entrou, deu partida e saiu, sem perceber que Maria Alice havia ido para cima da porta do carro, tentando desesperadamente fazê-lo parar. Ela foi arrastada por poucos metros, quando Gustavo brecou bruscamente. Ele saiu assustado do carro, pensando em quanto ela era louca; pegou-a nos braços e entrou no bar novamente, para socorrê-la.

— O que foi, Gustavo?

— Ela caiu e se machucou.

— Mas caiu como? Está toda esfolada para ser só um tombo!

— Ela veio se apoiar na porta do carro. Eu não esperava e dei partida.

Gustavo e o dono do bar prestaram-lhe os primeiros socorros e pediram que o manobrista chamasse um táxi para ela.

— Por favor, Gustavo, me leve para casa. Por favor!!!

— É, Gustavo, eu acho melhor, ela levou um susto muito grande, amanhã eu peço para algum funcionário levar o carro em sua casa.

— Não é preciso, amanhã eu mesma venho buscar — disse Maria Alice, forçando uma oportunidade de ir embora com Gustavo.

Sem outra alternativa, Gustavo acabou levando-a para casa. O silêncio era total. Gustavo estava tranquilo, já não se descontrolava com aquela situação absurda. Maria Alice estava apaixonada, ficava sensível e sem controle perto de Gustavo. Queria de alguma forma forçá-lo a possuí-la, mas, sem conseguir, começou a chorar compulsivamente. Gustavo abriu o porta-luvas, pegou alguns lenços de papel e deu a ela. Com pena tentou conversar para acalmá-la:

— Por favor, não chore por minha causa, não vale a pena, não sou e nunca vou ser o que deseja.

— Eu não quero que seja nada, não quero que mude. Mas eu não posso mudar o que eu sinto. Eu te amo demais.

— Maria Alice, preste atenção: você tem uma casa que muitos, mesmo que lutem por muito tempo, nunca terão, tem um marido que a ama como você merece. Tem uma...

— Já sei, não precisa me lembrar. Também tenho uma filha que me ama.

Gustavo não respondeu, não queria deixá-la pior, não via a hora de chegar em sua casa e acabar logo com aquele sofrimento.

— Gustavo, ainda quer fazer as pazes com Mariana? Seja sincero comigo.

Gustavo permaneceu calado.

— Me responda. Pare de fazer isso comigo. Pare de fingir que não existo.

— Maria Alice, isso não importa, o que importa é que eu amo sua filha e me faz muito mal estar entre vocês duas. Por favor, procure entender a situação. Você é que está procurando por seu próprio sofrimento. Me esqueça, não venha mais atrás de mim. Dê um tempo à sua vida. Você é uma mulher de posses, vá viajar, vá para o exterior, tenho certeza de que vai se renovar.

— Eu não consigo. Gustavo, se você ficar comigo, eu não ligo que se case com Mariana. O que quer que eu faça para provar que te amo? Se quiser, largo tudo o que tenho: minha casa, dinheiro, marido, tudo mesmo. Daria tudo para ter você comigo.

— Pare... Pare com isso!!! Não vê que está se torturando e me torturando?

Gustavo pediu ajuda de Luís. Suas mãos suavam frio, não sabia como lidar com aquela loucura. A raiva que sentia por ela se transformou em seu sofrimento, e ele sabia que por mais que a desejasse não era amor, que não podia em hipótese nenhuma se deixar levar por prazer de algumas horas, não era correto, mas ela sabia o poder que tinha sobre ele. Vê-la chorar desesperadamente estava ficando insuportável. Seus pensamentos rodopiavam em sua mente: "Meu Deus!!! Meu Deus!!! Por que ela me atrai tanto?".

Gustavo procurou se manter frio, e tinha que desiludi-la; ela tinha de esquecê-lo de vez, e disse firme:

— Por favor, pare de chorar. Você perguntou se estou com sua filha. Não!!! Não estou!!! Mas eu não posso fazer isso com você!!! Será que não vê que para nós três tudo acabou? Você já parou para pensar no que fez com sua filha? Você já parou pra pensar em tudo o que fez? Eu sei que Mariana não vai mais voltar para mim, mas também não vou ficar com você. Maria Alice, eu vou sofrer pelo resto dos meus dias, mas você e Mariana também. Você fez com que tudo mudasse em meu caminho. Eu amo Mariana, planejei um futuro com a mulher que amo. E o que você fez? Me tirou toda a ilusão que ainda tinha na vida. Desde que conheci sua filha, sonhei em me casar, ter meus filhos, enfim, crescer em todos os sentidos ao lado dela.

— Mas Mariana não te ama, nunca te amou.

— Quem disse isso? Quem quer enganar? Você sabe que Mariana me deixou por amor a você. Você no fundo sabe que não é verdade tudo o que sua filha te disse. Você está sofrendo, mas não pensou um minuto sequer no sofrimento de sua única filha.

— Mas em mim quem vai pensar? Eu não tenho culpa de conhecê-lo e te amar desesperadamente.

— Maria Alice, acalme-se e me escute. O que você sente por mim não é amor, é apenas uma atração forte; isso é ilusão, você está confundindo tudo.

Maria Alice sentiu a inação do espírito. Naquele momento, era como se um punhal atravessasse seu peito, tentando arrancar um coração que, sem vida própria, era impulsionado apenas pela paixão devastadora, dissipando o pouco que ainda restava de orgulho e dignidade de uma mulher que implorava por algumas migalhas de um homem que não a acolheria em seus braços como um amante, propondo um amor mentiroso, mas que para ela se transformaria na mais esplêndida ilusão carnal.

No auge do desespero imprudente, Maria Alice foi para cima de Gustavo, dando-lhes socos e num repente abriu a porta do carro na tentativa de acabar com aquele sofrimento que não a abandonava, gritando com a emoção cortante atravessada em sua garganta:

— Eu vou provar para você que meu amor é verdadeiro e quanto uma mulher pode ser sincera para com um homem!!!

Quando Maria Alice se jogou, Gustavo a puxou para junto de si com um dos braços, tentando dissipar aquela loucura momentânca. Ele lutava com as próprias forças, tiradas não se sabe de onde, para impedir que Maria Alice cometesse uma loucura imperdoável para seus ensinamentos. Mas Gustavo perdeu a direção do veículo, chocando-se violentamente contra um ônibus que vinha na mão contrária. Gustavo e Maria Alice ficaram inconscientes na hora, presos nas ferragens. Rapidamente pessoas se aglomeraram em desespero, levando as mãos à cabeça e gritando por socorro.

Depois de algum tempo eles foram socorridos pelos bombeiros, que tiveram dificuldade para tirá-los das ferragens, tamanha a colisão. Logo depois, deram entrada no hospital.

Já eram duas horas da manhã quando o telefone tocou, e Fernando atendeu de pronto, pois já aguardavam notícias. Fernando não respondia nada, apenas ouvia a voz que vinha do outro lado da linha, deixando as lágrimas invadirem seu rosto. Assim que colocou o telefone no gancho, seu pai perguntou:

— Em que hospital está seu irmão?

Fernando respondeu ao pai e imediatamente saíram. Estavam havia mais de duas horas esperando ansiosos por notícias. Fernando e seu pai tomaram vários cafés, até que veio uma enfermeira falar com eles.

— Como meu irmão está? Quando poderemos vê-lo?

— Espero que se mantenham calmos. Eles sofreram um acidente violento de carro; neste momento ele está em cirurgia.

— Mas que tipo de cirurgia?

— Tenham um pouco de paciência que o médico, assim que terminar, virá falar com vocês.

— A senhora falou "sofreram"? Tinha mais alguém com Gustavo?

— Tinha uma jovem senhora; seu nome é Maria Alice, vocês a conhecem?

Fernando olhou para os pais, sem entender, e em seguida perguntou:

— E como ela está?

— Bem, infelizmente, ela faleceu.

Adélia começou a passar mal. Se não fosse Armando, teria ido ao chão. Um médico veio atendê-la, e ficou por algum tempo em um quarto para se recuperar do susto. Passada mais de uma hora e meia, chegaram Norma, Júlia e Alberto.

— Meu Deus, não posso acreditar!

— Calma, Júlia... Fica calma... Meu irmão vai sair dessa, você vai ver.

Aquela noite foi longa para todos, com um choque atrás do outro. Norma, assim que soube que Maria Alice havia falecido, precisou ser medicada. A melancolia invadiu o coração de todos.

Já estava amanhecendo quando o médico veio falar com a família de Gustavo.

— E aí, doutor, como está meu filho?

— Bem, Gustavo teve mais sorte, mas precisou sofrer uma cirurgia. Aliás, duas.

— Meu Deus!!! Duas?

— É, infelizmente seu filho ficou preso nas ferragens do veículo e precisou operar as duas pernas; por pouco não as perdeu.

— Mas ele vai andar normalmente? Não vai, doutor?

— Bem, é muito cedo para avaliarmos isso. A senhora agradeça por ele estar vivo. Não vou omitir, foi muito grave, tivemos que colocar próteses e vários pinos, e mesmo assim terá de haver um longo tratamento. O que pudermos fazer será feito. E, por favor, não comentem nada, sei que ele poderá perguntar. Limitem-se a dizer que sofreu uma cirurgia; vamos por etapas, não podemos nos precipitar.

— Doutor, o senhor está escondendo alguma coisa?

— Como eu disse, foi grave. Senhora, só o tempo vai dizer se Gustavo terá algum tipo de problema.

— De que tipo de problemas o senhor está falando, doutor?

— Mãe, vamos esperar como o doutor está pedindo. O importante é que Gustavo sobreviveu.

— Quando vamos poder vê-lo?

— Se quiserem ir para casa comer alguma coisa, podem ir, porque só vão poder vê-lo daqui três ou quatro horas. Ainda está na sala de recuperação, e só poderá ir para o quarto assim que estiver bem.

— Obrigado, doutor.

— Gostaria de pedir um grande favor. Vocês conhecem a família de Maria Alice? Trouxeram sua bolsa, mas não havia nenhum telefone pelo qual pudéssemos avisar a família, somente uma identidade. Sei que é uma situação bastante delicada, mas os familiares dela devem estar muito preocupados.

— Pode deixar, eu vou pessoamente conversar com a família — disse Júlia, firme.

O médico se retirou. Júlia, Norma, Alberto e Fernando foram para casa de Álvaro; Armando e Adélia permaneceram no hospital, preferiram esperar lá mesmo para verem o filho.

Assim que chegaram na casa, sentiram um clima de preocupação. Estavam todos ansiosos esperando por uma notícia de Maria Alice. Quando Álvaro viu Norma, acompanhada de Alberto, Júlia e Fernando, levou as mãos à cabeça, sentiu um arrepio percorrer seu corpo e, desalentado, perguntou:

— O que houve?

Norma dispensou os cumprimentos, pois sentiu a amargura de Álvaro.

— O que aconteceu? Aconteceu alguma coisa com Maria Alice ou com Mariana? Falem, pelo amor de Deus! Por que estão aqui tão cedo?

— Calma, Álvaro.

Norma se condoeu de Álvaro. Chorando muito, não conseguiu dizer uma só palavra.

— Seu Álvaro, sua esposa sofreu um acidente de carro e infelizmente não resistiu...

— Fernando, você está dizendo que Maria Alice morreu?

— Infelizmente, sim.

Álvaro ficou completamente desorientado. Pensou que naquela hora de dor de nada valia ter poder e dinheiro.

— E como foi isso? Ela estava sozinha?

— Não, seu Álvaro. Estava com meu irmão. Mas ainda não sabemos o que realmente aconteceu.

Álvaro, embora sentisse uma dor no peito, não se admirou pela sinceridade de Fernando.

— E Gustavo como está?

— Felizmente está vivo, mas muito machucado, acabou de sair de uma cirurgia.

Álvaro se sentou e, passando as mãos pelos cabelos, disse magoado:

— Pelo menos partiu perto de quem queria. Meu Deus!!! E Mariana, já sabe?

— Não teve como esconder. Quando Patrícia ligou ficamos muito abalados, e ela acabou acordando com o movimento da casa. E foi preciso contar, não podíamos esconder um fato como esse.

— Eu entendo, Alberto. Mas ela já sabe sobre a mãe?

— Não. Só sabe sobre o acidente, e que Gustavo está internado. Achamos melhor que o senhor, como pai, estivesse a seu lado.

— Ela vai precisar de você, Álvaro, quando souber da mãe, por isso deixamos que você contasse a ela.

— Meu Deus!!! Como vou fazer isso?

Norma sofria em segredo por Álvaro. Nunca entendeu essa relação louca deles.

— E como minha filha está?

— Está em desespero, mas não quis nos acompanhar. Disse que não conseguiria ajudar em nada; pelo contrário, só iria atrapalhar.

— Seu Álvaro, lamento muito por tudo isso.

— Eu também, meu jovem. Mas a vida não perdoa, ela é muito dura, mas também ensina.

— Álvaro, precisa de alguma coisa? Quer ir para minha casa?

— Não sei, Norma. Não sei o que fazer.

— É melhor Álvaro vir conosco, vai ser bom estarmos todos juntos quando Mariana souber.

— Obrigado, Alberto. Eu vou terminar de me arrumar e vou com vocês.

Norma tentou esconder seu sofrimento, mas não conseguiu, e chorou copiosamente. Mas ela tinha Alberto, que a abraçou com carinho:

— Eu sei quanto está sofrendo. Mas eu estou aqui. — Norma apertava Alberto em seus braços, deixando extravasar um sentimento que só ele entendia.

Assim que Álvaro ficou pronto, foram todos para a casa de Alberto e Norma.

Luís e Rita sabiam que sua tarefa se iniciaria, e com amor e perseverança foram ficar ao lado de Mariana até que eles chegassem para dar a notícia. Mas Luís confiava na força de Mariana. Embora passasse a imagem de menina frágil, Mariana havia amadurecido muito com os últimos acontecimentos.

23

A descoberta do desencarne

Gustavo ainda estava sob efeito da anestesia. Maria Alice ainda não havia percebido que já não pertencia mais a este mundo, e com paixão conversava com Gustavo.

— Gustavo, meu amor, me perdoe; não queria que nada disso acontecesse, mas vou ficar a seu lado o tempo que precisar. Por que fui fazer uma loucura dessas? Por minha causa está aqui, enfiado em uma cama de hospital, mas prometo que vou cuidar de você.

Maria Alice chorava muito, e ficou ali até que Gustavo pôde ir para o quarto. Assim que acomodaram Gustavo na cama, Adélia e Armando entraram, chorando muito ao ver o estado de seu filho, completamente machucado, cheio de ferros e cabos finos de aço por toda a extensão de seus membros inferiores. Armando abraçou a mulher e, emocionado, disse:

— Venha, Adélia, vamos fazer um prece para nosso criador, pedindo auxílio dos médicos, trazendo tratamentos espirituais.

Maria Alice em um canto acompanhava a oração que faziam com muito fervor. Preferiu não se aproximar, mas ficou ali, sem entender por que os pais de Gustavo não olhavam para ela. Apenas ficou quieta para não aborrecer. Eles poderiam perfeitamente pedir que ela se retirasse.

Luís e Rita, assim que chegaram, se aproximaram de Maria Alice, e a cumprimentaram com ternura:

— Quanto tempo, Maria Alice!

— Quem são vocês? Eu não os conheço! Quem deixou vocês entrarem?

— Eu sou Luís, e ela é Rita, viemos te buscar!

— Buscar para quê? Eu não vou sair daqui! E é melhor vocês irem embora, porque os pais de Gustavo poderão colocar nós todos para fora; é muita gente no quarto, e Gustavo precisa descansar!

— Os pais de Gustavo não podem nos ver. E não podem vê-la também.

— Como não? É melhor saírem; daqui a pouco vão me fazer sair também!

— Maria Alice, não pode ficar mais aqui, Gustavo tem que seguir seu caminho, e você o seu.

— Mas não vê que sofremos um acidente? Veja como ele está! Tudo por minha culpa. Eu não saio daqui enquanto Gustavo não sair.

— Maria Alice, eu sei que sofreram um lamentável acidente, mas só Gustavo se salvou.

— Como só Gustavo se salvou? Não está me vendo aqui, não?

— Maria Alice, eu e Luís podemos vê-la perfeitamente, mas as pessoas que vivem no corpo de carne não podem, com exceção de alguns poucos encarnados que possuem o dom da visão.

— Rita! Por favor, só explique o necessário. Você é impulsiva; em vez de ajudar vai deixá-la mais confusa.

— Ah... Desculpa, Luís... Você enfeita muito. Ela tem que saber logo que já não tem o corpo de carne.

— Rita! Mas que coisa!!! Você, sempre que vem para cá ajudar em algum socorro, sai atropelando as coisas.

Rita se calou com um bico contrariado. Rita era uma linda jovem de apenas 16 anos, que estudou com Luís e Gustavo quando ainda viviam aqui na Terra. Sua alma já havia passado por vários processos de aprendizado, adquirindo muita luz. Rita amava Luís e Gustavo, pois haviam trilhado um bom período juntos. Conheceram-se ainda na pré-escola, com exceção de Luís, que já estava mais adiantado, pois era o mais velho dos três irmãos. Eram inseparáveis; Rita dizia sempre que quando crescesse casaria com um dos dois — fizeram até um juramento inocente.

Mas, infelizmente, quando Rita completou 16 anos, teve câncer no fígado. Seus amigos fizeram uma campanha fervorosa para conseguir doadores, mas como tudo tem um porquê Rita desencarnou. Mas antes jurou aos meninos que, se não resistisse à espera e tivesse que partir, os esperaria em outra dimensão; é claro que os meninos riam quando Rita falou aquilo, de outro lugar, outra dimensão, outra vida, mas concordaram para não contrariá-la. Mas aconteceu exatamente como Rita disse, pois ela já era um espírito bastante adiantado; apenas veio cumprir poucos anos de resgate, e voltou logo para o plano espiritual. Sua alma sabia mais do que um corpo carnal poderia registrar. Tinha a certeza de outras vidas, e de que nada morre, tudo se transforma. E cumpriu sua promessa ao pé da letra. Assim que soube que Luís voltaria ao plano espiritual, deixou seus superiores loucos, no bom sentido, até conseguir licença para acompanhar o desenlace do amado amigo, que por sua vez não demorou muito para reconhecê-la, já que a menina Rita repetia tanto a passagem dos três na Terra — enquanto Luís não se lembrou de tudo, não sossegou.

Luís e Rita, sempre que podiam, se viam. Quando deram permissão à menina de vir à Terra para uma empreitada junto de Luís, explodiu de felicidade, mas precisou treinar muito sua impulsividade e espontaneidade para contar coisas não permitidas. Como era muito avançada no entendimento sobre a passagem, achava que todos eram iguais, mas acabava atropelando o curso da história encarnatória de muitos espíritos que ainda não tinham o preparo necessário para entender com tanta naturalidade. Para ela, tudo era muito natural: viver na Terra ou em qualquer outro plano. Tudo era vida, não era? Para que complicar se todos terão que aceitar, independentemente de religião, cor, idade ou raça. Vida é vida! Então se deve viver da melhor forma possível.

Maria Alice ficou olhando os dois discutirem, não entendendo nada, e nervosa perguntou:

— Do que estão falando? Por que só vocês me enxergam?

— Quer que eu explique, Luís?

— Não. É melhor ficar quieta, deixa que eu explico. Maria Alice, você não pertence mais a este plano.

— Que plano, rapaz? Fala logo, já estou impaciente!

— Tá vendo? Até ela está impaciente — disse Rita.

— Foi como você disse. Sofreram um acidente, você não resistiu e faleceu.

— O que, por sinal, foi você mesma quem provocou — concluiu Rita, olhando para Luís esperando que ele brigasse, mas Luís apenas olhou para ela e continuou:

— Maria Alice, você já não faz parte deste mundo, mas poderá vir comigo. Com o tempo vai entender muita coisa. Precisa de tratamento também, não vê que está com um ferimento grave em seu peito?

Maria Alice se desesperou tanto quando viu Gustavo todo machucado na cama que nem se deu conta de que estava sangrando muito. E, passando a mão sobre o ferimento, sentiu um torpor.

— Não é possível! Não morri, não! Você está inventando só para me separar de Gustavo. Vão embora... Vão embora...

Quanto mais Maria Alice se alterava, mais sangue saía de seu peito. Começou a sentir uma dor insuportável, correu para cima de Gustavo na tentativa de provar que eles estavam enganados. Mas quando se arremessou sobre ele, viu que atravessou a cama. E, num desiquilíbrio aterrorizante, gritava:

— Gustavo, o que está acontecendo? Não consigo tocá-lo como antes, não pode ser! Eu não morri.

— Maria Alice, vamos comigo. Você precisa de cuidados médicos.

— Você quer me deixar louca? Como quer me levar aos médicos, se diz que morri?

— São outros médicos, mas garanto que ficará boa também, precisa curar essa ferida, vamos comigo.

Maria Alice encostou seu rosto no rosto de Gustavo, e desesperada chorou copiosamente:

— Estou viva! Estou viva!!

Gustavo se mexeu na cama, voltando da sedação, e sem conseguir abrir os olhos gemeu de dor.

— Calma, meu filho querido, eu e seu pai estamos aqui com você.

Adélia pegou na mão do filho, e fez um prece para que ele voltasse para a realidade com o espírito fortalecido.

Em um repente, Gustavo reviveu a cena apavorante em que ele se chocava contra o ônibus. Sem conseguir abrir os os olhos, deixou as lágrimas lavarem seu rosto. Gustavo apertava a mão da mãe e se remexia violentamente na cama. Adélia chorava junto com o filho, com medo que aqueles pesadelos voltassem. Muito revoltada, repetia:

— Meu Deus, não abondone meu filho!!! Por que ele tem que passar por tanta provação assim? O que o senhor quer mais dele? Pois prefiro que o leve de vez do que o ver sofrer tudo de novo aquele terror.

Armando abraçou a esposa tentando ser forte e, no auge de dor, chamou por Luís pela primeira vez depois que ele partiu. A cena era desoladora. Mas Luís e Rita espalmaram suas mãos sobre eles, suplicando ao Altíssimo misericórdia. O quarto se iluminou com luzes coloridas. Ficou apenas uma verde sobre Gustavo, retirando as dores insuportáveis, não só do corpo físico, mas as dores da alma, que sentia por tudo o que estava acontecendo em sua vida.

As lágrimas que Adélia deixava rolar pelo seu rosto de medo e desespero se transformaram em súplica por perdão por ter duvidado de Deus, e com emoção conversou com o filho amado:

— Armando!!! Luís está aqui!!! Eu sinto, eu posso ouvi-lo!!!

— Mãe, querida, nunca duvide de Deus. Por mais que passemos por provações dolorosas, será para nosso adiantamento. Não deixe outras energias que não sejam de amor, perseverança, paz e compreensão penetrarem seu coração. Confie, eu amo muito Gustavo e vou sempre estar a seu lado. Tenha tolerância, Gustavo ainda vai precisar muito de todos vocês. E, sempre que a senhora ou o pai se lembrarem de mim, podem ter certeza de que junto de vocês estarei.

O casal estava emocionado, e fez seu agradecimento. Maria Alice, a um canto, estava com os olhos arregalados por tudo o que presenciou, confirmando que realmente havia morrido.

Luís tentou mais uma vez pedir que ela o acompanhasse, mas ela ainda estava ligada a Gustavo. Teria que ter paciência, e trabalhar muito a memória de suas vidas passadas, adquirindo entendimento, até que aceitasse por conta própria acompanhá-los. Também sabia que Gustavo sofreria com suas investidas, pois a ideia de se afastar dele lhe causava desespero. Rita se aproximou de Maria Alice tentando controlar sua impulsividade:

— Maria Alice, está convencida de que não pertence mais a este mundo?

Maria Alice pendeu a cabeça em suas mãos e se calou.

— Maria Alice, vamos conosco, assim que se recuperar e estiver melhor voltamos para visitar Gustavo.

— Não... Não pode ser, eu fiz tudo por amor. Vocês também não me entendem!!! Eu amo Gustavo, e vou ficar aqui com ele, não conseguiria viver sem ele — gritava, blasfemava com uma ira que a enlouquecia.

Luís olhou para Rita, e não precisou dizer nada. Fizeram uma prece para sustentar Maria Alice por algumas horas. Assim que terminaram, Rita se aproximou de Gustavo, pousou um beijo em sua testa, e em seguida saíram volitando pelos céus. Gustavo, bem mais sereno, abriu os olhos, e se viu em cima de uma cama de hospital, com suas pernas presas para o alto sobre a cama, e gemeu de dor ao tentar levantar a cabeça para ver o tamanho do estrago. Com senso de humor, pois era só o que lhe restava nos últimos dias, disse:

— Eu estava mesmo precisando de férias!!!

Armando passou a mão em seus cabelos, e com um sorriso amarelo descontraiu:

— É, meu filho, veja pelo lado bom da coisa. Vai receber muitas visitas.

— Ai, pai, ai, mãe... Só dou trabalho para vocês, me perdoem.

— Eu tenho que admitir que nos últimos meses "só dá Gustavo" — brincou a mãe.

— Meu filho, como é bom vê-lo aqui inteiro.

— Quer dizer, meio, né?

— Para de falar bobagens; logo vai estar em plena forma.

— Mãe, foi horrível. Nunca pensei que sofreria um acidente tão grave.

Gustavo logo lembrou que Maria Alice estava com ele, e perguntou por ela:

— Mãe, como está Maria Alice? Eu sei que devem estar pensando mil coisas, mas preciso saber; depois eu explico tudo.

Adélia olhou para Armando e baixou a cabeça.

— Mãe... Olha para mim, mãe... O que aconteceu?

Maria Alice se levantou e se aproximou de Gustavo.
— Fala, mãe... Por favor.
— Ah, meu filho...
— Fala, mãe... O que houve?
— Maria Alice não resistiu aos ferimentos, e infelizmente faleceu.
— Não, mãe... Não pode ser... Vai ver a senhora se enganou e...
Armando não deixou o filho completar o raciocínio, e interveio:
— Não, meu filho, infelizmente não houve engano nenhum, ela faleceu mesmo.
— Pai, pelo amor de Deus!!! O senhor e a mãe estão me enganando por eu ter estado com ela... Não é isso?
— Não, meu querido... Jamais eu e seu pai o enganaríamos com um fato como esse. Infelizmente, Maria Alice desencarnou.
— Que inferno!!! O que falta mais acontecer com essa minha vida desgraçada?
— Por favor, não fale uma coisa dessas, pelo amor de Deus.
— Que pelo amor de Deus o quê!!! Onde está esse Deus que faz uma coisa dessas comigo? Tudo o que fiz foi exatamente tentar que ela não partisse!!!
Gustavo fechou os olhos e chorou baixinho, reprimindo a revolta e a descrença na vida. Maria Alice se aproximou de Gustavo e o abraçou, chorando junto dele, e, com certo gosto em vê-lo sofrer por ela, falava com paixão:
— Por que me rejeitou? Por que, meu amor? Eu não pedia muito, apenas que me acolhesse em seus braços, e me amasse.
Maria Alice beijava seus lábios com paixão, e falava em seu ouvido:

— Ah... Gustavo, como te amo!!! Tudo poderia ser diferente. Tá vendo? Agora está sofrendo, mas se acalme, não vou deixar você, vou ficar aqui até que fique bom. Eu te amo, confia em mim, não vou deixá-lo.

Como se estivesse sentindo todo o amor do coração dela, Gustavo gritou:

— Eu quero morrer! Eu quero morrer! Não aguento mais viver... Por que Deus não me levou também?

Gustavo arrancou com violência a medicação intravenosa que recebia, machucando seu braço. Armando tentou segurar suas mãos, mas Gustavo estava violento. Sua mãe saiu pelo corredor pedindo ajuda. Logo veio o médico, que aplicou um sedativo forte, e ele tombou na hora.

Maria Alice chorava copiosamente e, em estado débil, colocou as mãos na cabeça. Andava de um lado para outro, desesperada. Ficou assim por horas, sem parar um minuto sequer. Até que a exaustão tomou conta de seu perispírito, e ela se deitou ao lado de Gustavo.

Os pais de Gustavo saíram do quarto para que ele pudesse descansar. Armando pousou o braço no ombro da esposa, e foram comer alguma coisa.

24

Mais um choque

Mariana estava aflita quando chegaram, e saiu apressada para recebê-los. Quando viu seu pai entre seus tios, Júlia e Fernando, sentiu seu corpo todo estremecer. Álvaro não disse nada, apenas abraçou a filha, desalentado. Mas Mariana afrouxou o abraço, e o olhou assustada:

— Pai, por que está aqui? Eu já sei o que aconteceu com Gustavo. O senhor foi vê-lo no hospital? Como ele está? Pelo amor de Deus, fale logo!!!

— Mariana, sinto muito por Gustavo, e sinceramente espero que ele fique bom. Mas o que me trouxe aqui não foi Gustavo.

Mariana olhou assustada para todos à sua volta, tentando entender.

— Júlia, tia Norma, tio Alberto, o que foi então? Digam logo.

Júlia abraçou Mariana e, sem rodeios, contou:

— Mariana, você tem que ser forte. Sua mãe faleceu!!!

— Como? Não é possível!!! O que mais me falta acontecer? Isso não é verdade!!!

— Infelizmente é, minha filha, sua mãe partiu.

— Ela estava com Gustavo no carro — disse Fernando, penalizado.

Mariana caiu ao chão, e gritava sem cessar. Sentiu como se uma faca entrasse em seu peito sem piedade. Álvaro deixou que as lágrimas fluíssem sem vergonha nenhuma. Sem forças para socorrer Mariana ao chão, saiu correndo para o jardim. A cena era lamentável e sinistra. Alberto, com a ajuda de Fernando, recolheu Mariana do chão, e a sentou no sofá. A menina olhava fixo para um ponto qualquer, e como se estivesse anestesiada não conseguia entender por que a vida fora tão violenta e cruel. Júlia lhe trouxe um calmante, que sua mãe havia pedido, e ajoelhando-se em frente à amiga disse:

— Mariana, tome este remédio, vai lhe fazer bem.

Mariana não reagiu para tomar o remédio; olhava para Júlia por olhar, pois sentia a melancolia invadir cada pedacinho de seu corpo.

— Mariana, preste atenção. Você precisa ser forte, é muito triste tudo o que está acontecendo, mas está em suas mãos aceitar esse fato ou se entregar sentindo pena de si mesma. Se aconteceu isso é porque tinha que acontecer. E o que você tiver que passar ninguém vai passar por você. Sei que já ouviu muitas vezes essa frase, sem se importar realmente com o que ela significa. Mas ela é a pura realidade, seja ela boa ou ruim. Vamos, tome este remédio.

Alberto colocou o comprimido na boca de Mariana, e pôs o copo em sua mão.

— Vamos, Mariana, reaja — disse Alberto, firme.

Ele conseguiu fazer com que Mariana tomasse o remédio, e a levou para o quarto. Seu tio foi duro, mas sabia que a menina precisaria de um tempo para chorar sua dor.

Todos passam por essas tristes despedidas. Não há avisos, nem dia, nem hora. Não há cor nem raça. Não há sexo, não há idade. Simplesmente tem-se que partir. Aí, sentimos nossa impotência diante de Deus, ou de qualquer outra força infinita em que acreditem. Nós que ficamos nos lamentamos; outras vezes nos cobramos, muitas outras achamos que tudo acabou, que aquela resposta que demos para um irmão poderia ter sido engolida, que aquela bronca que demos em nosso filho poderia ter sido apenas um diálogo, que aquela festa, viagem, aquele passeio poderia ter sido mais proveitoso. Enfim, fazemos uma reforma íntima naqueles poucos momentos em que sofremos, mas logo nos esquecemos de tudo e continuamos a praticar as mesmas faltas, e só nos lembramos novamente porque chegou a vez de nos despedirmos de mais um irmão que foi importante para nós. Por esses motivos gostaria de esclarecer e tentar passar a todos vocês, leitores, que não precisam sofrer desesperadamente, que não precisam se arrepender sentindo remorsos para o resto de seu dias, fazendo com que sua alma fique amarga. Porque com certeza vocês irão reparar de um jeito ou de outro. Nossa maravilhosa vida não termina com a morte carnal. Mas, se pudermos ser pessoas melhores, por que deixar as marcas em nosso espírito, prolongando o adiantamento da evolução de cada um? Façam sempre uma reforma íntima. Todos nós, seres viventes, estaremos contribuindo assim para um mundo melhor. E, se muitas vezes deixamos tudo para depois, para nosso Criador tudo tem seu tempo e sua hora, nunca antes nem depois, mas naquele exato momento. E lembrem-se todos: no exato momento nós estaremos em sua agenda. Sejam melhores.

Mariana, depois de chorar muito, adormeceu. Norma, preocupada com Álvaro, saiu, e o encontrou sentado no banco em que um dia ele e Maria Alice se sentaram para namorar. Álvaro adorava ficar no meio das flores observando a natureza; ficava encantado vendo as formigas fazendo um sacrifício danado para armazenar seus alimentos. Colocava farelos de pão em sua mão só para ter o prazer de admirar a sabedoria de Deus, os pássaros.

Norma não quis atrapalhar seus pensamentos, e virou-se para sair, mas Álvaro a chamou:

— Não vá embora, Norma, fique aqui comigo.

Norma se sentou a seu lado.

— Como está minha filha?

— Fique tranquilo, Alberto lhe deu um comprimido e a fez deitar.

— E você como está?

— Eu nem sei mais o que sinto. Nos últimos dias minha vida virou de pernas para o ar.

— Eu sinto muito por Maria Alice partir assim. Ela estava sempre inventando as suas, mas não podia morrer, era muito jovem!!!

— Norma, admiro sua generosidade; nunca negou sua amizade por nós.
— E por que negaria?
— Por tudo o que fiz a você.
— Por que lembrar disso agora? Já passou tanto tempo. Venha, não quero que fique aí sozinho.

Quando Norma se levantou, Álvaro pegou em sua mão. E pediu, desesperadamente:

— Me abrace, Norma, sei que não mereço, mas me ajude, me ajude, por favor.

Norma o abraçou apertado, sentindo seu coração bater descompassado, e reviveu todo o amor que um dia tiveram.

— Norma, o que vai ser de mim agora? Como vou viver sem ela? Sei que ela nunca me amou, mas era bom tê-la aqui.

Norma engoliu seu amor, e afrouxando seu abraço disse carinhosamente:

— Eu sei quanto está sofrendo. Eu sinto muito, Álvaro. Vem, vamos tomar um café. Você precisa comer alguma coisa, seu dia vai ser desgastante; tem que ir ao hospital e providenciar o enterro.

— Norma, você não existe mesmo!!!

Depois, mais refeito, Álvaro foi ao hospital, e providenciou o sepultamento de Maria Alice. Alberto e Fernando o acompanharam. Júlia ficou com sua mãe para confortar Mariana assim que ela acordasse.

— Mãe, estava pensando aqui... O que houve antes do acidente? Por que estavam juntos? Isso está muito estranho.

— Júlia, não faça julgamentos precipitados. Quando Gustavo tiver condições vai explicar.

— Sinceramente, não sinto a morte de Maria Alice; só sinto por Mariana. Ela não merecia passar por tudo isso.

— Júlia, tenha compaixão!!!

— Desculpe, mãe, mas não consigo; não é porque ela morreu que vou me lamentar ou fingir algo que não sinto.

— Júlia, por que nunca gostou de Maria Alice?

— Ah, sei lá. Nem eu mesma consigo explicar, e eu sei que ela também não gostava de mim.

— Como pode dizer uma coisa dessas? Maria Alice tinha lá seu gênio, mas nunca demonstrou que não gostava de você.

— Ah, mãe, quer saber? Vamos deixar esse assunto para lá. Estou mais preocupada com Mariana. A senhora viu como ficou quando soube que Gustavo sofreu o acidente? E depois diz que Gustavo não representava mais nada para ela.

— Mariana ama Gustavo, todos nós sabemos e sentimos isso, mas você, minha filha, tem que aceitar as decisões das pessoas. Você queria impor que Mariana ficasse com Gustavo, e não é bem assim que funciona. E se fosse eu que me apaixonasse por Gustavo? Porque considero Mariana minha filha também!!! O que faria?

Júlia tomou um choque, e admirada respondeu, assustada:

— Ah, sei lá, mãe. Aí não sei. Credo!!! Que pergunta mais sem cabimento.

— Está vendo como ficou? Foi assim que Mariana se sentiu; não sabia como agir. E depois de pensar muito achou melhor não ficar com ele.

— Ah, mas Maria Alice não merecia que Mariana renunciasse a tudo por causa dela.

— Nós temos todas as soluções quando o problema não é com a gente. Pelos segundos que você se colocou no lugar de Mariana não soube o que responder, imagina tomar uma decisão?

— É, a senhora tem razão. Que desgraça pairou na casa de tio Álvaro!!!

Norma pensou em Álvaro, mas não disse nada; com o tempo ele iria se recuperar.

— Bem, minha filha, vamos deixar de conversa e ver como está Mariana.

25

Tentativa de ajuda

Álvaro, depois de reconhecer o corpo de Maria Alice, com ajuda de Alberto tratou do sepultamento.

Ele não conseguia acreditar que tinha perdido a esposa; era quase impossível se controlar diante de uma situação daquelas. Mas Alberto estava ali para doar toda a sustentação de que precisava.

Fernando entrou no quarto do irmão, e ainda o encontrou dormindo; ficou muito preocupado.

— Pai, mãe, por que Gustavo ainda dorme? Já não era para ter despertado?

— Era sim, meu filho, mas logo ele vai acordar.

Armando não queria contar para Fernando o que havia acontecido, mas foi em vão.

— O que estão escondendo? Eu conheço o senhor muito bem.

— Ah, meu filho, Gustavo está completamente abalado.

— Também, mãe, não é para menos. Acabou de passar por uma cirurgia, está com todos esses ferros na perna.

— Mas minha preocupação é outra, meu filho. Quando soube da morte de Maria Alice, ficou completamente desnorteado, e meu medo é ele se culpar novamente e ficar daquele jeito que você sabe.

— Mãe, não vai acontecer nada disso, não fica assim.

Fernando abraçou a mãe, confortando-a. Patrícia aproveitou a hora do almoço e veio ver o irmão. Assim que entrou, e viu o estado dele, começou a chorar; carinhosamente se aproximou na tentativa de passar boas energias:

— Oh, meu irmão!!! Fique tranquilo, sua família toda está aqui ao seu lado. Você é forte, já passou por muitas coisas, vai superar essa também.

Fernando e seus pais se aproximaram abraçando Patrícia, e juntos elevaram o pensamento a Deus.

Maria Alice despertou assustada com muitas luzes que iluminavam todo o quarto. Olhava admirada para os homens de branco que examinavam Gustavo como quaisquer outros médicos, e faziam assepsia no local da cirurgia, e também em todos os outros ferimentos, aplicando em seguida um líquido de cor perolada, que deduziu que fosse remédio. Quando terminaram, todos juntos impuseram suas mãos sobre o corpo de Gustavo, que se iluminou com a cor verde suave e brilhante. Depois fizeram agradecimentos reverenciando Deus por tão proveitosa tarefa. Logo em seguida se dirigiram para a porta, ultrapassando-a em direção a outros quartos. Maria Alice não entendeu por que eles também não cuidaram de seus ferimentos. Desesperada, saiu pelos corredores na tentativa de falar com eles, mas só encontrou outros como ela — uns com suas feridas expostas, outros no canto chorando, e muitos outros em roda como se estivessem fazendo uma reunião. Maria Alice passava se esquivando dos mais abusados que tocavam nela, e assustada tapou os ouvidos tentando não ouvir seus gritos estridentes. Pensou desesperadamente em sua casa. Como gostaria de estar lá em segurança. Como gostaria de poder estar em seu quarto. E, num passe de mágica, se encontrou dentro dele. Ela não estava entendendo nada:

— Como vim parar aqui? Como consegui chegar em minha casa?

E logo responderam:

— Não está entendo nada, não é mesmo?

Maria Alice olhou e viu um casal entrando pela porta de seu quarto, rindo muito. Continuaram:

— É, dona Maria Alice!!! Como é bom desejar alguma coisa, ou estar em algum lugar, e rapidamente, puf, seu desejo ser concedido. Ainda mais para você, que sempre teve todos os seus desejos atendidos. Mas tem que ter muita força de pensamento, senão vai parar em outro lugar. Até que para inciante já está muito esperta!!!

— Quem são vocês? Como entraram aqui em minha casa?

— Nossa!!! É assim que nos trata? Já nos conhecemos há muito tempo!!! Faz muito tempo que vivemos aqui com você. Não é, Ana Maria?

— Meu nome é Ana Maria, mas pode me chamar só de Ana.

— E o meu é seu José, mas pode me chamar apenas de Zé.

Ana Maria usava um vestido colado ao corpo com um grande decote, deixando à mostra suas formas atrevidas. Tinha os cabelos pretos que chegavam até a cintura. Em seus braços havia tantas pulseiras douradas que ofuscavam a visão de quem olhasse. Zé era um homem alto, até que charmoso. Usava calça e camisa pretas e um chapéu tipo cartola que lhe dava um ar elegante.

Maria Alice olhava para tudo aquilo sem entender nada. E, sem se intimidar, disse:

— Como moram aqui? Eu jamais permitiria que pessoas como vocês vivessem em minha casa.

— Pessoas??? — Seu Zé deu uma gargalhada sonora e continuou: — Já fomos pessoas, agora somos isso que está vendo. Além do mais, era você mesma quem nos chamava.

— Eu os chamava? Vocês estão completamente loucos!!!

— Dona Maria Alice, tem muita coisa que com o tempo vai saber e aprender. Já deve ter ouvido que somos o que vibramos.

— Não, nunca ouvi nada disso!!!

— É mesmo, me esqueci de que nunca foi adepta das leituras religiosas, mas não faz mal, eu também não.

Seu Zé e Ana Maria davam gargalhadas gostosas.

— Mas, como eu ia dizendo, dona Maria Alice, a senhora nos chamava sim. Não era feliz em provocar os homens? E tem mais, quando os deixava loucos de desejo, puf, saía fora. Isso não se faz, foi muito má. Ser desejada era o que mais a deixava feliz. Se sentia poderosa, não estou certo? Se eu não estiver, pode dizer.

Seu Zé era irônico, e gostava de provocar os desencarnados; gostava de revelar suas verdades, se divertia muito, mas também ensinava. E às gargalhadas esperou pela resposta de sua mais recente aluna.

— Não sei do que está falando.
— Ah, não sabe? Dona Maria Alice, não precisa esconder seus desejos, ninguém pode nos ouvir mesmo. Aliás, essa é nossa vantagem, os encarnados não podem nos ouvir. Mas claro que toda regra tem suas exceções. Vou lhe contar um segredo.

Seu Zé chegou bem perto de seu ouvido e falou baixinho:
— Tem alguns que ouvem sim. Com esses não podemos vacilar. Eles chamam uns aos outros e aí, puf, mandam nos prender por um tempo. Mas, como ia dizendo, dona Maria Alice, eu e minha amiga aqui gostávamos quando tinha esses desejos fogosos por sexo; era só a senhora ter vontade e ali estávamos nós. Não é mesmo, Ana? Mas a gente só vinha quando fazia suas brincadeirinhas de beijo, abraço, aperto de mão. A gente até tentava que você fosse um pouco além. É, porque só provocar e sair fora não era legal. Não é mesmo, Ana? Mas quero que saiba que sempre respeitamos seu homem; quando era com ele que se satisfazia, a gente não ficava. Não é, Ana?

Ana Maria foi uma mulher muito bonita quando encarnada. Adorava sexo, bebida, e fumava qualquer tipo de cigarro. Costumava deixar os homens loucos, pena que nem sempre o seu; adorava ir para a cama com os homens de outras, e isso foi cobrado depois. Para deixar essas energias viciosas e subir um degrau tem que ralar muito. Ana Maria era a companheira de seu Zé, e se divertia muito quando chegava um que apreciasse orgias e vícios. Dava muitas gargalhadas da inocência dos que chegavam, crentes de que tudo acabara. De que ninguém sabia de seus mais íntimos segredos, aqueles guardados a sete chaves. Mas gostava também do modo com que seu Zé ensinava, com brincadeiras, de suas ironias — sempre deixava algo de bom. Ana gostava de ver a cara de Maria Alice, aquele ar de dama da sociedade caindo por terra. E, gargalhando, fez que sim com a cabeça. Seu Zé continuou:

— Então, dona Maria Alice, como ia dizendo, sempre respeitamos seu homem. Homem bom, para não dizer bobo. Estava ali mesmo sabendo que a senhora adorava aprontar as suas, não a deixava de jeito nenhum. Pena que não aproveitou a oportunidade. E, voltando àquela dúvida sua, de que somos o que vibramos...

— Eu quero é saber o que querem comigo. É melhor irem embora, não me interessa o que sabem e o que não sabem. Vocês não estão vendo que estou cansada, que sinto muita dor?

— Se a senhora quiser vamos embora, mas estamos aqui para protegê-la de alguns amigos meus.

— Não estou vendo amigo nenhum de vocês por aqui, só estou vendo vocês.

— A senhora se lembra de quando sua filha, Mariana, veio aqui com o coração aberto e lhe perguntou o que sentia pelo tal de Gustavo? Lembra, dona Maria Alice? Pois é, dona Maria Alice, juntou a fome com a vontade de comer. Vocês faziam uma boa equipe. Você queria o tal Gustavo de todo jeito, mesmo passando por cima de todo mundo; eles, com seus desejos, te ajudavam a ter cada vez mais vontade desse tal Gustavo. Sabe, não vou muito com a cara dele. E sabe por quê? Porque ele assanha muito minha companheira aqui!!! Também pudera, vocês não são iguais a nós por um triz.

Maria Alice ficou abestalhada com as descobertas; esfregava as mãos, muito nervosa. Mas, quando pronunciaram o nome de Gustavo, ficou muito brava.

— Deixem Gustavo em paz. Ele está muito machucado no hospital.

— Nós sabemos, Maria Alice. Aliás, é um homem maravilhoso. Sabe que tentei ficar perto dele, mas não me deixaram. Não deixaram nem sequer eu sentir seu cheiro. Mas ele deve ser bom, não é? Pena que não deu tempo de chegar aos finalmente.

— Por favor, deixem-no em paz, e, por favor, quero respeito.

— Que respeito? Que respeito, dona Maria Alice? A senhora teve respeito por sua filha? Não, não teve. Desrespeito não é só ter os mais íntimos pensamentos sacanas, desrespeito não é só cobiçar o companheiro ou companheira do próximo, não é só pensar dia e noite em um homem que não te pertence. Você nunca teve respeito por ninguém, nem mesmo por sua filha. Enquanto ela se arrebentava por dentro, a senhora queria que ela se danasse. Isso sim é falta de respeito.

— Chega, Ana. Vamos só concluir o que viemos fazer. Se ela aceitar, muito bem, se não aceitar, tudo bem também, a gente tem mais o que fazer. Dona Maria Alice, vou falar rápido e claro, por favor preste atenção. Suas vibrações atraíram dois conhecidos meus, que, por motivos que a senhora não vai entender, vão ficar aqui atrás da senhora, até que enlouqueça de uma maneira que nunca imaginou. Por isso, a pedido de velho Pedro, um velho sábio, vim até aqui lhe propor um acordo.

— Que acordo?

— A senhora vem com a gente, só para conversar com ele. Velho Pedro quer te ajudar.

— E depois, posso voltar para ficar com Gustavo?

— Dona Maria Alice, a senhora quer ajuda ou não?

— Mas você não respondeu à minha pergunta.

— As coisas não funcionam bem assim, a senhora morreu, a senhora já era, tudo o que gostaria de fazer com o tal Gustavo não vai dar mais. Olha aqui, minha senhora, eu estou ralando pra caramba para poder subir apenas um degrau, mas não é do meu feitio ficar te convencendo, te paparicar. Comigo é ou não é, já estou ficando mole demais.

— Por favor, seu Zé, diga que posso voltar e ficar com Gustavo.

— Zé, está ficando mole demais, deixe essa deslumbrada aí e vamos embora.

— Espera um pouco, Ana!!! Olha, dona, vou precisar falar com velho Pedro primeiro, não posso fazer as coisas sem ter permissão.

— Está bem, fale com esse velho Pedro, vou ficar esperando sua resposta.

— Desse jeito não vai querer subir um degrau, vai querer virar anjo!!! — disse Ana, com ironia.

— Olha aqui, dona, se eu demorar muito para voltar é porque não deu certo, aí a senhora se vira.

Ana, apressada, pegou na mão de seu Zé e sumiu.

Velho Pedro era um espírito de luz. Muitas vezes alguns mentores se apresentam como pretos velhos, outras como caboclos, e assim por diante. Isso não quer dizer que trabalhem somente em uma linha que requer rituais da cultura dos negros africanos. Muitas vezes se apresentam assim por virem em uma linha ou linguagem em que é necessário esse tipo de transformações. Mas também fazem trabalhos de evangelização em centros kardecistas. E, se for necessário, apresentam-se de outra forma, dependendo da evolução dos seus frequentadores — enfim, se moldam de acordo com o grau de entendimento dos seus adeptos.

E seu Zé e Ana Maria são considerados espíritos ignorantes de baixa vibração devido às suas encarnações anteriores. Mas, para esclarecer o leitor, são todos cooperadores de alguma forma, pois apenas alguns vão aonde outros não têm permissão. (Por isso tenham sempre muito respeito.) Exemplo: um mentor de muita luz muitas vezes não pode chegar tão próximo de espíritos ainda em evolução, muito menos de nós, encarnados, mas não por serem superiores, e sim porque não aguentaríamos suas vibrações. Mas isso não quer dizer que muitos deles não tenham afinidade com alguém encarnado. Em muitos casos esses mentores que já alcançaram sua evolução se dispõem a auxiliar irmãos que para eles foram de muita importância. Nós somos ainda seres muito grosseiros. E teremos muito que evoluir para nos aproximar deles. Por isso existe uma hierarquia. Seu Zé e Ana Maria, sua companheira, estão tentando a estrada da evolução, por isso se dispuseram a ajudar Maria Alice em nome de velho Pedro, que é mentor da casa espírita que Gustavo e sua família frequentam, e também por terem afinidades não só com Gustavo e Maria Alice, mas com muitos outros que fazem parte dessa empreitada. Velho Pedro é um negro muito bom e sábio. Sabia que se viesse conversar com Maria Alice seria mais difícil ela compreender suas intenções, então aproveitou a oportunidade de ajudar seu Zé e Ana Maria, que usam uma linguagem compatível com Maria Alice, e os mandou para que conseguissem levar um pouco de entendimento e aceitação, protegendo-a dos espíritos zombeteiros que a acompanhavam por terem afinidades de vibrações. Luís, que foi irmão de Gustavo, pertence a outra colônia, mas por afinidades passadas, por meio da casa espírita Caminho da Luz. (É assim que existem as comunicações; sempre será usado o templo seja qual for a religião praticante. Todos nós, sem exceção, somos amparados.) Por isso, Luís tem a colaboração não só de velho Pedro, o mentor da casa, mas de todos os outros frequentadores encarnados e desencarnados. Tudo é designado por Deus, todos vocês terão o lugar certo para que possam ser ajudados e orientados.

26

Encarando a realidade

Patrícia não voltou mais para o serviço. Achou melhor ficar com seu irmão no hospital, para que seus pais fossem para casa descansar. Dona Adélia ficou preocupada por Patrícia não voltar para a loja, mas precisava tomar um banho pelo menos. Patrícia não saía de perto de Gustavo; enquanto dormia conversava com ele, para que despertasse mais confiante e mais tranquilo. Orou muito para que seu irmão Luís trouxesse um pouco de paz a Gustavo. Depois pegou o copo com água que havia colocado nas mãos do irmão e molhou seus lábios na certeza de que ele tinha sido ajudado.

E a bem da verdade, as preces de Patrícia foram atendidas. Luís e Rita estavam ao lado de Gustavo, e do outro lado estava velho Pedro.

— Velho Pedro, o que o senhor, com sua sábia experiência, acha de tudo isso?
— Eu não acho nada, minha filha.
— Como assim? O senhor deve ter alguma opinião formada.
— Quando chegar aqui, minha filha, faça uma prece, já será de muito boa ajuda. Eu sei que está muito curiosa, mas não se aflija, quando chegar a hora certa saberá de tudo.
— Puxa, custava o senhor adiantar alguma coisa?
— Rita, velho Pedro sabe muito bem o que faz.
Velho Pedro admirava a curiosidade da menina. E, dando uma sonora risada, respondeu:
— Se você, minha filha, gosta de Gustavo o tanto que é curiosa, ele ficará bom rapidamente.
— É, paizinho, eu quero, com todo o meu amor, que Gustavo fique bom rápido. Mas estou muito curiosa mesmo para saber o que ele e Maria Alice têm a ver um com o outro.
— Tome cuidado, minha filha, sua curiosidade ainda vai te matar.
Luís não aguentou e riu muito de Rita.
— Não tem graça nenhuma, Luís!!!
— Bem, chega de jogar pensamentos fora, e vamos acordar nosso irmãozinho; já está na hora de voltar à vida.
Velho Pedro pediu que Luís ficasse do lado direito do leito, e Rita do lado esquerdo. Velho Pedro se pôs ao pé do leito, e fez sua oração:
— Senhor, sei que sabes mais que este teu humilde servo, mas peço Sua permissão para podermos orar por ele.
Velho Pedro, depois de pedir permissão a Deus, fez suas orações, trazendo Gustavo para a vida.

Não demorou mais de um minuto e Gustavo começou a despertar. Patrícia, feliz, se aproximou do leito e pegou em suas mãos.

— Gustavo, meu irmão, estou aqui perto de você.

Gustavo abriu os olhos lentamente e logo viu sua irmã querida.

— Patrícia!!!

— Que bom que acordou!!! Está muito preguiçoso, viu!!!

Gustavo beijou a mão da irmã, que ele apertava com emoção.

— Não parece que sofri um acidente de carro, mas que uma jamanta passou por cima de mim!!!

— Como estou feliz em poder vê-lo acordado!!!

— E a mãe e o pai?

— Foram para casa descansar, eles estavam aqui desde de ontem de madrugada. A mãe não queria ir não, precisei brigar com ela.

— Puxa, Patrícia, quem bom ver você!!!

Gustavo despertou, e velho Pedro e os outros dois partiram. Gustavo se lembrou de Maria Alice.

— E dona Maria Alice?

— Gustavo, vamos conversar sobre isso se estiver mais calmo. Caso contrário, prefiro nem começar.

— Eu não consigo acreditar que ela partiu.

— Essa situação é muito triste mesmo. Mas o que vamos fazer? Ela partiu, e se você partisse também?

— Seria melhor. Parece que trago azar.

— Não diga isso nem brincando!!!

— E Mariana e seu Álvaro, já sabem?

— Já. Seu Álvaro foi cuidar do sepultamento.

— Ai, meu Deus!!! Mariana deve está completamente abalada, e com muita mágoa de mim.

— Gustavo, foi lamentável, mas essas coisas acontecem.
— E mais uma vez eu estava junto. Quando isso tudo vai terminar? Eu não suporto mais.
— Calma, Gustavo, com o tempo tudo vai passar, você tem é que pensar em você. Você tem que ser forte. Lembra? Uma folha não cai de uma árvore se Deus não permitir.
— Essa frase é muito acolhedora quando falamos isso para os outros. Mas, quando é com a gente, a questionamos.
— Gustavo, ficar revoltado com Deus não vai ajudar em nada. É nessas horas que precisamos nos apegar a Ele.

Gustavo estava tão passado que preferiu não dizer mais nada sobre os provérbios de Deus; só ele sabia o que estava passando. Realmente, quem está dentro de uma situação como essas sofre uma dor terrível. E Gustavo tinha motivo suficiente para não acreditar em Deus naquele momento.

— Você já tem condições de falar sobre o assunto? Eu sei que talvez não seja a hora, mas todos se perguntam por que dona Maria Alice estava com você.

Gustavo começou a contar o que havia acontecido para a irmã. De vez em quando dava uma parada, tomava uns goles de água, pois reviver aquelas cenas todas lhe davam um mal--estar terrível. Patrícia, vendo o estado do irmão, o cortou.

— Chega, Gustavo, já entendi tudo, não precisa mais ficar relembrando.

Patrícia mudou de assunto, procurando animá-lo. Bateram à porta, em seguida entrou o médico que estava cuidando de Gustavo.

— Como está, meu jovem?
— Sinto muita dor.
— Eu sei, mas já deixei prescritos todos os medicamentos. E não quero que sinta dor; a enfermeira já vai trazer o remédio.

— Doutor, quando vou tirar isso tudo?

— É sobre isso mesmo que vim lhe falar. Bem, Gustavo, você vai ficar um bom tempo com todos esses ferros. Você sofreu um cirurgia nas duas pernas, e tivemos que colocar uma prótese e alguns pinos.

— Prótese?

— Isso mesmo, Gustavo. E quero que você entenda que fizemos o máximo possível. Mas, com o tratamento e sua cooperação, vai ficar bom.

— Mas vou ter que ficar com essa prótese pelo resto da minha vida?

— E qual é o problema? Muitos já colocaram e estão bem, só vai depender de você.

— Como depender de mim?

— Gustavo, sinto muito, mas andar como antes só daqui mais ou menos um ano e meio, dois anos.

— O senhor está dizendo que durante dois anos vou ficar sem poder andar?

— Sim, por isso mesmo depende de você. Gustavo, seu acidente foi muito grave, você não perdeu as pernas por muito pouco. Eu gosto de falar abertamente, para que o paciente faça o tratamento correto. Eu sinto muito, mas não escondo o fato real.

Gustavo engoliu o orgulho e deixou as lágrimas caírem.

— Meu jovem, não se lamente, fique feliz por estar vivo!!! Se acalme, fique bem tranquilo.

— E quando meu irmão vai poder ir embora, doutor?

— Para ser sincero, ainda não sei; por favor tenham paciência. Bem, amanhã voltarei pra ver você. E tenha calma, garotão, eu sei que é difícil, e entendo, mas é assim que vai funcionar. Terá um longo tratamento.

O médico omitiu quando disse não saber quando Gustavo teria alta porque ele não se conformaria em ter que ficar quinze dias, ou mais, até que avaliassem bem a cirurgia. Assim que o médico saiu, o doutor Henrique e a esposa chegaram.

— Posso entrar?
— Doutor Henrique!!! Que surpresa!!!
— Como vai, Gustavo?
— É. Acho que vão ter que me aguentar!!! Doutor Henrique, dona Marli, essa é minha irmã, Patrícia, ela os senhores ainda não conheciam.
— Muito prazer.
— O prazer é meu.
— Eu não a conhecia pessoalmente, mas de nome, muito. Guilherme fala muito de você.

Patrícia corou na hora, condenando o interesse por Guilherme.

— Ele não pôde vir conosco, mas disse que mais tarde virá vê-lo.
— A senhora quer dizer bem mais tarde!!!
— É, Guilherme não tem hora para vir, mas disse que nem que seja de madrugada ele vem. Que você pode esperar. Sabe como é, médico não tem hora.
— Que é isso, dona Marli, ele não precisava se incomodar.
— E aí, meu sócio? Como você está?
— Na medida do possível, estou bem.
— Puxa, Gustavo!!! Fiquei chocado quando soube.
— Henrique!!!
— O que é que tem, Marli? Gustavo não tem cerimônia comigo, estamos juntos todos os dias.
— Não precisa se chatear, dona Marli, eu me entendo muito bem com seu marido, fique tranquila.

— Eu sinto muito, Gustavo.
— Eu também. O senhor não avalia o que estou passando.
— Se não quiser falar, não precisa.

Gustavo não queria falar sobre aquele assunto, sentia-se culpado por não ter sido mais amável com Maria Alice. Perguntava-se por que não dera mais atenção a ela. Era só ter tido mais paciência. Mas, como uma hora teria mesmo que repetir o que havia acontecido, achou melhor falar de uma vez. Assim que Gustavo começou a contar o que havia acontecido, Maria Alice se aproximou dele. E não gostou nada de ver todo mundo paparicando Gustavo.

— E essa Marli, o que está fazendo aqui no hospital? Está toda solícita, como se tivesse intimidade com Gustavo.
— E foi isso o que aconteceu. Não sei como vai ser minha vida daqui para a frente.
— O que é isso rapaz? Você não teve culpa nenhuma.
— Será?
— Doutor Henrique, pelo amor de Deus, fala para meu irmão que ele não teve culpa nenhuma.
— Sua irmã tem razão, como você poderia supor que tudo isso iria acontecer? E depois, nós já conhecíamos Maria Alice!!!
— Gustavo, não coloque esse peso nas costas, Maria Alice era nossa amiga, mas ela procurou por isso.
— Ah, sua ordinária. Quem é você pra falar de mim? Ai, que raiva!!! Por que não falei da criança que Henrique e eu tivemos?
— Agora, Gustavo, bola para a frente, com o tempo vai esquecer tudo isso.
— Ah, mas não vai mesmo!!!

Maria Alice ficou tão furiosa que chegou perto de Gustavo e disse:

— Não, Gustavo, você não pode me esquecer!!! Eu te amo demais!!!

Gustavo começou a suar frio e a sentir um mal-estar terrível; foi ficando pálido e com os lábios sem cor. Patrícia percebeu na hora:

— O que foi, meu irmão? O que está sentindo?

— Ai, Patrícia, me pega um pouco de água, por favor.

Maria Alice, sem saber que era ela quem provocava tudo aquilo, se aproximou mais de Gustavo:

— O que foi, meu amor? Fala comigo!!! Também, esses chatos em cima dele. Saiam, saiam daqui, deixem-no em paz — gritava Maria Alice, com ira.

Doutor Henrique e Marli seguravam os braços de Gustavo, que tremia como se estivesse com uma forte febre. Patrícia foi ficando apavorada.

— Por favor, doutor Henrique, chame alguém, pelo amor de Deus!!!

Logo em seguida entraram duas enfermeiras, que disseram, ríspidas:

— Se afastem todos, por favor.

Enquanto uma delas media sua pressão, a outra ligou rápido o balão de oxigênio, e colocou em seu rosto para que pudesse respirar melhor.

— Por favor, chame um médico, sua pressão está subindo!!!

Patrícia, em um canto, chorava copiosamente, e começou a orar com fervor, pedindo ajuda dos guias espirituais. Maria Alice, também apavorada, não saía do lado de Gustavo. Assim que o médico entrou no quarto, pediu:

— Por favor, saiam todos!!! Por favor, só quero aqui comigo as enfermeiras.

Todos atenderam prontamente, até Maria Alice se afastou, assustada.

O médico colocou rapidamente um comprimido debaixo da lingua de Gustavo, e aos poucos ele foi se recuperando. Gustavo se encontrava sob muita pressão: os momentos com Maria Alice antes do acidente, depois a colisão em si, a longa cirurgia, medicamentos e por fim a obsessão de Maria Alice foram fatores essenciais para que ele sofresse uma parada cardíaca. Em muitos casos, ser obsediado por algum desencarnado pode levar a muitas doenças, sem que nunca tenhamos tido sequer uma dor de cabeça. O melhor remédio é elevar o pensamento a Deus, pedir misericórdia e orar muito, independentemente da religião.

A pressão arterial de Gustavo aos poucos voltou ao normal.

— O que aconteceu?

— Sua pressão subiu bruscamente. Como está se sentindo?

— Melhor, estou suando muito, e meu corpo está trêmulo!!!

— Quem está de acompanhante?

— Minha irmã.

— O senhor quer que eu peça para ela entrar? — perguntou ao médico uma das enfermeiras.

— Não é preciso, eu falo com ela lá fora.

Assim que o médico saiu do quarto, foi falar com Patrícia.

— Doutor, como ele está?

— Melhorou, mas ele quase teve uma parada cardíaca.

Patrícia se desesperou, gritando no corredor. O médico a levou rapidamente dali, tentando acalmar-lhe os ânimos. Pediu que uma enfermeira ficasse com Gustavo, e o doutor Henrique e Marli foram esperar na sala de espera.

— Você ouviu o que o médico disse, Henrique?

— Ouvi muito bem. Meu Deus, o que está acontecendo com esse menino?

— Coitado de Gustavo!!! Ele não pode ficar sozinho!!!

— Eu imagino o que ele está passando. Meu Deus!!! O que pensava Maria Alice? Olha só o que arrumou!!! Acabou com sua própria vida, e está acabando com a de Gustavo!!!

— Vire esse boca para lá!!!

— Henrique, é melhor nós irmos embora. Essa noite vai ser longa pra nós. Ainda temos que ir ao velório de Maria Alice. Gustavo precisa descansar.

— Vamos esperar até que sua irmã volte. Preciso saber como Gustavo está.

— Eu acho que as coisas não estão muito bem, não!!!

Depois de meia hora, Patrícia voltou um pouco melhor, mas muito assustada.

— E aí, Patrícia, o que o médico disse?

— Que Gustavo está muito abalado. Que se continuar assim as coisas vão piorar. Que ele precisa de paz, e quanto menos tocarmos no assunto do acidente melhor.

— Puxa, Patrícia, não sei como posso ajudar.

— Não se preocupe, o senhor foi muito gentil em vir visitá-lo.

— Patrícia, nós precisamos ir. Temos que ir ao velório de Maria Alice, mas se precisar pode me ligar. Aqui está meu cartão, vou ficar com o celular ligado. Por favor, não se acanhe, se precisar, pode ligar a hora que for. Só quero me despedir do seu irmão.

— Muito obrigado, doutor Henrique.

Doutor Henrique e Marli se despediram de Gustavo, que já estava mais tranquilo, e foram embora.

27

O início do crescimento

Já era noite quando Mariana estava se arrumando para ir ver a mãe. Norma, Júlia e Alberto a acompanharam. Mariana estava passando por um momento muito difícil. Ela não queria aquilo, mas não conseguia tirar Gustavo de seus pensamentos. Sofria por ele estar na cama de um hospital. Sua alma pedia por ele. Mesmo sabendo que ele estava com sua mãe na hora do acidente. Seu amor era maior do que qualquer outro sentimento de mesquinhez, de ciúme, de traição, e até de perda. Para Álvaro e Mariana, aquela foi a noite mais comprida de suas vidas, a dor era interminável. Havia muitos amigos. Embora muitos soubessem por que e como Maria Alice havia morrido, foram todos discretos, por apreciar a amizade com Álvaro.

Passaram-se quinze dias do acidente e Gustavo teve alta — ele não via a hora de sair do hospital. Mariana não foi visitá-lo. Preferiu não fazer Gustavo e ela mesma sofrer. Júlia lhe contara tudo o que acontecera, e que Gustavo era inocente. Mas Mariana não conseguia acreditar. Para Mariana, eles estavam juntos havia mais tempo, e ela não suportava pensar que Gustavo e sua mãe tiveram seus dias de amor. Embora Mariana estivesse muito magra e abatida, não abandonou seu pai e cuidou dele, que ficou vários dias depressivo, e da agência de publicidade, e ainda fez provas concluindo seu curso. Os dias foram passando, e Mariana foi se tornando uma mulher de verdade. Todos em sua casa, dos empregados a seu pai, esperavam que ela resolvesse tudo. Mariana, com suas duras provações, amadureceu admiravelmente. Tudo era ela quem resolvia, e com muita desenvoltura.

28

Recuperação

Gustavo passava no médico toda semana e, como era muito sacrifício se locomover, devido a todos aqueles ferrinhos espetados em sua perna, parecendo um agulheiro, todos cooperavam; quando Júlia não podia ir levar os processos para que ele estudasse os casos minuciosamente, pois adorava os desafios das brigas judiciais, Fernando era quem ia buscar. Gustavo tinha muitas crises terríveis de mal-estar, de desespero e choro.

Maria Alice não saía de perto de Gustavo, quando não estava na sua antiga casa. Ela sentia fome, fadiga e muita dor no ferimento, mas nada a fazia mudar de ideia. Protelava a cada dia seu desenvolvimento, tudo por acreditar que amava Gustavo desesperadamente.

Marta e outros dirigentes do centro Caminho da Luz iam toda semana dar passes em Gustavo, para que melhorasse de suas crises, o que na realidade eram mesmo um tratamento para que ele também pudesse se libertar da atração inconsciente que sentia por Maria Alice, pois ele a tinha como seu objeto de desejo, que trazia de sua vida passada, fazendo com que ela acreditasse que sem ele não era nada. E todos tinham muita cautela, pois a orientação que vinha do plano superior era de que em hipótese nenhuma Gustavo soubesse, pelo menos não agora. Era um processo perigoso, pois poderia atrapalhar inconscientemente a separação deles. Gustavo se culpava muito pela morte de Maria Alice, mas na verdade sentia falta dela e do seu desejo desesperado por ele. Muitas vezes chorava muito, pois sua provação era exatamente não usá-la, como fez da outra vez, fazendo com que ela também não se libertasse. E isso Gustavo conseguiu. Agora era só questão de tempo, e trabalhar Maria Alice para que o deixasse definitivamente. Pelo menos era o que Luís mais almejava, e foi a seu pedido que seu irmão Gustavo não soubesse da presença de Maria Alice a seu lado.

29

Enfim a rendição

Era um domingo quando a campainha tocou. Adélia foi atender e não acreditou em quem estava parada no portão. Com alegria Adélia foi recebê-la.

— Como vai, minha filha? Quanto tempo!!!
— Posso entrar?
— Claro!!! Vamos entrando.

Assim que entraram, dona Adélia, feliz, disse:
— Estou preparando o almoço, você me faz companhia na cozinha?

As duas foram para a cozinha, e dona Adélia prosseguiu:
— Puxa!!! Há quanto tempo nós não nos vemos!!!
— É mesmo. Para falar a verdade, não sabia se devia vir ou não. Mas minha vontade foi maior.

— Fez bem, Mariana. Quando nos dá aquela vontade incontrolável, desde que seja possível, devemos atender. Hoje estamos aqui, amanhã não sabemos.

— A senhora tem razão.

— Ah, Mariana, eu não devia falar assim, puxa, me desculpe.

— Não se acanhe, é a pura verdade. Hoje nós estamos, amanhã é só por Deus. Mas cadê todo mundo desta casa?

— Ah, foram todos ver os meninos da escolinha de Fernando jogar bola; eles iniciaram um campeonato.

— Puxa, que legal!!!

— E você, minha filha, como está?

— Ah... Estou bem. Meu pai ficou muito doente, aí tive que tocar a agência sozinha.

— Mas garanto que deu conta!!!

— Tinha que dar, não teve outro jeito. Mas não faz mal, isso tudo que aconteceu em minha vida me fez uma pessoa melhor.

Dona Adélia largou o que estava fazendo e foi abraçá-la. Sentiu que Mariana estava melhor, mais segura, estava diferente. As duas choraram juntas de alegria, e de tristeza, por tudo o que aconteceu. Mas foi bom para as duas colocarem tudo o que estavam sentindo para fora, fazendo com que suas almas se sentissem mais leves. Abriram a porta, e Mariana gelou com o barulho, mas era seu Armando entrando.

— Olha quem está aqui, Armando!!!

— Mariana!!! Quanto tempo!!! Puxa, que alegria te ver!!!

— Muito obrigada, eu estava morrendo de saudade de vocês. Aí, vim matar a saudade.

— Nossa, quanto tempo já faz que não vem aqui?

— Se ainda sei contar, mais de seis meses.

— Estou vendo que você está muito bem; não sei o que mudou, mas você está diferente.

— Foi exatamente o que senti, Armando, Mariana mudou, mas está muito melhor.

— E mais bonita também!!!

— Que é isso, seu Armando, são seus olhos.

— Não, minha filha, não são meus olhos, você está muito mais bonita.

— Vai ficar para almoçar conosco, não vai?

— Muito obrigada, não quero dar trabalho. E depois não quero deixar meu pai sozinho; ele agora está bem melhor, mas não gosto de arriscar, tenho medo de que ele fique depressivo outra vez.

— Tudo bem que você se preocupe, mas não pode ter esses pensamentos, tem que pensar positivo.

— É, o senhor está certo. Bem, agora que já matei a saudade de vocês, vou indo.

— Mas ainda é tão cedo!!! Não vai esperar todo mundo chegar? Vão ficar felizes em vê-la aqui.

Quando Mariana ia responder, seu celular tocou, e ela atendeu. Era seu pai dizendo para que ela não se preocupasse, pois Norma e Alberto o convidaram para almoçar com eles.

— Está vendo? Não precisa mais se preocupar, seu pai tem companhia.

— É verdade; se não fosse tia Norma, não sei o que seria de meu pai. Ela e tio Alberto não o deixam um domingo sequer, sempre nos convidam para almoçar em sua casa.

— Que bom, minha filha. Aprenda uma coisa: nunca estamos sozinhos.

— Em compensação, Júlia está sempre aqui conosco. Ouvi dizer por aí que está amando certo rapaz que atende pelo nome de Fernando. Sabe quem é? — brincou seu Armando com Mariana.

— Para de inventar, Armando!!!

— E eu por um acaso estou inventando? Vocês é que não querem enxergar.

— Mas eles estão namorando?

— E aquele traste namora alguém? Só quer é saber de "ficar". Vocês jovens inventam cada coisa para não casarem.

Mariana e dona Adélia riram do jeito de seu Armando.

— O pior é que o senhor tem razão.

— Claro que tenho, minha filha. Daqui a pouco, todos terão seus filhos, mas cada um morando em sua casa. Ninguém quer saber mais de casar e viver até que Deus os separe.

— E Gustavo como está?

Armando e Adélia se olharam, e logo seu Armando respondeu:

— Gustavo ainda não está muito bem. Júlia não contou para você?

— Quase não nos vemos, ela trabalha, eu também. Praticamente não a vejo pelo mesmo tempo que eu não os vejo. Mas o que ele tem?

— Ah, Mariana, ele tem umas crises que parece que vai morrer, é uma luta praticamente todos os dias. Mas tenho fé de que ele vai ficar bem. Agora mais ainda!!!

— Agora mais ainda por quê? Descobriram algum tratamento mais moderno?

— Não é bem um tratamento. Mas vamos esperar, Deus vai fazer tudo como tem que ser feito.

— Não acho que tem que esperar, acho que temos que ir atrás. E não só deixar nas mãos de Deus.

Seu Armando e Dona Adélia se olharam, satisfeitos.

— Me desculpem, eu não tenho nada com isso e já estou dando palpite.

Mariana abaixou a cabeça, sem graça, e achou melhor ir embora. Quando estava se levantando, ouviu as vozes e as gargalhadas que vinham de fora. Mariana gelou, seu coração acelerou, não sabia se levantava ou se ficava ali sentada, faltaram-lhe forças. Seu Armando notou que Mariana ficou pálida e, pegando em sua mão para sustentá-la, disse carinhosamente:

— Calma, respire fundo. Respire pelo nariz e solte pela boca, faça três vezes, estou aqui com você, fique tranquila.

— Ai, seu Armando, segura minha mão pelo amor de Deus!!!

Júlia e Patrícia entraram primeiro. Fernando e Guilherme entraram mais atrás, empurrando a cadeira de rodas.

Assim que as meninas viram Mariana, abriram e fecharam a boca, e logo olharam para a porta onde Gustavo vinha fazendo suas brincadeiras.

— Deixa que agora eu piloto.

— É, mano, já está craque. Quando precisar entregar seu possante vai ser a maior briga.

Guilherme, que vinha na frente, se admirou:

— Nossa, que silêncio...

Guilherme parou na hora quando viu Mariana na cozinha, e feliz ficou olhando para trás, esperando pelo próximo. E, lógico, foi o terrível Fernando, que também se calou, surpreso. Todos pararam e ficaram esperando que Gustavo apontasse na porta. Naquele momento ficaram todos em suspense.

— Que silêncio!!! O que aconteceu? Por um acaso foram sequestrados?

Gustavo apontou na porta. Quando Mariana o viu em cima de uma cadeira de rodas, tomou um choque violento com sua aparência e com todos aqueles ferros em suas pernas. Gustavo estava mais magro e muito abatido; na realidade, estava com a aparência horrível. Ele parou como se não existisse vida à sua volta; suas lágrimas desciam espontaneamente. Os dois ficaram se olhando fixamente, e todos se emocionaram em ver o amor que Gustavo e Mariana sentiam, comprovando que podem se passar dias, semanas, meses, anos e até séculos, mas nada impede que duas almas se entreguem completamente, que o tempo diante do Criador será apenas um grão de areia, e que só Ele, o Soberano dono de tudo e de todos, sabe conduzir o caminho de cada um. E, quando nós achamos que estamos esquecidos, Ele nos mostra que o amor é o segredo de nossas conquistas, que só o amor nos impulsiona a seguir em frente. E que tudo deve ser feito com muito amor e respeito, o resto é consequência.

Mariana agachou ao lado de Gustavo e o abraçou desesperadamente; suas lágrimas se misturavam à dor que dois corações mal poderiam suportar. Dona Adélia e as meninas choravam de emoção e de felicidade. Gustavo segurava o rosto de Mariana com as mãos, não crendo que ela estivesse ali, parada à sua frente. Maria Alice, como sempre, estava grudada em Gustavo, sugando-o a cada dia; quando o viu abraçar Mariana com toda a paixão, sentiu uma tristeza profunda, constatando que ele nunca, nunca a abraçaria assim, com paixão e desejo; suas lágrimas desciam como se fossem navalhas afiadas cortando onde passavam. Maria Alice caiu no chão sem forças; ela não sabia por que

Gustavo amava tanto Mariana daquela maneira, e, por mais que quisesse reagir como fazia com os outros que a perturbavam, não tinha forças; era como se eles estivessem em uma redoma de vidro e nada pudesse afetá-los. Aquele domingo foi de muita alegria para todos, menos para Maria Alice.

Os dias seguiam seu curso. Gustavo continuava fazendo tratamento material e espiritual, mas mesmo assim ainda sofria muitas crises, pois Maria Alice não aceitava a união de Gustavo e Mariana. Em uma das noites em que Maria Alice vigiava Gustavo dormir, recebeu a visita de seu Zé e Ana Maria.

— É, dona Maria Alice, não tem jeito não. É melhor aceitar!!!
— Até que enfim voltou!!!
— Puxa!!! Não pensei que a madame sentisse a nossa falta!!!
— Não é bem falta de vocês. Apenas fiquei esperando por uma resposta e vocês não apareceram.
— Nós temos mais o que fazer — pronunciou Ana Maria.
— E o que a boneca deslumbrada decidiu?
— Primeiro quero saber o que vocês conseguiram.
— Ô, madame!!! Quem dá as ordens aqui somos nós — disse Ana Maria, provocadora.
— Calma, minha princesa. Vamos com calma.
— Não estou dizendo? Está muito mole.
— Bem, dona Maria Alice, o que decidiu? Quer ou não falar com velho Pedro?
— Eu vou poder voltar?
— Olha, dona Maria Alice, o que espera acontecer? A senhora já era... E ficar ao lado desse cidadão não vai adiantar nada. Se eu fosse a senhora, iria conversar com velho Pedro.

Maria Alice estava no mais baixo padrão vibratório. Suas

roupas estavam todas esfarrapadas, sentia dor, medo e uma tristeza enorme em ver Gustavo amar tanto Mariana. Ela olhava Gustavo dormir, sentindo uma angústia sem fim; não sabia o que decidir: se ficava com Gustavo ou ia com os dois. Maria Alice abaixou a cabeça tentando achar uma saída, mas seu padrão vibratório estava tão baixo que não conseguia equilíbrio para raciocinar. Seu Zé, muito esperto, aproveitou sua fraqueza e investiu:

— É, dona Maria Alice... É melhor vir conosco. Só conversar com velho Pedro não vai doer mais do que já está doendo. Garanto para a senhora que ver velho Pedro vai até aliviar essa dor insuportável.

Maria Alice chorava sua dor, mas uma dor que achava sentir por Gustavo, e se aproximou dele, dizendo angustiada:

— Gustavo, eu te amo mais que tudo em minha vida, mas acho melhor eu ir para conversar com o tal de velho Pedro. Se eu não puder voltar, ficarei te esperando o tempo que for preciso — e o beijou várias vezes com paixão. Depois acompanhou seu Zé e Ana Maria.

30

O entendimento

Álvaro já estava mais forte. Porém, quando Maria Alice se sentia esgotada por ouvir lamentáveis críticas de seu comportamento em relação a Gustavo, se refugiava nos braços de Álvaro, atrapalhando-o momentaneamente, que se revoltava contra Gustavo, achando que ele era culpado pela partida precoce de sua mulher.

Eram sete e meia da manhã quando Mariana e seu pai se sentaram para o desjejum.

— Bom dia, meu pai!!!

— Bom dia, filha!!! Vai cedo para a agência?

— Não, pai, hoje é dia de consulta do Gustavo, e vou levá-lo.

Álvaro fez cara de poucos amigos, pois culpava-o pela desgraça de sua família. Não se conformava com a volta dos dois.

— Pai, por que faz essa cara? Quando vai entender que Gustavo não teve culpa pela morte de mamãe? Por que não consegue aceitá-lo ao meu lado? Eu o amo. Eu acredito nele.

— Tudo bem. Você é maior de idade, portanto, faça o que quiser. Mas não venha chorar da próxima vez que ele aprontar.

— O senhor me ensinou tantas coisas sobre perdoar, amar, ajudar. Agora age exatamente ao contrário.

— Mariana, não quero discutir com você. Tenho muitas coisas para resolver, e quero começar o dia inspirado. Falar dele me faz muito mal.

Álvaro saiu para o trabalho, e Mariana chorou baixinho. Maria trabalhava na casa desde o nascimento da menina Mariana, e se doía quando o pai dela falava aquelas coisas sobre Gustavo. Só ele não aceitava o que estava claro.

— Não chore, minha filha. Seu pai um dia vai enxergar as coisas como realmente são.

— Mas quando, Maria? Não suporto o ódio que tem de Gustavo. Quando vou ser feliz de verdade ao lado do homem que amo? Quando esse tormento todo vai passar?

Maria passou a mão nos cabelos da menina e disse carinhosamente:

— Logo, você vai ver!!! Toda semana vou à igreja e acendo velas para as almas benditas, e logo tudo vai se encaminhar. Dê tempo a ele. É mais fácil culpar os de fora, nos sentimos melhor diante da realidade.

Mariana abraçou Maria e mais animada disse:

— Ai, Maria, o que seria de mim sem você?

— Sempre estarei a seu lado. Vai lavar esse rostinho bonito, não deixe que mais nada atrapalhe o amor de vocês dois.

Mariana chegou à casa de Gustavo e o ajudou a entrar no carro. Gustavo já estava com as pernas imobilizadas fazia quase um ano, mas segundo os médicos estava se recuperando bem, os exames de raio X já mostravam boa solidificação das próteses e, como não houve rejeição, logo Gustavo se livraria de todos aqueles ferros. Ele voltou a ser aquele moço bonito, sua aparência mudara significativamente; depois que Maria Alice o deixou, suas crises nunca mais voltaram, mas ele continuou a fazer o tratamento espiritual. Agora já sabia o porquê de todas as crises que teve, mas não se revoltou, pelo contrário, cooperava também com as orações que dirigiam a Maria Alice. E, com mais entendimento, o casal não deixou mais os trabalhos espirituais.

31

A entrega

Seu Zé e Ana Maria chegaram à casa espírita acompanhados de Maria Alice, que olhava para aquele lugar assustada; era um lugar simples, havia um altar com uma toalha branca, apenas uma imagem de Jesus Cristo em um quadro pintado artesanalmente e pequenos vasos com rosas brancas, deixando um aspecto muito harmonioso. Por toda a extensão da sala, também havia várias cadeiras, onde se sentavam as pessoas que vinham aos tratamentos e aplicações de passes. Maria Alice se encolheu a um canto da grande sala, e não dizia nada, apenas esperava. Depois de alguns minutos, intermináveis para quem esperava, entrou o simpático velho Pedro, com uma cabeleira todinha branca. Assim que seu Zé e Ana Maria o viram entrar, baixaram suas cabeças, reverenciando-o.

— Velho Pedro, aqui está dona Maria Alice.
— É, meu caro Zé, está ficando muito bom.
— É, meu pai, até que dessa vez não deu muito trabalho.

Maria Alice continuou encolhida com os olhos arregalados e muito medo.

— Não precisa ficar com medo, minha filha. Sou negro e velho, mas não farei mal nenhum a você.

Maria Alice continuou olhando com medo. Mas o negro velho Pedro, prevendo que ela não se aproximaria, foi sábio e sereno, disse à visitante que ela esperasse por um grande amigo que estava chegando, e que baixasse a guarda, não era preciso tanta desconfiança. Num passe de mágica apareceu um rapaz simples, mas muito bonito. Ele com ternura estendeu sua mão procurando passar segurança à mais recente hóspede.

— Não precisa ter medo, Maria Alice, eu estou aqui para ajudá-la.

Maria Alice, meio insegura, mas admirada com o rapaz que apareceu do nada, pegou em sua mão e deixou-se guiar.

— Isso, sente-se aqui, precisamos conversar muito. — O rapaz, com um ar singelo, virou-se para os dois ajudantes e agradeceu. — Por ora eu agradeço muito pela ajuda, foi de muita valia.

Os dois abaixaram a cabeça reverenciando o rapaz e foram embora. Velho Pedro, sem falar nada, também se retirou, deixando que Mauro assumisse o trabalho.

O rapaz, com um sorriso muito agradável, olhava para Maria Alice com resignação, mas estava feliz por ela estar ali.

— Maria Alice, pode me chamar de Mauro. Fico muito feliz por ter aceitado vir nos conhecer e, mais que isso, vir conversar conosco. Esperei muito por este dia.

Maria Alice não sabia o que era, mas tinha a impressão de que conhecia aquele rapaz. Ficou observando ele falar e, quanto mais o rapaz se pronunciava, mais ficava intrigada. Aquele sorriso, os gestos das mãos, o olhar. "Meu Deus, o que está acontecendo? Será que tudo isso é um sonho?"

— Não, querida Maria Alice, não é um sonho, tudo o que está vendo e sentindo é real.

— É verdade... Estou me sentindo melhor. Nossa!!! Meu ferimento quase não dói. Mas como sabe o que eu estava pensando?

— Nós todos aqui conseguimos ler os pensamentos na maior parte das vezes.

— Puxa!!! Eu não consigo.

— Tenha calma, tudo a seu tempo, uma das melhores virtudes é ser paciente.

— Por que quer conversar comigo?

— Maria Alice, realmente quero muito conversar com você. Mas antes quero que conheça um lugar, tenho certeza de que vai gostar.

— Depois eu vou poder voltar e ficar ao lado de Gustavo?

— Vamos fazer um acordo: você me acompanha, se realmente não lhe agradar, deixarei voltar à Terra. Só que não terá mais oportunidade de voltar e contar com minha ajuda.

Maria Alice esfregava as mãos, muito nervosa, estava muito cansada de andar de um lado para outro, sentia fome, sentia frio e muita dor, mas tinha medo de não mais poder ver Gustavo. Meio confusa respondeu:

— Por que tudo tenho que escolher?

— Mas sempre precisamos fazer nossas escolhas. Quando vivia na Terra não tinha que escolher? Tudo em nossa vida é uma escolha.

— Acho que tem razão. Mas me dói muito pensar que não vou mais ver Gustavo.

— Não vai poder ver Gustavo por enquanto. Mas um dia vai poder encontrar não só Gustavo, mas todos os que um dia amou.

— Não tenho vontade de ver ninguém, só Gustavo mesmo.

— Está bem, eu respeito sua vontade. Mas você não me respondeu. Nosso acordo está de pé?

Mauro não deixou tempo para que ela respondesse, e logo estendeu sua mão.

Ela ficou olhando para a mão dele por alguns segundos, mas confiou nele. Não sabia o que era, mas se sentia bem ao seu lado. Com o semblante mais tranquilo, segurou a mão de Mauro, e juntos volitaram.

32

O confronto

Norma, sempre que podia, convidava Álvaro para ir à sua casa. Júlia estava achando muito estranha essa aproximação repentina dos dois, pois uma história complicada de amor já bastava. Júlia, por ser muito diferente de Mariana, pois não comia dobrado, decidiu que assim que saísse do trabalho teria uma conversa franca com a mãe. E foi exatamente o que fez.

— Oi, querida, saiu mais cedo hoje?
— Saí sim, mãe. Mas tem um motivo.
— E qual é esse motivo?

Júlia havia chegado mais cedo para conversar com a mãe antes de o pai chegar, e foi diretamente ao assunto:

— Sabe o que é, mãe? A senhora não acha que tio Álvaro está vindo muito aqui em casa?

Norma corou na hora e ficou muda. Não conseguiu responder de pronto. Júlia, sem dar trégua, continuou:

— Antes vinha só aos domingos; agora vem quase todos os dias. E, o que é pior, sempre vem quando meu pai não está em casa.

— Que é isso, Júlia!!! O que está querendo dizer?

— O que a senhora entendeu. Se não gosta mais de meu pai, chega nele e fala. Mas não faça nada que eu possa não aprovar.

— Pera lá, mocinha!!! Com quem pensa que está falando? Não admito que fale assim comigo!!! Nunca lhe dei motivos para essas insinuações, viu!!!

— Mas está dando agora!!!

Norma ia perdendo a cabeça quando Alberto apareceu, pois já havia chegado em casa e estava reavaliando um projeto em seu escritório.

— Pare, Norma!!! O que vocês estão pensando? Nunca brigaram, não vai ser agora. Não vou mais admitir esse bate-boca das duas.

— Pai, me desculpe, não sabia que o senhor havia chegado.

— Vá para seu quarto!!!

— Mas, pai, eu...

— Não quero ouvir mais nenhuma palavra, e faça o que estou mandando.

Júlia saiu correndo com o coração aos pedaços, pois seu pai nunca, nunca, em toda a sua vida, havia falado com ela daquela maneira. Assim que Júlia subiu, Norma correu para os braços de Alberto:

— Meu Deus!!! Júlia nunca falou comigo assim!!!

— Calma, fique quietinha, respire fundo, eu estou aqui com você, e sabe que estarei sempre.

— Mas você brigou com Júlia para me defender.

— Não tive outra escolha. Se você soubesse o que estou sentindo.

— Ai, Alberto, me perdoe, você não merece estar passando tudo isso por minha causa.

— Pare, Norma, eu fiz minha escolha, ninguém me obrigou. E depois, amo muito vocês duas, não saberia viver mais sem vocês por perto. Mas agora chegou a hora, e temos que conversar e resolver o que faremos.

Alberto, muito carinhoso, pegou as mãos de Norma, e sentaram-se um de frente para o outro.

— Norma, já faz alguns dias que estou para conversar com você, mas a vi tão feliz que pensei: "Quem sou eu para impedir o que sente por Álvaro?".

— Mas você devia ter me prevenido. Eu teria mais cuidado.

— Norma, já que chegou a hora, precisamos encontrar um caminho. Eu sei que não se deve dar conselhos a uma pessoa que se encontra em mais puro estado de euforia, mas acho que abusou da sorte. Se Álvaro quer ter você de volta, tem que ter mais respeito e cautela.

— O que está querendo dizer?

— Que você precisa tomar cuidado com os sentimentos de Álvaro. Norma, eu a amo muito e não vou aguentar vê-la sofrer novamente. Se guarde mais, deixe que ele se exponha, você já fez muito por ele. Está na hora de ele fazer por você; se realmente a quer, ele tem que arcar com as responsabilidades. Não se deixe levar novamente pelas aparências.

— Você acha que ele não está sendo sincero?

— Não é isso. Mas não estou sentindo segurança nele. Norma, preste atenção, ele não tem mais nada a perder em sua vida, mas você tem, e se chama Júlia. Lembre-se, ela é sua filha. E você sofreu muito para tê-la. Não deixe ninguém acabar com o que sentem uma pela outra. Álvaro está frágil e vulnerável, seus sentimentos estão embaralhados, não deixe que ele a faça de muleta.

— Alberto, você não existe. Eu te amo muito, muito mesmo!!! O que seria de mim sem você ao meu lado?

— Pode ter certeza, em qualquer circunstância, em qualquer outro lugar do planeta, eu também a amo muito!!!

— Prometo que vou dar um jeito nisso, você tem razão. O mais importante é minha filha, o resto é lucro.

— Não quero que pense que estou querendo atrapalhar seus sentimentos, mas um filho é um filho. E Júlia te ama muito, tenho certeza disso. Agora, pare de chorar e vá fazer as pazes com sua filha, mas mostre firmeza. Mostre que a mãe ainda é você.

— Eu te amo, eu te amo, Alberto.

Norma deu um beijo em Alberto e foi conversar com a filha. Alberto esperou Norma sair e deixou as lágrimas invadirem sua alma. Ele estava sentindo que chegara a hora de tirar o time de campo. Mas como faria isso, se Norma e Júlia eram sua vida? Seu peito inflava como um balão, queria reprimir tudo o que sentia, mas era impossível.

— Eu sou o pai de Júlia. Eu dei banho, eu troquei suas fraldas, eu fazia suas mamadeiras, eu passava as noites em claro quando ela não conseguia dormir. Meu Deus!!! Pai eterno, me ilumine e me faça forte!!!

33

Tudo vai entrando nos trilhos

O escritório de advocacia crescia a cada dia e o número de clientes já era bem extenso. Gustavo e Júlia, juntos, conseguiram saldar a dívida da sociedade com o doutor Henrique. Agora o que ganhavam era lucro, e Gustavo estava feliz por ter seu dinheiro. Ficaram muito conhecidos, e claro que o doutor Henrique teve a ver com esse prestígio que os deixavam orgulhosos.

Gustavo tirou todos aqueles ferros das pernas, e com muito sucesso foi avaliado e recuperado definitivamente. Ele não precisaria mais ficar com as pernas imobilizadas. Não só ele ficou feliz, como os médicos também, pois seu paciente cumpriu com o tratamento sem queixas, e o resultado não poderia ser melhor, mas ainda tinha de haver muita fisioterapia pela frente. Era como se Gustavo tivesse que aprender a andar outra vez, mas, para quem ficou um ano e meio imobilizado, fazer fisioterapia por alguns meses era fichinha.

Seu Armando e dona Adélia estavam felizes, sua casa voltou a ter harmonia e entendimento.

Norma conseguiu se entender com a filha, e pediu que Álvaro evitasse de vir à sua casa, deixando que ele reavaliasse seus sentimentos e tudo o que queria para sua vida. Todas as sextas, Norma passava na casa de Gustavo para irem ao centro, e todos iam com alegria. Depois de tanto Norma insistir, Alberto foi ao centro pela primeira vez, e gostou. No início teve medo, pois via a olho nu alguns amigos desencarnados, e isso tudo ainda o assustava. A amizade de Norma e Alberto se estreitava cada vez mais com todos do centro. Marta tinha uma vasta experiência com a espiritualidade, e começou a fazer um trabalho de treinamento com Alberto, para que ele pudesse tirar o máximo de proveito de suas visões, e com isso ir se familiarizando com os "amigos do outro lado". Na verdade, Marta juntou a fome com a vontade de comer, pois fez com que a presença de Alberto fosse imprescindível no tratamento dos mais rebeldes, e ficava feliz por ter ele por perto. A bem da verdade, não tinha quem não o amasse, era o ser que todos queriam por perto.

34

O despertar para a nova vida

Logo Mauro, acompanhado de Maria Alice, chegou à colônia, uma espécie de cidade próxima da Terra. Maria Alice olhava tudo espantada. Como poderia ter árvores, flores, pássaros, o sol a brilhar, pessoas indo e vindo por toda parte? E todos os que passavam a seu lado davam-lhe boas-vindas. Sem se conter de curiosidade, fez mil perguntas para Mauro, que respondia a todas com satisfação, pois era o que gostaria que acontecesse. Ele queria Maria Alice ali perto dele, e parecia estar conseguindo, pois ela olhava para tudo com um sorriso nos lábios. Depois de caminharem algumas quadras, pararam em frente a um prédio e entraram. Maria Alice olhava curiosa, não estava entendendo nada.

— Maria Alice, é aqui que você vai ficar; por favor, entre.
— Por acaso aqui é um hospital?
— É como se fosse. Eu a trouxe aqui para que possa cuidar de seus ferimentos e obter equilíbrio.
— Mas você vai me deixar aqui?
— Não precisa ter medo, você precisa de tratamento. Ou quer passar o resto de sua vida sentindo dor?
— Mas por que tenho que ficar aqui? Não conheço ninguém!!!
— Mas nos hospitais de vocês, em que por algum motivo teve que entrar, também não conhecia ninguém, nem por isso teve medo. Você não confia em mim?
— É, acho que sim.
— Pois então vamos cuidar bem de você. Logo estará novinha em folha.

Bateram à porta, e logo atrás entrou uma senhora, que deu boas-vindas:

— Seja bem-vinda. Pode me chamar de Laura, e nos próximo dias irei lhe fazer companhia.

Mauro pediu gentilmente para que Maria Alice se deitasse para que eles cuidassem de seus ferimentos.

Assim que ela se deitou, Mauro e Laura impuseram suas mãos sobre Maria Alice, que em seguida adormeceu profundamente.

— Puxa, Laura, achei que não fosse chegar nunca!!!
— Eu sei que precisava de mim, mas tivemos uma emergência e fui chamada. Ainda está rebelde?
— Não muito, mas impaciente.
— Vamos deixar que durma por um bom tempo, assim quando acordar já estará limpa e com seus ferimentos cicatrizados.
— Prometi que se ela não gostasse daqui poderia voltar.

— Mas se arriscou muito, sabe que não podemos enganá-los, muito menos omitir os fatos. Todos têm direito de ir e vir. Onde fica o livre-arbítrio?

— Eu sei, eu sei. Por favor, Laura, não se zangue comigo. Parece que a forcei a vir, mas apenas a convenci, e é bem diferente.

— E quando ela despertar e ainda quiser voltar?

— Tenho certeza de que quando acordar vai estar menos arredia.

— Está bem, está bem. Mas aceito só porque te amo muito, viu? Mas, se a moda pega, vai ser um tal de correr atrás deles... — falou Laura brincando com Mauro. — Agora se apresse, daqui a pouco virão atrás de você.

— Obrigado, Laura. Eu sei que vai cuidar dela muito bem.

Laura olhou para aquele rostinho cheio de esperanças e disse:

— Pode deixar. Sei quanto é importante para você.

Mauro saiu, e foi para seus outros afazeres.

Depois de um mês da chegada de Maria Alice para tratamento, seus ferimentos todos estavam curados e muito bem cicatrizados. Ela voltou a ser aquela bela mulher.

Mauro passava para ver como ela estava todos os dias. Logo cedo, quando chegou, Laura o preveniu:

— Mauro, hoje vamos despertar Maria Alice. Já se encontra curada. E Antonino pediu que fosse falar com ele.

— Está bem. Vou imediatamente.

Assim que Mauro entrou na sala, Antonino fez sinal para se aproximar.

— Por favor, Mauro, sente-se. Como está Maria Alice?

— Aparentemente muito bem.

— Bem, você sabe que já está na hora de Maria Alice saber toda a verdade sobre suas faltas passadas, não sabe?

— Sim, senhor.
— Muito bem, vou deixar que você a visite e que a acompanhe de certa maneira, mas sem demonstrar nenhuma afeição. É ela que tem de reviver suas outras vidas. E reconhecer cada um.
— Pode deixar, senhor Antonino. E muito obrigado por deixar que eu a visite.
— Então pode ir, ela deve estar esperando por você.
Mauro saiu da sala com um sorriso largo em seu rosto. Maria Alice não sabia, mas Mauro lhe dava segurança e muita paz. Assim que bateu à porta, entrou, e a encontrou sentada conversando com Laura.
— Posso entrar?
— Pode sim, Mauro, Maria Alice estava aflita esperando por você.
— Como se sente, Maria Alice?
— Muito bem. Você tinha razão, nunca me senti tão bem. Obrigada por me ajudar. Estou novinha em folha.
— Que bom ouvir isso de você. Quer dar uma volta comigo?
Maria Alice olhou para Laura, esperando sua aprovação.
— Pode ir, Maria Alice, vai lhe fazer muito bem respirar um pouco de ar puro.
Maria Alice se levantou, animada. E saiu com Mauro. Mauro ficou radiante, pois pensou que sua primeira pergunta seria sobre Gustavo, mas se enganou. Mauro a levou a vários setores, mas, embora se admirasse com muitas descobertas, não se entusiasmou com nenhuma. Ainda não havia despertado seu espírito colaborador. Sim, porque lá todos tinham que colaborar de alguma forma, mas Mauro não quis forçá-la a nada; cumpriria à risca o que Antonino havia lhe pedido. Ela tinha que fazer suas virtudes aflorarem. Depois de andarem muito,

Mauro a levou a um jardim acolhedor. Sentaram-se em um banco. Depois de algum tempo ali, sentindo uma paz indefinida, Maria Alice perguntou:

— Por que aqui há tantas crianças?

— Está vendo logo ali aquele prédio?

— Sim, estou.

— Ali ficam as crianças que chegam da Terra. Para que elas não se sintam perdidas, nós as trazemos para passear e brincar, até que tenham mais alegria de estarem conosco.

Na verdade, enquanto esteve na Terra, não notava as crianças, para ela não fazia diferença. Mas de repente se lembrou dos filhos que teve e, com o olhar distante, demorou alguns minutos para responder:

— Sabe, você me fez lembrar da minha filha. Mas não me lembro de ficar assim com ela.

— Ficar com ela onde? Em um jardim como este?

— É.

— Eu nunca tive filhos, mas deve ser muito bom ter um.

Maria Alice ficou com uma vergonha que jamais havia sentido enquanto esteve na Terra.

— Pelo jeito gosta de crianças.

— Gosto muito. E você?

— Não muito.

Maria Alice respondeu, mas não olhou nos olhos de Mauro. De repente sentiu um remorso, tantas crianças ali, e com certeza sentiam falta de seus pais.

— Mas também não tem problema, nem todos gostam de crianças.

Mauro ia falando e Maria Alice sentia cada vez mais vergonha de nunca ter sentido alegria em olhar para uma criança.

— Mauro, e amar alguém? Já amou?

— Amor por uma mulher, você diz?

— Sim, você já teve um grande amor?

— Já, amei muito. Quando lembro de nós dois, ainda vivendo em um corpo, sabe? Eu achava até que ia morrer por esse amor.

— Por que diz isso? Não ficou com ela quando viveu na Terra?

— Muito pouco.

— Por que, o que foi que aconteceu?

— Em uma das vezes ela se suicidou, e outra vez não tivemos muito tempo juntos, tive que regressar bem antes.

— Credo, Mauro!!! E você fala assim?

Na hora Maria Alice se lembrou de Mariana, de que ela por amor tentou o suicídio. Sentiu um aperto da região do coração. Mauro percebeu, mas não disse nada. Maria Alice tinha que reavaliar sua vida na Terra. Embora gostasse de poder ajudá-la, não podia fazer nada, a não ser que se abrisse; do contrário, tinha que seguir as ordens dos seus superiores.

— Se suicidou por amor?

— Sim, mas não foi por mim.

— Ah, me perdoe... Não queria ser intrometida.

— Bem, você me perguntou, e eu quis ser sincero com você. Não precisa se desculpar. O importante não é ser sincero com os outros; o importante é ser sincero conosco mesmos, porque não conseguimos ocultar por muito tempo, nossas próprias lembranças nos cobram. Mas vamos mudar de assunto. Hoje é seu dia, e precisa estar alegre.

— Não quero falar sobre o assunto, mas fiz coisas de que não me orgulho.

— Já é um grande passo. O importante é reconhecer. Mas vamos deixar para avaliar sua vida outro dia, hoje estamos felizes por sua melhora.

— Mauro, você se importa em ir embora? Quero descansar um pouco.

— Claro que não!!! No começo ainda vai se sentir fraca, mas com o tempo esses cansaços vão se espaçando.

Mauro a levou para o quarto, e foi embora aproveitar o tempo cooperando em outros setores.

Assim que Mauro fechou a porta, Maria Alice se deitou encolhida, e chorou baixinho. Na verdade, aqueles sentimentos nunca estimulados por ela quando encarnada a faziam sentir cansaço, vergonha de ficar perto de um ser como Mauro. Ela não sabia nada sobre sua vida, mas sentia que ele era muito melhor do que ela. Com a misericórdia de Deus, logo adormeceu revigorando seu espírito.

35

Novas revelações de amor

Patrícia saiu da loja em que trabalhava e foi trabalhar no escritório de advocacia. Eles precisavam de mais uma secretária, e Patrícia, de um salário melhor. Já passava das seis e trinta da tarde quando Júlia e Patrícia saíram juntas para tomar alguma coisa e descontrair.

— Puxa, Patrícia, até que enfim o dia terminou. Estou morta de cansaço. Não vejo a hora de seu irmão voltar e poder ir às audiências. Como Gustavo faz falta.

— É, tenho que admitir que meu irmão é bom nas audiências, aliás, gosta de desafios. Falando em Gustavo, quando vai se declarar para Fernando?

— Puxa, Patrícia!!! Às vezes sai com umas que pelo amor de Deus!!!

— É. Um dos dois tem que dar o primeiro passo.
— Você acha que está muito na cara?
— Não. Quer dizer, está. Mas não se preocupe, só as mulheres percebem. Eles parecem uns idiotas.
Júlia riu da amiga e perguntou:
— Nossa!!! Por que está contra os homens?
— Não estou contra. Mesmo porque nós não vivemos sem eles. Mas por que só nós mulheres nos apaixonamos?
— Não sei. Ou melhor, acho que sei sim. Porque nascemos com uma etiqueta pendurada: "Menina sonhadora e iludida".
— Ah, Júlia, só você mesmo.
— Quer saber? Também não vou mais ligar para esse vírus, não quero pensar mais em seu irmão. Aliás, eu procuro não cruzar com ele, já faz mais de quinze dias que não o vejo.
— Mas por que você não quer? Ele não te procurou mais?
— Porque eu achei que chegou a hora de não estar mais perto dele. Ele me liga quase todos os dias, mas sempre dou uma desculpa. Estava entrando em deprê, e não é isso que quero para mim. Amar tem que ser felicidade, e não sofrimento; sofrimento não combina comigo.
— Estou sentindo uma pontinha de mágoa em você.
— Sabe, Patrícia? Eu estou amando mesmo Fernando, mas ele prefere não enxergar, e se ele prefere assim é porque não pode me dar o que quero; e ser só amiga do seu irmão está me fazendo mal. Eu o vejo, meu coração dispara, eu quero tocar nele, eu quero abraçá-lo, quero ele como Gustavo quer Mariana, e, já que não é pra ser assim, é melhor eu não vê-lo mais; o amor não vai passar, mas dói menos.
— Não fica assim, Júlia, não sabia que estava sofrendo tanto. As mulheres só sabem sofrer, por isso que falo que

são uns idiotas. Os homens são feitos de quê? São uns bobalhões mesmo.

— Eu estou sofrendo, mas você está revoltada. Posso saber por quê? Não é o que estou pensando, ou é?

— Não, Júlia, não pense nada. Mesmo porque, em meu caso, não tem a menor chance.

— E por que não?

Patrícia ficou com vergonha de falar sobre seu sentimento em relação a Guilherme.

— Júlia, já está ficando tarde, é melhor eu ir embora.

— Espera aí!!! Do que está fugindo?

— Eu, fugindo? Eu não estou fugindo, só preciso ir embora. Daqui a pouco dona Adélia coloca a polícia atrás de mim.

— Então eu estou certa!!! Você também está amando!!!

— Júlia, pare com isso. É melhor nem pensar uma coisa dessas, quanto mais falar!!!

— Ah... Mas eu conheço Guilherme, ele é muito do bem. Ele precisa saber, Patrícia.

— Pelo amor de Deus, Júlia, esqueça esse assunto. Guilherme não faz parte da minha realidade. Chega o que já aconteceu com meu irmão.

— Você não está entendendo, Guilherme e seus pais não são ricos imbecis; mas não são ricos menos imbecis.

Patrícia começou a rir da amiga e comentou:

— Júlia, você é muito legal, onde arrumou essa agora?

— Olha, tenho boas notícias!!!

— Do que está falando?

— Eu e Guilherme nos conhecemos desde pequenos, e ele é muito, muito simples mesmo; não estou falando isso pra te agradar, ele até já falou de você pra mim.

— Você acha que vou cair na sua? Você está inventado só pra eu me abrir que nem guarda-chuva.

— Você não precisa se abrir, mas vou dar a informação assim mesmo, pois eu já ia dar uma força pra ele.

— Júlia, pare de brincar comigo, isso não se faz.

— Pare você, e me deixe falar. Eu e Guilherme saímos este fim de semana, quer dizer, no tempo que restou do sábado, porque quando ele me ligou eram mais de onze horas da noite, e como eu estava daquele jeito saímos juntos. Ficamos conversando a noite toda; fomos para casa já era de manhã. E sabe qual foi o assunto? Você, quer dizer, Fernando também. Guilherme é muito legal, me fez mil perguntas sobre você.

— Não acredito!!!

— Ele só não a convidou pra sair porque vive mais no hospital do que fora dele, mas quis saber quais eram as chances dele com você. Se eu já soubesse dessa sua paixão, teria agitado um encontro.

O coração de Patrícia disparou.

— É verdade, Júlia?

— A mais pura. Ele disse que pensa muito em você, mas não sabia se chegava ou não, e também teme por sua mãe. Eu sei que é chato, mas preciso ser franca; ele comentou muito sobre a barreira que sua mãe impôs entre seu irmão e Mariana. Ele acha todos em sua casa legais, mas acha sua mãe muito preconceituosa. Por favor, não comente nada com ele.

— Claro que não, Júlia. Como posso me chatear justo com Guilherme, eu penso nele dia e noite.

— Puxa, amiga!!! Que legal, um pensa no outro sem um saber do outro. Não é romântico?

— É, mas não é bem assim, minha mãe tem razão. A realidade de todos vocês é diferente da nossa. Não queria ser indelicada, mas acho que meu irmão não se declarou para você pelos mesmos motivos. Júlia, entenda uma coisa, não é preconceito, mas é raro dar certo ricos com pobres. Um pode aceitar, dois, mas vão chegar aqueles que olharão com preconceito.

— Eu não acredito que em pleno século vinte e um existam jovens como vocês. Sua mãe até entendo, mas você, Fernando!!!

— Ah, é? Como Fernando vai sustentar você?

— Mas isso é puro preconceito. Por que a mulher não pode ajudar nas despesas de casa? Se seu irmão não me quiser por causa disso, não vai querer ninguém, porque eu o mato!!!

— Júlia, é gostoso estar com você. Você é muito divertida. Aliás, vocês são muito legais. Tanto é que somos amigos; suas vibrações são mais que harmoniosas. Você, Mariana, Guilherme são muito bacanas, são realmente diferentes, mas existem muitos ricos que não chegam perto dos menos favorecidos por medo de contágio.

— Ai, credo!!! Como é dramática, Patrícia; pare de pensar em valores e pense que Guilherme quer te conhecer melhor. Dê vazão ao que sente, pare de ser tão realista, sonhe um pouco, porque é isso que vale a pena viver. Se não fossem os sonhos, que graça teria viver? Dá um sorriso, vai!!! E deixe as coisas acontecerem. Tem coisa mais gostosa que namorar quem desejamos? Fico até arrepiada, olha!!!

— Júlia, você não existe mesmo. Mas agora vamos, está ficando tarde.

Júlia parou em frente à casa de Patrícia para deixá-la, e ficou surpresa por encontrar Gustavo e Fernando sentados na calçada. Assim que Patrícia desceu, Júlia os cumprimentou do carro mesmo, e saiu.

— Júlia!!! — gritou Fernando.

Júlia parou o carro a alguns metros, e Fernando foi correndo.

— Vim te dar um oi!!!

— Oi!!! Tudo bem?

— Não quer descer um pouco?

— Não, Fernando. Preciso ir.

— Tem algum compromisso?

— Tenho.

— Não dá para eu falar com você cinco minutinhos?

— Infelizmente não, Fernando. Pode ser outro dia?

— Não, não pode.

Fernando entrou no carro sem pedir e, decidido, disse:

— Será que dá pra você parar um pouco mais à frente? Naquela pracinha, por exemplo.

— Eu já disse que tenho compromisso.

— Seu compromisso pode esperar.

— E por que você não?

— Tudo bem!!! Tudo bem!!! Não está mais aqui quem falou.

Fernando sentiu que Júlia não queria mesmo perder tempo, saiu do carro, fechou a porta e, triste, falou:

— Desculpe, não queria te atrasar; quem sabe a gente conversa outro dia.

Fernando mandou um beijo com as pontas dos dedos e foi embora. Júlia deu partida e, cantando pneu, saiu chorando, muito brava consigo mesma. Chegou em casa aos prantos. Seus pais estavam na sala à sua espera para jantar, e assustados perguntaram:

— O que foi, Júlia? Aconteceu alguma coisa?

— Ah, mãe, acho que fiz a maior burrada de toda a minha vida.
— O que foi, Júlia? Você está nos assustando!!!
— Fui deixar Patrícia em sua casa. Quando chego, encontro Gustavo e Fernando na calçada batendo papo. Aí eu os cumprimentei de longe e saí, mas Fernando gritou meu nome.
— E você não parou?
— Parei, mãe, um pouco mais à frente, mas parei. Fernando entrou no carro e perguntou se eu não podia conversar com ele cinco minutos.
— E aí?
— Aí, eu o esnobei, disse que tinha um compromisso.
— Deixa ver se eu entendi. Ele entrou no carro dizendo que gostaria de conversar com você, e você, como está com muita raiva por fazer suas suposições, o esnobou como quem diz: "Ah, eu tenho um compromisso inadiável, não dá para ser outro dia?". Aí ele insistiu mais um pouco, e você não se tocou de que, se era importante para ele, seria importante também para você, e o expulsou do carro; e quando ele saiu mesmo viu que foi uma burra, mas muito burra. Não foi isso?
— Como a senhora sabe?
Alberto e Norma riram muito do jeito da filha.
— Minha querida, não precisa ficar assim, acho que você ia ouvir o que mais gostaria, mas não precisa achar que tudo está perdido.
— Como não, pai? Ele desceu do carro tão desapontado comigo por não querer ouvi-lo, acho que o perdi de vez.
— Não, filha, não perdeu. Pode ser que tenha ganhado mais com esse jeito de mulher difícil.

— Ai, pai, para com isso!!! Eu não quero ser difícil pra ele. Pra ele não!!!

— Ele vai te procurar outra vez, não se preocupe.

— E se ele não me procurar mais, o que faço?

— Júlia, se acalme, se ele gosta mesmo de você, ele virá atrás, tenho certeza.

— Com licença, dona Norma, aquele rapaz, o Fernando, está aí fora, disse que não vai embora se não falar com Júlia.

Júlia olhou para os pais chorando e rindo ao mesmo tempo, e não sabia o que dizer.

— Está vendo, filha, foi mais rápido que nós esperávamos.

Júlia saiu correndo, mas sua mãe a segurou.

— Primeiro vá lavar o rosto e se ajeitar, respire fundo, não esnobe, mas fique na sua, tenha calma.

— Mas vou deixar ele esperando?

— Fique sossegada, eu o atendo, pode deixar.

Alberto foi recebê-lo.

— Entre, Fernando. Puxa, faz tempo que a gente não se vê!!!

— É, tenho corrido muito atrás de aulas. Vocês têm ido ao centro?

— Toda semana.

— Também, Marta não dá folga para Alberto, estou até ficando com ciúme.

— Pare com isso, Norma. É só em prol dos necessitados.

— Sei como é.

— Dona Norma, Júlia não está?

— Está sim, ela tinha um compromisso, mas deixou pra outro dia, disse que está muito cansada.

— Que compromisso ela tinha?

— Você sabe que não sei? Era alguma coisa do tipo sair com uns amigos que ela conheceu no escritório.

— Sei. A senhora poderia ir chamá-la, por favor?

— Ah, sim, com licença.

Norma foi chamar Júlia, e Alberto percebeu que Fernando estava nervoso, inseguro até, mas, como Alberto era uma pessoa muito zen, rindo do rapaz por dentro, perguntou:

— Você está ansioso ou é impressão minha?

— Está tão na cara assim?

— É, está. Melhor relaxar. No fim, dá tudo certo.

Fernando olhou para Alberto, espantado. Parecia que estava adivinhando o porquê de sua ansiedade. Logo Norma desceu com Júlia. Fernando nem a esperou se aproximar, e logo foi dizendo, muito nervoso:

— Desculpe por insistir, Júlia, eu sei que não devia, mas você precisa me ouvir, prometo que não vou tomar muito do seu tempo.

— Tudo bem. Você quer conversar aqui mesmo, ou prefere sair ao jardim?

— Se seus pais não se incomodarem, prefiro conversar com você lá no jardim.

— Por mim, tudo bem, e por você, Alberto?

— Ah... Tudo bem!!!

Fernando e Júlia saíram, e Norma e Alberto ficaram rindo do nervosismo do rapaz.

— Ai, que pecado, Alberto, ele está uma pilha de nervos.

— Deixa ele, logo vai ficar feliz.

— Nós também, não é mesmo?

— Com certeza.

Assim que o casal saiu para o jardim, Júlia, com o coração descompassado, disse:

— Vem, Fernando, vamos nos sentar. O que aconteceu para você vir até aqui?

— Você está me evitando nesse últimos quinze dias ou é impressão minha?

— Eu te evitando? É impressão sua. Por que eu faria isso?

— Não sei, o que sei é que não gosto de perdê-la de vista.

— Não gosta? Eu não estou entendendo!!! Além do mais, estou trabalhando muito.

— É por isso mesmo?

— É por isso mesmo; sem o seu irmão ficamos mais sobrecarregados.

Fernando estava sentindo seu coração bater tão forte que parecia querer saltar pela boca. Sem muitas explicações, segurou o rosto de Júlia com todo o carinho do mundo e a beijou apaixonadamente. Fernando beijou Júlia sentindo um amor que nunca havia sentido por nenhuma outra garota. Entregou-se completamente, sem se importar em mostrar suas fraquezas. Entre um beijo e outro sussurrava:

— Júlia, eu te amo, e fiquei morrendo de medo de você ter arrumado um namorado. Por favor, me diz, você também me ama?

Júlia não conseguia dizer uma única palavra; tudo o que ela desejava estava acontecendo. Queria gritar que esperava por aquele beijo havia mais tempo que ele, mas preferiu deixar Fernando expor seus segredos mais ousados. Depois de se beijarem por alguns longos minutos, Fernando olhou fixo para Júlia e disse:

— Eu te amo muito, não dava mais para segurar.

— E por que segurou por tanto tempo?

— Tive medo por diversos fatores, mas não quero pensar sobre isso agora. E quando disse pra mim que tinha um compromisso inadiável, quase morri. Fiquei com muito medo de te perder.

— Fernando, eu também te amo muito, você não imagina como; você não sabe como eu esperei por este momento.

— Verdade?

— Não finja que não sabia. Todo mundo já havia percebido, impossível você não ter lido em meus olhos.

— Para ser sincero, às vezes achava que me amava, outras não.

Fernando e Júlia ficaram por muito tempo conversando e declarando seus mais íntimos segredos. Curtiram-se o máximo que puderam.

36

Novas tentativas

Gustavo estava pronto para andar novamente sem nenhum apoio, podendo até dirigir. Ele e Mariana estavam bem, e muito apaixonados. A única coisa que o incomodava era o desprezo que seu sogro ainda tinha por ele.

Era final de expediente quando Gustavo parou em frente ao prédio em que Álvaro tinha sua agência. Ficou parado por muito tempo esperando que Mariana saísse. Assim que viu Mariana sair de carro do prédio, deu um tempo e subiu. Já não havia quase funcionários. Sem muito rodeio, Gustavo bateu à porta da sala de Álvaro e entrou em seguida.

Quando o sogro levantou a cabeça e viu que era Gustavo, se levantou contrariado:

— O que quer aqui?

— Falar com o senhor.

— Eu não tenho nada para conversar com você. E se Mariana tivesse vergonha na cara eu não precisaria estar agora olhando para a sua.

— Seu Álvaro, o senhor tem que me ouvir.

— Ouvir o quê? Suas mentiras? Você pode enganar Mariana, que está apaixonada e não enxerga que você não presta. Por favor, saia já da minha sala.

— Eu nunca tive nada com sua mulher. Quando o senhor vai se convencer disso?

— Nunca, por mim teria morrido naquele dia também!!! E juro que estaria muito feliz!!!

— Seu Álvaro, eu sinto muito por tudo o que aconteceu, e é como o senhor disse, se eu pudesse fazer minha escolha, teria morrido no lugar de sua mulher, o senhor pode ter certeza disso. Não sabe como vivo com esse sentimento dentro de mim. Por mais que o tempo passe, ainda não consigo viver com esse tormento.

— As pessoas não enxergam que tudo que é de ruim está à sua volta. Pensa que não sei que por sua causa seu irmão morreu? Você traz desgraça. E, se não fosse por você, Maria Alice não teria morrido. Se Mariana me ouvisse, não ficaria a seu lado, porque a próxima poderá ser ela; você é mau presságio. Juro por tudo o que há de mais sagrado que, se acontecer alguma coisa com minha filha, eu te mato. E assim estarei colaborando com a humanidade, estarei ajudando Deus a acabar com as coisas maléficas que ainda fazem parte deste planeta.

Gustavo engoliu em seco. Sua garganta formou um nó pelo qual não passava nem pensamento. Gustavo sentiu que o chão havia sumido de seus pés e, sem conseguir prosseguir, abaixou a cabeça e foi embora.

Álvaro deu um soco na mesa, deixando extravasar o ódio profundo que estava sentindo da vida.

Gustavo entrou no carro, arrancou a gravata do pescoço e abriu os botões da camisa para poder respirar melhor. Aquela noite não foi para casa como de costume, foi direto para o centro espírita. Assim que entrou, sentou-se em uma cadeira e, olhando para o altar, pensou: "Acho que seu Álvaro tem razão. Luís morreu me defendendo por amor, aquele tiro não era para ele. E Maria Alice? Perdeu a vida por me amar. Meu Deus, quem será o próximo? Será que todos os que me amam pagam com a vida? Não, meu Deus, eu não valho tudo isso. Senhor, se for para levar Mariana também, afaste-a de mim. Eu prometo nunca mais procurá-la". Gustavo deixou as lágrimas descerem pelo seu rosto, na tentativa de aliviar a dor que estava sentindo. Tocaram delicadamente no ombro de Gustavo, como se fosse um anjo bom, e ele ouviu:

— Todos valem muito para Deus.

Gustavo olhou assustado para o lado, quando viu Marta.

— Oi, Marta!!! Como está?

— Eu, muito bem. Mas você não me parece feliz.

Gustavo se ajeitou na cadeira e, enxugando as lágrimas, envergonhado, não respondeu nada.

— Gustavo, você não acha que é muita pretensão sua pensar que Luís e Maria Alice morreriam por amor excessivo a você?

— Bem... Eu pensei que...

Marta pegou a mão de Gustavo e o fez se sentar mais próximo dela.

— Gustavo, todos nós, sem exceção, temos nossas provações para cumprir, e estamos realmente ligados por laços afetivos, ou por reparações. Você já pensou na possibilidade de ter perdido sua vida por eles também?

— Bem... acho que não. Não sei se eu faria isso por alguém.

— Então, quando diz que morreria por Luís, ou por Maria Alice, estava apenas se defendendo? Ou se justificando para que sentisse menos culpa?

— Acho que tem razão. Eu acho que era para tirar essa culpa que me consome todos os dias da minha vida.

— Gustavo, não se culpe por nada, apenas viva seus dias com consciência de estar fazendo sempre o certo. Só precisamos ter amor e boa conduta para com todos. Isso é substancial. Tudo o que acontece conosco, ou com os que nos cercam, era para acontecer. Deus é sábio. Álvaro está sofrendo muito, mas não por causa da passagem de sua esposa, mas por ele pensar na possibilidade de Maria Alice ter morrido realmente por amar você. Álvaro não consegue enfrentar o fato realmente como é. Como aceitar que ele, sendo poderoso, perdeu para um moleque atrevido sem eira nem beira como você? E o pior, como sua filha amada também o ama? O que você tem de tão especial assim?

— Eu sei que não devemos querer saber o porquê de nossa existência, mas Luís e Maria Alice têm alguma coisa a ver comigo, não têm?

— Gustavo, todos temos alguma ligação entre nós; até eu mesma tenho uma ligação com você, mas isso não quer dizer que eu te devo algo, ou que você deva algo a mim.

— Eu amava muito meu irmão Luís. Ele era tudo para mim.

— Por que não ama mais?

— É a força do hábito. Eu ainda o amo muito. Não gosto de relembrar o que houve, não gosto de falar sobre isso com ninguém. Mas hoje senti um remorso terrível. Tentei conversar com seu Álvaro, ele me culpa pela morte de Maria Alice, e disse também que sou culpado pela morte de meu irmão. Senti uma coisa muito ruim aqui dentro. Aí fico me perguntando: será que não sou culpado mesmo pela morte deles?

— Gustavo, não deve pensar assim. Luís já está equilibrado e com entendimento, mas Maria Alice agora aceitou deixar você e, se você quer mesmo que ela se recupere, livre-se desse sentimento de sofrimento e de perda. Você sabe que somos o que vibramos, e você deve orar muito para que ela consiga lembrar de tudo o que será preciso para sua própria evolução. Isso é um ciclo, Maria Alice precisa ter entendimento e ver onde falhou para que você a tire também de sua vida. O problema não é te acusarem pela morte deles, mas esse sentimento de culpa que você mesmo colocou nos ombros. Não importa o que as pessoas pensem de nós, o importante é estarmos bem com nossos atos. Se não devemos nada, por que nos sentirmos culpados? E você sabe tanto quanto eu que de um jeito ou de outro vamos reparar tudo o que não conseguimos cumprir.

— Mas é curioso. Como você sabia de tudo isso, ou melhor, como sabe o que as pessoas pensam ou sentem? Eu mesmo não te disse nada.

— Um passarinho me contou!!!

— Um passarinho? Sei.

— Espero que você tenha compreendido o que tentei passar para você. Quero muito, Gustavo, que consigamos ajudar mais um irmão e nos ajudar também. É para isso que estudamos e procuramos colocar em prática tudo o que nosso Mestre Jesus nos deixou.

— Não sei se compreendi muito, mas estou me sentindo muito melhor. Quando entrei aqui não estava suportado tanta mágoa em meu coração. Eu gostaria muito que seu Álvaro também se livrasse dessa mágoa que sente por mim.

— Gustavo, não se preocupe, o tempo se encarregará de tudo; confie que você vai poder ter Álvaro como seu sogro mesmo. Ore e busque bons pensamentos. Quando pensar em Álvaro, imagine vocês se abraçando, se amando como irmãos afins. Logo isso se tornará realidade; quando desejamos algo verdadeiramente que seja para melhor, isso se torna vida.

Gustavo se despediu de Marta com o coração bem mais aliviado.

Álvaro naquela noite também estava muito chateado, e com o coração em prantos foi procurar por Norma.

Assim que chegou à casa dela, Norma percebeu que não estava bem.

— O que aconteceu, Álvaro?

— Me perdoe, Norma, sei que me pediu para não vir mais aqui, mas estou angustiado, preciso de você.

— Estou vendo. Mas não é que não quero que venha à minha casa, apenas pedi que entendesse minha posição. Júlia é muito importante pra mim, e por nada neste mundo quero me desentender com ela.

— Eu sei, eu sei. Mas tenho pensado muito em você. Quis até não vir mais aqui, mas não consigo. Só você me traz um pouco de paz.

— E hoje em especial está pior, não é isso?

Álvaro a olhou, admirado. Como ela sabia? Mas não disse nada.

— Hoje Gustavo foi à minha agência.

— E você o maltratou?

— Eu não o suporto!!!

— Você não o suporta? Ou não suporta a ideia de Maria Alice e Mariana o amarem muito?

— Não seja ridícula!!! Você acha que eu me importaria com um cara como ele?

— Acho. E acho mais: você não se conforma por ele ser um cara do bem. Quando você vai entender que Gustavo foi vítima, e não o vilão da história? Sabe o que te dói mais? É saber que ela morreu com ele, e por ele; você não quer enxergar que Maria Alice nunca amou alguém como amou Gustavo, e que por ele ela morreria mil vezes.

— Pare, pare Norma. Por que gosta de me ver acabado? Me ver como um pobre miserável?

— Porque é o que aparenta ser. Você não se dá ao trabalho de tentar esquecer essa parte triste de sua vida; você quer achar que Gustavo é culpado para não enxergar que o único culpado desse história toda é você. Sempre fez todos os gostos de Maria Alice, mesmo sabendo que ela nunca esteve aí para você. Você não quer admitir que sua mulher nunca se incomodou com sua presença, que para ela tanto fazia você estar ou não, para ela não fazia a menor diferença. E que Gustavo foi para ela o que você nunca conseguiu ser.

Álvaro começou a chorar sem se importar em mostrar sua dor. Norma se calou, respeitando o que Álvaro estava sentindo. Norma nunca deixou de amar Álvaro, apenas aceitou que ele seguisse seu caminho. A bem da verdade, Norma amava tanto Álvaro que o deixou livre para que ele pudesse ser feliz, mas não foi o que aconteceu; pelo contrário, precisou assistir de longe à sua infelicidade. Muitas vezes Norma, em seu quarto, em segredo, chorava por ver Maria Alice humilhá-lo, e ele, como um simples servo, atendia a todos os desejos dela. Até ignorou o desejo desesperado que Maria Alice demonstrava em seus olhos por Gustavo. Norma engolia sua dor do mesmo jeito que ele engolia por Maria Alice. Norma foi até o barzinho e preparou um aperitivo forte para o amor de sua vida. E, triste por fazê-lo triste, disse:

— Tome, Álvaro, vai se sentir melhor.

Álvaro pegou o copo da mão de Norma, e ainda bastante desapontado com o que sua amiga falara, virou a bebida de uma só vez.

— Você tem ainda muita mágoa de mim, não é?

— Não, Álvaro. Como posso ter mágoa de um homem que amei e sempre vou amar em minha vida?

Álvaro não esperava aquela resposta, mas seu coração bateu mais forte por ouvir aquelas palavras de Norma.

— Mas pensei que você havia superado isso.

— Amor a gente não supera; ou nós sentimos ou não era amor.

— Norma, nunca quis fazê-la sofrer, juro por Deus, nunca foi minha intenção.

— Eu sei. Quem pode controlar o coração?

Álvaro se levantou e, meio sem reação, disse:

— Eu já vou indo. Obrigado por me ouvir.

Álvaro chegou perto de Norma, pegou suas mãos e as beijou. Olhou fixo em seus olhos tentando enxergar algo que não sabia o que era. Virou-se e foi embora. Norma se deixou cair no sofá, e chorou muito por um amor ainda vivo em sua alma.

37

A hora de lembrar

Passado algum tempo, Maria Alice já estava mais equilibrada e quase não falava de Gustavo, mas ainda achava que o amava. Já entendia que amor não era sentir dor, e sim paz e equilíbro. Mauro sempre que podia ia visitá-la, e Maria Alice até já sentia muito sua falta. Quando por algum motivo ele não ia vê-la, sentia saudades, e ficava ansiosa para que ele aparecesse.

Em uma das vezes que estava passando em frente a uma pequena casa branca, Maria Alice teve a impressão de ter visto velho Pedro, que por sua vez a olhava muito também, e eufórica perguntou:

— Aquele não é o tal de Pedro?

— Sim. Aquele é velho Pedro, e não o tal de Pedro.

— E aquela garota? Eu já a vi em algum lugar.

— Você deve estar confundindo.
— Não. Não estou!!! Eu já vi aquela garota!!! Olha Mauro ali!!!
Mauro veio ao encontro das duas mulheres, e disse feliz:
— Olá, Maria Alice!!! Como você está?
— Eu me sinto muito bem. Mas por que sumiu? Nunca mais veio me ver!!!
— Desculpe, Maria Alice. Eu tive muito trabalho. Todos trabalham muito por aqui, viu?
— Ela já sabe. Não é mesmo, Maria Alice? Até me ajudou muito com as novas crianças que chegaram.
— Puxa!!! Que bom!!! Estou feliz por você.
— É. Não é muito o que gosto de fazer, mas até que foi legal.
— Já é um grande começo.
— Você está mais bonita. Será que é por estar tão perto das crianças?
— Você acha mesmo?
— É verdade, Maria Alice, você está mais bonita sim. E tenho certeza de que as crianças lhe fizeram bem.
— Mauro, será que você pode dar um passeio comigo?
— Não vai dar. O senhor Antonino quer que eu a leve até ele.
— Senhor Antonino? O que ele quer comigo? Será que fiz algo errado?
Laura pegou nas mãos de Maria Alice, e disse carinhosa:
— Não se preocupe, você não fez nada de errado, fique tranquila. Ele apenas quer conhecê-la.
— Me conhecer? E por que quer me conhecer?
— Chega de fazer tantas perguntas e venha comigo.
Maria Alice olhou assustada para Laura, como quem pede socorro.

— Pode ir, Maria Alice, não fique apreensiva. Você cumpriu com muito sucesso suas tarefas, e o mais importante é que já compreende muita coisa. Sua visita a Antonino só vai deixá-la melhor ainda.

— Você não vem comigo?

— Não posso. Mas lá estarão as pessoas certas que precisam realmente estar juntas de ti.

Laura abraçou Maria Alice, beijou seu rosto e deu boa sorte. Mauro olhou para sua amiga Laura com muita ternura. E disse:

— Não quer vir mesmo?

— Não, meu querido. Mas boa sorte!!! Que tudo dê certo!!!

— Muito obrigado.

Mauro saiu com Maria Alice. Depois de alguns quarteirões, entraram em um galpão enorme, todo iluminado. Não havia muitos móveis, apenas uma mesa no fundo, e algumas poltronas onde estavam o senhor Antonino, a garota que Maria Alice pareceu conhecer e velho Pedro. Assim que Maria Alice se aproximou, ficou um pouco assustada, e olhou para Mauro pedindo socorro.

— Se aproxime, Maria Alice.

Maria Alice se aproximou com as mãos trêmulas, mas não disse nada.

— Que bom vê-la!!! Como tem passado, Maria Alice?

— Bem.

— O que está achando de colaborar conosco?

— Nunca fui admiradora de crianças, mas devo confessar que gostei.

— Isso é muito bom. E nos deixa muito felizes. Bem, Maria Alice, quero lhe apresentar nosso amigo e um grande colaborador, velho Pedro; Rita e Mauro você já conhece.

Maria Alice os cumprimentou meio confusa, mas se limitou a apenas olhar.

— Bem, Maria Alice, eu a chamei aqui porque nós todos achamos que chegou a hora de rever tudo sobre sua vida. Caso fique muito impaciente, ou ansiosa, ou não se sentir bem, é só levantar a mão. Espero que entenda que só queremos ajudá-la.

Maria Alice já estava muito nervosa e ansiosa, mas não quis desapontá-los. E apenas balançou a cabeça positivamente.

— Bem, então se acomode nessa poltrona ao lado de seus colaboradores e procure elevar seus pensamentos a Deus, nosso Criador.

Maria Alice se sentou ao lado de Mauro, Rita e velho Pedro, e as luzes todas do salão se apagaram. Ela apenas olhou para a grande tela à sua frente, e esperou o que iria acontecer.

Para sua surpresa, quem apareceu logo foi velho Pedro, sentado em um toco de madeira, colocando fumo em seu cachimbo e dando algumas baforadas. Todo sorridente, começou:

— Muito tempo atrás, na época dos sinhozinhos de engenho, os grandes coronéis, os poderosos fazendeiros, no tempo em que os negros só tinham liberdade quando faziam a passagem... Entre as grandes fazendas existia uma que era comandada por dois herdeiros, Tomás e Tomé, que aprenderam com o pai, desde de muito pequenos, a respeitar os negros, pois sem saber já eram abolicionistas, e não maltratavam aqueles seres, só porque a cor da pele deles era escura. Assim, os dois irmãos cresceram respeitando todos os escravos. Aliás, na maioria das vezes Tomás ia à feira de escravos para livrar alguns dos mais maltratados. Comprava justamente aqueles que se encontravam esgotados e machucados pelos seus donos. Em uma das vezes em que Tomás foi à feira, se encantou por uma escrava de pele bem clara, pois nessa época era bem comum os senhores brancos se deitarem com as negras, miscigenando as raças. Naquele dia Tomás não conseguia se concentrar nos escravos que estavam em exposição precisando de socorro. Seus olhos teimavam em olhar para aquela linda escrava. Lindalva também não tirava os olhos de Tomás. Seu dono, percebendo o olhar insistente do moço, a tirou da exposição e a levou diretamente ao rapaz.

— O senhor está interessado nesta escrava?

Tomás, quando a viu de perto, sentiu seu coração bater mais forte. E, olhando para a escrava, respondeu:

— Quanto quer por ela?

— Eu não quero nada, se o senhor deixar ela ter o filho que está em seu ventre!!! Já tentou por várias vezes tomar ervas preparadas para perder o filho!!! Ela é sua, pode levar.

— Se o senhor está tão preocupado, cuide dela e do filho que virá.

— Não posso. Minha mulher é muito ciumenta, e ruim como as cobras; se essa moça tiver esse filho em minha casa, é capaz de matar ela e o filho.

Tomás nem precisou perguntar se o filho era dele. Encantado pela moça, a trouxe para o casarão.

Mas o problema era seu irmão Tomé. Ele se deitava com todas as mulheres possíveis e imagináveis, negras, brancas, mulatas, casadas, solteiras. Dizia que as mulheres nasceram para ser amadas. E realmente amava todas as que se deitavam com ele. O danado tinha o dom de amar mesmo que fosse por poucas horas. Tratava-as como se fossem as melhores mulheres do mundo.

Maria Alice não sabia direito explicar o que estava se passando com ela, mas suas lágrimas desciam como se fossem cachoeiras; não conseguia controlar, sua cabeça estava confusa. Mauro, sentindo que ela não estava bem, levantou a mão.

— Quer que pare, Maria Alice?

— Não, só preciso de um pouco de água.

Antonino lhe deu a água, e preocupado perguntou:

— Quer continuar outro dia?

— Não, por favor, não pare!!!

Depois de Maria Alice tomar a água, a grande tela se iluminou novamente.

Tomé era tão bom quanto Tomás, só tinha esse defeito, que por muitas vezes tirava o irmão do sério, e eles brigavam pra valer, mas logo faziam as pazes.

Os dois irmãos fizeram a herança do pai crescer a cada dia. Mas esse crescimento se devia aos escravos, que, por serem tratados com respeito, procuravam ser gratos, e por consequência não eram vendidos. Formavam uma grande família.

Assim que Tomás chegou com a escrava, Tomé a olhou com cobiça, mas na mesma hora Tomás o pegou pelo braço e o levou para um canto do casarão e pediu:

— Tomé, não quero que se aproveite dessa escrava, ela vai ter um filho.

— Mas quantas vezes preciso te dizer que não me aproveito; pelo contrário, faço todas elas felizes.

— Tomé, não estou brincando.

— Tá bem... Tá bem... Como quiser. Ela pode ter seu filho sossegada.

E, realmente, Tomás pôde confiar na palavra do irmão. Tomé não buliu com a escrava Lindalva.

Lindalva ficou trabalhando dentro do casarão; tinha seu quarto e todas as regalias, como se fosse da família. Lindalva era uma escrava faceira, e sabia que sua beleza provocava os mais atrevidos instintos dos homens. Assim que conheceu Tomé, se apaixonou por ele. E fazia de tudo para provocá-lo. Os olhos dele brilhavam quando passava por ela. Mas Tomé, como havia prometido, não iria bulir com a moça, pelo menos até que a criança nascesse. Mas Lindalva era virada naquele que prefiro não comentar, e provocava insistentemente o que estava quieto. Sempre procurava cercá-lo quanto podia, preparava seu banho, tirava suas botas, arrumava seu quarto, enfim, fazia de tudo para estar perto dele. Em uma das vezes em que Tomé estava ainda dormindo, Lindalva entrou em seu quarto, deitou a seu lado, e começou a acariciá-lo. Tomé acordou com seus instintos à flor da pele. Quando viu que era Lindalva a seu lado, deu um pulo da cama, e assustado pediu:

— Por favor, sua maluca, sai já do meu quarto!!!

Maria Alice estava impaciente. E quando viu aquela cena teve um choque, pois se lembrou nitidamente não só do jeito de falar como das palavras usadas por Tomé. Sentiu como se estivesse revivendo sua vida com Gustavo, e assustada gritou:

— Meus Deus!!! É Gustavo!!!

Mauro sentiu medo por Maria Alice se recusar a reviver sua história, e tentando acalmá-la perguntou carinhosamente:

— Quer parar?

— Não, preciso saber tudo sobre mim e Gustavo. Quer dizer... Eu acho que é Gustavo, e quero saber tudo sobre Tomé!!!

Ajeitando-se na poltrona pediu:

— Por favor, senhor Antonino, continue.

Muito sereno Antonino continuou:

— Mas por quê? Eu sei que tu me queres também!!! Eu vejo nos seus olhos que me deseja!!!

— Não... Não... Está enganada, não te quero nem te desejo!!! E, por favor, saia daqui!!!

Lindalva se levantou, chegou bem perto dele e começou a se esfregar, beijando todo o seu rosto. Tomé queria cair em tentação, mas havia prometido a seu irmão que não a tomaria. Mesmo porque sabia que Tomás a amava de verdade. Ele sempre estava à sua volta e cobrindo-a de gentilezas, a ponto de as outras a odiarem. Mas Lindalva era muito rebelde, arrogante e prepotente, e se aproveitando do feitiço que se instalara no coração generoso de Tomás humilhava as outras escravas como se ela não tivesse sangue de negro correndo em suas veias.

Tomé a empurrou com violência, fazendo Lindalva cair no chão, mas na mesma hora se arrependeu.

— Por favor, Lindalva, me perdoe!!! Se machucou?

Lindalva fez dengo e disse que sim.

Tomé se apavorou, pois ela estava com o ventre bem avantajado. Delicadamente a levantou e disse, firme:

— Por favor, não faça mais isso. Eu poderia ter te machucado.

— Mas eu estou perdidamente apaixonada por você!!!

Maria Alice não podia suportar mais, pois relembrou instantaneamente aqueles cenas vividas com muita intensidade. E, reprimindo a forte emoção que estava sentindo, passou as mãos pelo rosto, tentando ser firme.

— Não, não está, você gosta do meu irmão!!!

— Quem te disse isso?

— Eu sei.

Tomé queria se convencer do que dizia, pois reparava que Lindalva tratava o seu irmão com carinho e atenção. Tomás sentia-se feliz ao lado da escrava. Álém do mais, não tinha como não amar Tomás, ele era o homem que toda mulher sonhava ter um dia como esposo, sempre gentil e generoso.

Mas no coração de Lindalva por enquanto só cabia desejo e cobiça. Com raiva ajeitou sua roupa e disse:

— Você ainda vai me desejar com loucura.

Assim que Lindalva saiu do quarto, Tomé se jogou na cama e pensou em voz alta:

— Ó, meu Deus!!! O que faço com essa mulher? Eu não sou de ferro!!! Qualquer hora perco a cabeça!!!

E realmente Tomé perdeu a cabeça de tanto que a escrava o provocara. Assim que a criança nasceu, não contendo mais seus desejos, Tomé, se deitava todas as noites com Lindalva. Os dias passaram e Lindalva ficou completamente dependente de Tomé, quanto mais se deitava com ele, mais o queria, até que se tornou uma doença.

Mas para Tomé ela era apenas mais uma em sua cama. No momento em que a tinha nos braços era o verdadeiro amante, amava-a profundamente. Mas só aquelas horas.

Lindalva foi ficando cada vez mais dependente de seu amor; quando Tomé se deitava com outras, Lindalva saía no tapa com elas. A situação foi ficando cada vez pior. Lindalva não se saciava, e Tomé a usava cada vez mais.

Mas, cada vez que Tomé acabava de fazer amor com Lindalva, se arrependia amargamente. Tomé amava muito o irmão, e com o passar dos dias sua consciência pesava cada vez que olhava para ele. Sabia que aquela situação tinha que mudar.

Tomás, por sua vez, cuidava da pequena Joana como se fosse sua filha. Lindalva o olhava com carinho, tinha muito amor por ele, mas não como ele gostaria. Uma tarde, Tomé estava sentado na varanda do grande casarão quando se aproximou um velhinho de mais de 90 anos, Pedro. Trabalhou por anos nas plantações de café, mas o que gostava mesmo de fazer era colher vários tipos de ervas. Com o tempo foi se aperfeiçoando em garrafadas de remédios que ficaram famosas, e todos o tratavam como curandeiro. Velho Pedro já não prestava mais serviços no cafezal como os outros escravos, pois Tomé e Tomás não permitiam, respeitavam sua idade avançada, e foi assim que ele começou a se dedicar a seus remédios naturais. Em seus rituais fazia remédios para muitos males; descobriu até ervas que ajudavam as mulheres no parto. Quando vinham as dores, velho Pedro dava um cálice apenas, e a criança escorregava rapidinho ao mundo — era tomar que o útero expulsava ligeiro a criança para a vida.

O bom velhinho se sentou ao lado do "menino namorador", como chamava Tomé, e disse com riso ligeiro:

— Oia, patrãozinho, eu gosto dimais de vos mecê, mas o nego gosta dimais do patrãozinho Tomás também. E si um dia acontecê arguma coisa com ceis dois, seu veio aqui vai morrê di tristeza.

— Por que, pai Pedro, está dizendo isso?

— Porque não tá certo o que vois mecê tá fazendo, patrãozinho, si afasta da neguinha Lindalva.

— Não estou entendendo, meu pai!!!

— Ara, patrãozinho, entendeu sim, vois mecê não é bobo da curuca.

— Ah, pai Pedro!!! Me perdoa, mas é mais forte que eu.

— Eu perdoo, patrãozinho; quem não vai perdoar vos mecê é o patrãozinho Tomás.

— Eu sei, se um dia ele descobrir não vai me perdoar, não é mesmo?

— Meu patrãozinho, deixa a neguinha Lindalva, esqueci ela, meu fio, tem tanta neguinha pra vos mecê, por que buli cum essa?

Tomé tinha muito respeito por velho Pedro, ele era muito sábio, e se pediu que se afastasse era porque sabia das coisas. Tomé se levantou do banco, pegou nas mãos de velho Pedro e as beijou:

— Prometo para o senhor que nunca mais vou tocar em um só fio de cabelo dela.

As luzes do grande salão se acenderam, e Maria Alice, com os olhos fixos na tela, sentia tudo voltar à sua memória como se tivesse acabado de viver aquela história. Como se nunca houvesse tido outra, apenas aquela. Velho Pedro estendeu sua mão calejada para ela como se soubesse tudo o que estava sentindo naquela hora tão absoluta de suas verdades. Maria Alice pegou na mão do velho negro sem preconceito nenhum, como se compartilhassem das mesmas dores, dos mesmos penosos tempos de escravos.

— Eu nunca poderia imaginar que o senhor fosse tão nobre assim!!!

— Minha filha, você agora precisa descansar.

Maria Alice estava na mais forte emoção, nunca poderia imaginar que houvesse mais fortes sentimentos em seu espírito. Rita, com ar de menina curiosa, se aproximou de velho Pedro, e o abraçou agradecendo:

— Muito obrigada por deixar que eu viesse.

— Eu prometi, não prometi?

— Mas pensei que o senhor havia esquecido.

— Eu sei como gosta dos seus amigos e irmãos, e sei também que seu amor é verdadeiro.

Maria Alice estava comovida com tudo o que estava se passando com ela, mas tinha mil perguntas para matar sua curiosidade, e sem cerimonia perguntou:

— Senhor Antonino, está claro para mim que Lindalva sou eu, que Gustavo é Tomé, velho Pedro nem precisa perguntar. Mas e Tomás e Joana? Ainda não consigo me recordar!!!

— Não precisa se preocupar, você vai reconhecer cada um que faz parte de sua vida. Mas agora você precisa descansar, amanhã tem muito trabalho pela frente.

— Trabalho?

— Sim. Aqui ninguém fica na ociosidade.

— Eu te disse, Maria Alice!!!

— Aliás, você vive dizendo isso para mim, Mauro.

— Mauro está certo, trabalhar eleva nosso espírito e nos faz sentir úteis.

— Eu gostaria tanto de continuar a ver minha vida, minha história.

— Depois que colaborar. Maria Alice, nada mudou, aqui também é sua vida, e na vida temos trabalho e muitas outras coisas para fazer. Como na Terra, todos têm seus trabalhos, seus descansos, até mesmo suas horas de lazer.

Maria Alice logo pensou que ficou muito mais na ociosidade do que qualquer outra coisa — como era fútil.

— Bem, Maria Alice, vamos. Amanhã temos muitas coisas para fazer.

Mauro acompanhou Rita e Maria Alice.

— Maria Alice, quer ficar comigo?

— Com você? Mas não sei se posso.

— Claro que pode, Maria Alice, está na hora mesmo de sair do hospital. Você está em condições de viver sem que precisem dizer o que fazer e como agir.

— Bem, se for assim, eu aceito com prazer.

Mauro as deixou com muita alegria, e com euforia se perguntava quando Maria Alice teria algum indício que fosse para se lembrar dele.

38

Quando o amor é verdadeiro

As famílias de Gustavo e de Júlia não perdiam mais nenhum dia de trabalho no centro espírita Caminho da Luz. Alberto estava com sua mediunidade cada vez mais aguçada. Marta estava feliz por Alberto poder ajudar os irmãos que procuravam por notícias de parentes ou amigos que partiram para uma outra jornada, mas infeliz por cultivar um amor impossível por ele, pois sabia que nunca o teria, pois vivia muito bem em seu casamento com Norma. Já estavam se encerrando os trabalhos quando Alberto se aproximou de Marta:

— Marta, sábado é dia do meu aniversário e gostaria muito que você também fosse em casa.

— Ah, Alberto, que pena, mas não vou poder ir... Já tenho compromisso.

— Mas não dá para adiar?
— Infelizmente não.
— Puxa!!! Todos da família de Gustavo vão estar lá, e gostaria muito que você também fizesse parte dessa noite muito feliz para mim.

Marta disse não justamente para não sofrer um amor que era realmente impossível. Mas se perguntava por que Alberto sempre insistia em estar também perto dela. Por que esse amor em meu coração? Por que tinha um sentimento tão forte se ele nunca poderia ser revelado?

E, pedindo ajuda ao seu mentor para que a fortalecesse, continuou:

— Fico muito feliz por ouvir isso de você, mas realmente não vai dar.
— É sua última palavra?
— Desculpe, Alberto, mas é sim.

Alberto se aproximou de Marta, abraçou-a, deu um beijo em seu rosto e disse desapontado:

— Vou sentir muito sua falta.

Marta procurou sair rápido dali, pois seu coração pulsava tão forte que poderia condená-la, esse amor já estava impossível de esconder. Gustavo, quando a viu sair às pressas, e com lágrimas nos olhos, foi atrás dela. Marta entrou em uma das salas de passes e Gustavo entrou em seguida.

— Marta, o que foi?
— Por favor, Gustavo, me deixe sozinha.
— Não posso. Você sempre me socorreu quando estava na pior, por isso não vou deixá-la sozinha.
— Me deixe, Gustavo. Eu não quero dividir com ninguém, é melhor você ir embora.

— Quem sabe não sou eu quem vai aliviar essa dor?
— Ninguém pode aliviar o que estou sentindo.
Gustavo abraçou Marta e a fez sentar a seu lado.
— Sempre podemos aliviar nosso sofrimento, por mais que pensemos não ter saída, sempre terá uma à nossa espera.
— Não, Gustavo, para mim não haverá saída alguma.
— Pois eu posso te garantir que há.
Marta enxugou as lágrimas que teimavam em deslizar pelo seu rosto, e olhou admirada para Gustavo.
— Não brinque comigo, Gustavo. Estou sofrendo muito.
— Eu sei, e sei até por quê. Mas sofrer por amor nunca será em vão.
— Pelo amor de Deus, Gustavo!!! Fale baixo, ninguém pode nos ouvir.
— Mas e se eu disser para você confiar em Deus? Você faria isso?
— Não sei. Às vezes até eu, que já animei muitos irmãos fazendo-os nunca deixarem de ter fé, não consigo acreditar que Deus está fazendo isso comigo.
— Marta, há quantos anos te conheço?
— Ah, desde quando você ainda era muito namorador e arrumava muitas brigas por aí.
— Gosto de você assim, sorrindo; choro não combina com você.
— Ah, Gustavo, choro de raiva de mim mesma. Como pude deixar esse amor entrar no meu coração? Como posso amar um homem casado? Que vergonha!!! Me desculpe, Gustavo!!!
— Não precisa se desculpar. Como podemos adivinhar por quem nosso coração vai bater mais forte? Olha, não posso fa-

zer nada, mas posso pedir que confie em Deus; eu sei que vai ser muito feliz ainda.

— Como posso ser feliz se nunca vou ter quem eu amo desesperadamente?

— Marta, preste atenção. Não posso e não devo dizer nada a você, não compete a mim comentar qualquer coisa, mas me prometa que vai ao aniversário de Alberto.

— Não posso, daqui a pouco todo mundo vai ler na minha cara.

— Marta, eu venho te buscar, prometo não te deixar sozinha um só minuto, mas você tem que ir.

— Não estou te entendendo. Você quer me levar para o abate?

— Marta, confie em Deus, e confie no seu sentimento. Você vai ver que nada está errado.

— Eu vou pensar até amanhã, eu te ligo e digo se vou ou não.

— Está bem, não posso obrigá-la, mas espero uma resposta sua.

— Gustavo, você é um garoto maravilhoso. Espero que você e Mariana sejam muito felizes.

— Eu vou ser. Nunca vou desistir da minha felicidade, e você não deve desistir da sua.

Gustavo foi embora. Marta não entendeu nada, mas ficou mais aliviada por pelo menos Gustavo saber do seu amor. Ninguém poderia saber de uma coisa tão absurda como aquela.

39
Novas verdades que machucam

Amanheceu um dia lindo de sol. Norma estava preparando a festa de aniversário de Alberto, que aconteceria no próximo sábado, pois queria deixar tudo organizado com antecedência, quando Álvaro chegou.

— Álvaro, que surpresa!!!

— Está ocupada?

— Sim, mas nada que não possa esperar um pouco; apenas estou preparando um jantar de aniversário para Alberto.

— Ah, como gostaria de vir, há quanto tempo não vou a uma festa de aniversário!!!

— E por que não vem?

— Acho que não preciso te dizer o porquê.

— Quando vai parar com essa implicância com Gustavo?

— Ah, Norma não quero falar sobre isso; vim aqui para convidá-la para ir comigo alguns dias para o sítio.

— No sítio? Não posso. Vou dizer o que para minha filha?

— Leve Júlia também!!!

— Como levar Júlia? O que vou dizer?

— Que vai viajar comigo alguns dias e gostaria que ela viesse.

— Acho que não está batendo bem da cabeça!!!

— Por favor, Norma, não aguento mais viver sozinho.

— E você quer que eu seja sua dama de companhia?

— Não é isso, Norma. Quero você alguns dias comigo, longe de São Paulo.

— Não, Álvaro. Isso não, prometi para mim mesma que só saio da minha casa para viajar com você depois que pensar muito bem no que quer de sua vida.

— Mas por que você complica as coisas?

— Por quê? Ainda pergunta? Olha, se você não sabe, amo muito minha filha!!! E não a trocaria por nada deste mundo.

— Nem por mim? Você diz que me ama tanto!!! Não parece!!!

— Álvaro, não quero ser mal-educada com você, por isso peço que saia já da minha casa; e, por favor, se for para vir falar novamente sobre isso, não volte mais.

— Se é assim que prefere!!! Mas quero deixar bem claro que não vou te dar mais nenhuma chance!!!

— O que está me dizendo? Quem pensa que é para falar assim comigo?

— Eu sou o homem por quem sofreu a vida inteira, sou o homem que você diz que ama, mas não parece, porque, se me amasse de verdade, deixava essa menina por alguns dias. Nem sua filha é, apenas fez um favor de criá-la.

Alberto entrou bem na hora, e, sem pensar duas vezes, deu um soco bem dado no rosto de Álvaro, vociferando:

— Seu covarde!!! Seu iludido!!! Quem pensa que é para entrar aqui e falar assim de Norma e de minha filha? Seu canalha. Deus nunca erra mesmo!!! Você merece tudo o que perdeu, e tudo o que está passando. Sai já da minha casa, seu covarde. Não enxerga um palmo diante do nariz, seu crápula. Vai sofrer muito por ter magoado Norma.

— Pare, Alberto, pelo amor de Deus!!!

— Pode falar o que quiser, mas eu não sou menos iludido que você, que pensa ser pai de Júlia; você é outro idiota como eu. Pensa que não sei que fez isso porque ama Norma? Mas ela nunca vai amá-lo, mesmo ficando a seu lado; ela apenas precisa de você para que Júlia nunca saiba que foi adotada!!!

— Isso que tio Álvaro está dizendo é verdade, mãe? — perguntou Júlia, que estava entrando naquele exato momento e ouviu tudo.

Norma sentiu que o chão havia sumido sob seus pés. Sentiu uma dor profunda em seu peito, como se aquela verdade arrancasse sua filha Júlia de seus braços à força. Mas Alberto, como um ser mais equilibrado, pegou nas mãos da filha e disse, emocionado:

— É verdade, minha filha, e já está na hora de você saber de toda a verdade.

Álvaro se levantou desapontado consigo mesmo, e começou a chorar por sua covardia e por fazer a mulher que amava sofrer amargamente.

— Pai, por favor, o que está acontecendo? O que tio Álvaro está dizendo?

— Júlia, sente-se aqui. — Alberto sentou à sua frente e, com o coração apertado, fez o que não dava mais para adiar:

— Júlia, Norma e eu não somos seus pais biológicos. Essa é a verdade que Álvaro está falando.

— Me perdoe, Júlia. Juro que não queria que você soubesse. Eu fui um grande covarde, e com medo de perder Norma soltei essa barbaridade. Não liga para o que seu tio fala, sempre fui um perdedor mesmo, eu sou um idiota, sempre fiz tudo errado. Norma e Alberto não têm culpa nenhuma, eles te amam, eles são seus pais!!!

— Pare, tio, pare. Pai Alberto, diz que tudo isso é um sonho, que isso não está acontecendo. Diz, mãe, que é mentira de tio Álvaro.

— Não, minha filha. Infelizmente, tudo o que você ouviu é verdade!!!

— Por quê? Por quê? Por que esconderam isso de mim?

Júlia saiu correndo, entrou em seu carro e sumiu. Álvaro caiu aos pés de Norma, suplicando por perdão.

— Norma, pelo amor de Deus, me perdoe!!! Eu sou um canalha mesmo, como Alberto disse, eu mereço tudo o que estou passando. Sempre fiz tudo errado. Sei que nunca vou merecer seu amor, mas me dê seu perdão.

— Álvaro, vá embora. Nos deixe em paz.

— Por favor, Álvaro, faça o que Norma está pedindo. Nós precisamos nos recompor e tentar encontrar nossa filha. Vá para sua casa. Quando tudo estiver mais calmo você vem falar com Norma.

— Alberto, não sei o que dizer a você.

— Não diga nada, apenas vá embora.

Álvaro foi embora, e Norma, abraçada a Alberto, disse em desespero:

— E agora, Alberto, o que vamos fazer?

— A verdade sempre aparece. E nossa verdade apareceu, então vamos ter que saber lidar com ela da melhor maneira possível. Júlia tem que saber a verdade; uma hora nós teríamos que contar, esse segredo estava fazendo mal para mim e para você. Como você poderia começar uma vida nova com Álvaro omitindo a verdade de Júlia?

— É verdade o que Álvaro disse sobre seu amor por mim?

— É verdade sim, eu sempre fui apaixonado por você, mas não foi por isso que aceitei ser pai de Júlia. Lembra de como tudo aconteceu?

— Sim, eu me lembro!!!

— Tenho muitas saudades de quando ainda éramos apenas dois jovens de 15 anos.

— Eu também.

— Acho que devem existir muitas amizades entre garotos e garotas, mas não como a deste garoto idiota aqui, que ficava horas babando por uma garota que nunca, nunca lhe deu um só beijo, que nunca, nunca se declarou. Mas com certeza existiu um garoto que, por amar tanto a amiga, preferiu se calar, para que seu mundo nunca terminasse. Era tudo tão perfeito, e eu a coloquei dentro, fazendo de tudo para que nunca pudesse escapar. Eu sempre te amei, você estava acima de qualquer coisa que pudesse atrapalhar meu caminho. Até que ficamos adultos e eu tinha que mudar aquele sentimento, pois era tarde demais para estragar uma linda amizade. Você confiava tanto em mim, e seus pais, então, confiavam como se eu fosse seu irmão mais velho. O tempo foi passando e nunca tive coragem de me declarar e perder você de vista. Porque era isso o que aconteceria, nossa sintonia era perfeita, nossos segredos eram bem guardados, nós éramos cúmplices;

você, Norma, era a perfeição em minha vida. E eu escolhi tê-la a meu lado a vida toda. Mas para isso tive que abrir mão de meu amor. Hoje você sabe que é e sempre será a pessoa mais importante de minha vida, mas quero que seja feliz com o homem que sempre amou. Álvaro precisa de você, só você vai fazê-lo crescer e admirar a vida, ou melhor, começar a viver realmente, pois vocês dois viveram até agora um lamentável engano.

— Alberto, nunca poderia imaginar que alguém pudesse me amar assim. Quem sabe se tivesse se declarado nós não estivéssemos juntos!

— Não, Norma, isso não aconteceria. E sabe por quê? Quando uma mulher ama um homem, ela é mais corajosa, e, seja lá no que for dar, ela enfrenta. E se você nunca se declarou é porque nunca houve amor de sua parte, e eu preferi amar sozinho, contanto que estivesse a seu lado. Mas foi bom de certa forma; vivi muito tempo de minha vida como um homem realizado, tinha a mulher amada e uma filha maravilhosa, o que mais eu poderia pedir a Deus?

— Mas você jogou sua vida toda fora, poderia ter se casado e tido os próprios filhos, e não amar calado uma mulher que nem sequer poderia lhe dar um filho.

— Não faz mal. Foi minha escolha, e estou feliz por isso. E depois, quem disse que ainda não posso ter meus filhos? Quer dizer, se você aceitar que seu amigo aqui siga seu caminho.

— Alberto, pode passar o tempo que for, você também será o maior bem da minha vida; eu te amo muito, muito mesmo. Ainda acho que se você tivesse se declarado poderia ter sido diferente, mas quero que seja muito feliz. E, com certeza, a mulher que ficar a seu lado vai ser a pessoa mais abençoada deste mundo, porque você não existe. Ela vai ser premiada. Alberto, eu te amo!!!

Norma abraçou Alberto, e sabia que talvez nem Álvaro preenchesse sua vida como Alberto, mas ela tinha que libertá-lo para ele ser feliz de verdade.

— Agora que já te contei todos os meus segredos, quer dizer, meio segredo, porque Álvaro descobriu muito antes de você, e sabe por quê? Porque ele não sabe brigar pelo que quer, ele tem medo, ele só descobriu porque se sentiu ameaçado. Álvaro te ama, ele não se deu conta disso, seus sentimentos estão todos embaralhados, mas tenho certeza de que ele nunca te esqueceu. Só espero que ele agora faça a coisa certa, pois você merece muito ser feliz. Bem, agora vamos procurar por Júlia!!!

— Não, Alberto, você já fez muito por nós. Chegou minha hora de ser forte; eu vou atrás de Júlia, sei onde encontrá-la. Eu é que tenho de conversar com nossa filha. Você já fez muito por nós duas.

Norma pousou um beijo no rosto de Alberto e saiu em busca da filha. Ela com certeza iria entender que ninguém no mundo passaria por tantas dificuldades se não fosse por amor. Nem se ela tivesse sido criada pelos seus pais verdadeiros seria tão amada quanto foi por Alberto. Nenhum pai poderia se doar tanto quanto ele. O que ele fez muitos pais não fariam pelos próprios filhos.

Álvaro foi embora com remorso, mal conseguia raciocinar.

— Por que eu fiz isso? Como pude destruir uma família tão abençoada? Como pude ser tão cruel assim? Meus Deus, me perdoe pelos maus passos, por favor, me perdoe!!! Estenda sua mão para mim, Senhor!!!

Álvaro chegou em casa e foi logo preparar uma bebida. Com o copo cheio de uísque, se sentou no sofá pensando em quando iria ser um homem de verdade.

— Já está bebendo, papai?

— Só faço besteira. Deixe-me aqui no meu canto.

— Ainda bem que sabe que só faz besteiras. Quando vai acordar para a vida? Quando vai acordar e ver realmente as pessoas que te querem bem?

— Ah, minha filha!!! Às vezes não tenho vontade de viver!!!

— E, se continuar a fazer o que faz, vai ter menos ainda.

— Por que está assim com seu pai?

— Por que se meteu em um assunto que só cabia a tio Alberto e tia Norma?

— Onde está Júlia?

— Na casa de pessoas de bem.

— Ah, já sei. Na casa do homem mais amado do mundo!!!

— Papai, não vou mais admitir que fale de Gustavo assim. O que me interessa agora é saber por que fez essa maldade com meus tios e Júlia. O senhor não tem mais coração? O senhor tem noção do ato que cometeu?

— Eu juro que não queria que isso acontecesse. Juro que não quis fazer Júlia e Norma infelizes. Mas, minha filha, você logo vai ficar sabendo mesmo... Preciso te contar quem são os pais verdadeiros dela.

— Não precisa. Não quero saber de nada, esse assunto cabe a eles, pai!!! Se um dia tiver que saber, é porque eles permitiram. Eu não suporto mais vê-lo assim, bebendo todos os dias, rancoroso e sem vontade de viver. Por isso quero avisar o senhor: se continuar assim, não vou mais trabalhar na agência. Nós já não tínhamos conversado, pai?

— Ah, minha filha... Sou um coitado mesmo... Sei que não me quer mais como pai mesmo... Não vai mais trabalhar na agência? Tudo bem... Aproveita e me abandona de vez, vai morar na casa do homem mais charmoso do mundo... O homem que conquista todas as mulheres!!! Eu conheço esse tipinho: tem a titular, mas quer as dos outros também!!!

— Pare, papai!!! Pare com isso!!! Quanta bobagem está dizendo!

— E o que quer que eu diga? Você sabe que Gustavo namorava você, mas também amava sua mãe!!!

— Tudo bem, papai... Não vou e não quero ficar discutindo com o senhor, só espero que pare de beber; desse jeito vai acabar com sua vida. Tudo o que construiu vai se destruir em pouco tempo. Para não dizer que sua filha é ingrata e malcriada, porque isso jamais poderia dizer, o senhor me deu tudo de bom quando ainda era sensato, principalmente nas minhas horas de dúvidas e medo. Mas quero que saiba que estou indo embora, não suporto mais vê-lo assim. Daqui a uns dois meses vou me casar com Gustavo. É só o tempo de correr a papelada. Só vim pegar minhas roupas; a partir de hoje não volto mais aqui.

— E vai morar onde? Apertada na casa dos pais de Gustavo?

— Não, na casa que eu e Gustavo vamos montar.

— Você está brincando comigo!!! E Gustavo lá tem bala para montar uma casa e colocá-la dentro?

Álvaro estava tão embriagado que não percebeu quanto magoava a filha.

— Eu não precisava te dar satisfações, mas é com muito orgulho que lhe comunico que Gustavo é um bom advogado. E está se esforçando para que possamos nos casar.

— Mas garanto que não vai conseguir lhe dar tudo!!!

— Às vezes, papai, precisamos de muito pouco para viver bem. Não preciso de tudo isso que o senhor tem, e sabe por quê? Porque você morreu para a vida, nem trabalhar direito vai; o tempo está passando aí fora e o senhor se esqueceu de fazer parte dele. Enquanto ficar remoendo o porquê de ser tão coitadinho, a vida esbanja oportunidades para todos nós sermos melhores. Pai, estou indo embora, se algum dia voltar a viver e achar que precisa de mim, pode me procurar, estarei te esperando.

Mariana saiu chorando, mas precisava tentar fazer com que Álvaro voltasse a querer viver, voltasse a se interessar pela própria vida.

40

Os questionamentos

Maria Alice estava mais solícita, já não achava tão ruim cuidar das crianças. Ela se dividia entre as crianças e os adolescentes entre 12 e 17 anos, esse era seu trabalho. No começo ela apenas observava Rita dar suas palestras, responder a dúvidas, e até mesmo falar sobre o amor, e muitos ainda confundiam o que era amor e o que era prazer. Qual a diferença do amor entre um homem e uma mulher, que é uma das razões da nossa alma? E o perigo do amor ilusório, que poderia transformar os sonhos em doenças e dúvidas? Do ato de amar em si, concebendo o fantástico milagre de outro ser evoluindo no ventre de uma mulher, quando nasce, quando é criança, quando entra na adolescência, quando chega à fase adulta? Na realidade, o setor que estamos relatando foi escolhido justamente para que Maria Alice aprendesse o que é amor verdadeiro, independente do prazer pelo sexo, e quanto esse amor é essencial para que os filhos concebidos sejam amados e respeitados e, consequentemente, possam transmitir o mesmo amor e os mesmos valores para suas eventuais gerações.

Maria Alice se questionava em muitas coisas, mas não tinha coragem de se aprofundar nesse assunto; ainda lhe fazia muito mal ter rejeitado, e não renunciado a tudo por eles, aqueles seres que dependiam tanto de uma mãe amorosa, com princípios de educação e moral para que pudessem ter um alicerce firme debaixo de seus pés. Maria Alice, quando se encontrava sozinha, fazia uma análise de tudo, e chorava um pranto de falhas e remorsos. Num dos dias em que se encontrava recolhida em suas meditações, teve um sentimento indefinido, parecia que quando vivia em um corpo material não havia uma alma; lamentava drasticamente por nunca ter enxergado os fatos realmente como aconteceram. Por que, quando tinha um corpo material, não conseguia avaliar tudo o que lhe era tão simples agora? Por que só agora sentia o tamanho das decepções que gerou nas pessoas à sua volta, e antes não? Por que só agora conseguia enxergar o que todos à sua volta já enxergavam? Maria Alice, quando estava na Terra, nunca chorava; para ela, chorar era uma demonstração de derrota, de fraqueza, e isso ela não admitia. "E por que só aqui, agora, consigo chorar sem vergonha, sem querer provar se sou fraca ou não, se estou sendo derrotada ou não?"

— Chorar muitas vezes nos faz bem, não quer dizer que você é a fraca que um dia pensou ser!!!

— Mauro!!! Que surpresa, não o esperava!!!

Maria Alice pela primeira vez não se importou com as lágrimas que desciam pelo seu rosto, apenas ficou feliz em ver Mauro.

— Como sempre sabe o que eu estou pensando!!!

Mauro puxou um banquinho e se sentou bem à sua frente.

— Porque me importo com você.

— Verdade?

— É sim, mas não precisa se cobrar tanto, deixe que aos poucos os acontecimentos vão tomando forma, e aos poucos vá trabalhando sua alma para não repetir os mesmos erros.

— Mas por que só agora as coisas ficam mais claras para mim? Quando lembro do que fiz, tenho muito remorso e muita vergonha também.

— Porque sem um corpo material ficamos mais sensitivos, mais apurados. Vê se você me entende. Com o corpo material que nos arrasta, praticamente ficamos cegos com certos acontecimentos, mas tudo fica gravado em nossas almas; é como se o subconsciente de nossa alma registrasse tudo, mas não desse autorização para que esse tudo passe para seu corpo material. Aí é que está seu esforço em reparar os erros, e evoluir a cada encarnação.

— Mas por que não lembramos? Seria tão mais fácil, evoluiríamos mais rápido.

— É, mas em compensação encontraríamos muitos desafetos em nossa jornada, e, em vez de reparar nossos erros, praticaríamos muitos outros.

— Puxa, é mesmo!!! Como não pensei nisso?

— Sempre em sua jornada é preciso se lembrar de que existe um Deus, uma força maior nos regendo. Se lembrar disso sempre já terá meio caminho andado. É do criador que temos que lembrar sempre, o resto vem ao nosso encontro de um jeito ou de outro.

— Você sempre me ajudando, me esclarecendo. Fico feliz em ter você ao meu lado.

— Eu também!!!

— E por que se importa comigo? Tem algum motivo? Nós temos uma ligação?

— Eu não sei. Você é quem vai ter que lembrar.

— Eu sabia!!! Você faz parte do meu caminho, não é?

— Eu não disse isso, disse que você é quem tem que lembrar.

— Puxa, eu gostaria tanto que seu caminho estivesse junto do meu.

Mauro sentiu seu coração bater forte e, sem olhar para ela, disse:

— Bem, Maria Alice, chega de tanto papo, o senhor Antonino quer vê-la.

Maria Alice não sabia o que sentia quando estava em companhia de Mauro, mas preferiu esperar pelas respostas, pois com certeza viriam. E com o coração mais leve acompanhou Mauro.

41

Esclarecimentos

Norma chegou em frente à casa de Gustavo, estava muito nervosa — não sabia como agir nem o que pensar, mas tinha a certeza de que tudo teria que ser revelado. Norma pediu ajuda ao mentor Pedro, respirou fundo, abriu o portão e entrou. Assim que bateu à porta, dona Adélia veio abrir, com a certeza de ser Norma.

— Pode entrar, Norma.

— Obrigada. Sem rodeios, Adélia, minha filha está?

— Estava, mas saiu com Fernando.

— Meu Deus!!! Até quando vai fugir de mim?

— Ela não está fugindo, apenas foi dar uma espairecida; logo estará de volta.

— Mas quando vir meu carro parado aqui em frente vai fugir novamente.

— Norma, se acalme, já disse que ela não fugiu. Lembra que algum tempo atrás, aliás foi assim que nos conhecemos, pedi para que viesse aqui em casa?

— Sim, eu me lembro.

— Pois é. Já estava prevendo algo à sua volta.

— Por que nunca me disse?

— O importante foi você ir ao centro. Você e Júlia já estão preparadas para essa revelação.

Norma começou a chorar, nunca pensou que esse dia fosse chegar.

— Não fique assim, Norma; eu sei que nada vai acalmar seu coração neste momento, mas Júlia é sua filha. Não tenha medo, Deus abençoou vocês três.

— Espero que você esteja certa. Não vou suportar se Júlia não entender.

— Norma, vou chamar Gustavo para lhe fazer companhia, e vou fazer um café fresquinho para nós.

— Gustavo está em casa? Pensei que tivesse saído com Fernando e Júlia.

— Não. Ele pediu que assim que chegasse fosse chamá-lo.

Passados alguns minutos, Gustavo entrou na sala.

— Como vai, Norma?

Gustavo abraçou Norma com muito carinho.

— Estou com muito medo!!!

— Não precisa, Júlia vai entender, tive um longo papo com ela.

— Verdade?

— Eu já estava esperando. Para falar a verdade, eu e Júlia já havíamos falado sobre essas coisas de pais como vocês.

— Como assim?

— Já faz algum tempo que eu sei de tudo.

— E como soube? Quem poderia ter contado?

— Alberto. Mas não foi fofoca ou coisa parecida. Ele precisava falar do amor que sentia por você. Alberto é uma das pessoas mais bacanas que já conheci.

— Mas ele contou tudo a você? Inclusive quem...

— Sim. Mas o que interessa é como Júlia vai reagir. Como eu te falei, Júlia sempre desconfiou. Você não dorme no mesmo quarto que Alberto, ela nunca presenciou sequer um beijo entre vocês... Ela sempre comentou do tratamento formal que tinham. Notou que não havia intimidade como os casais normais. E depois as visitas constantes do senhor Álvaro. Enquanto são pequenos, fica fácil de esconder, mas Júlia é uma mulher, seria fatal desconfiar de tudo. Ela me procurou e desabafou, e conversamos muito sobre isso. E eu procurei Alberto, que acabou contando tudo. É uma pena não ter escolhido Alberto para amar, ele é o cara certo para você e Júlia.

— Eu sei, mas não é assim...

— Não precisa se explicar, mesmo porque não preciso saber de nada; quem precisa saber o que quer para sua vida é você. Se você quiser minha ajuda para conversar com Júlia, estarei aqui, mas não protele mais. Alberto tem o direito de ser amado, e muito amado.

Norma pensou no que Gustavo poderia estar sabendo, mas não perguntou nada — era muito tarde para se interessar pela vida sentimental do seu maior amigo.

— Aqui está o café!!! Vamos tomar!!!

Os três tomaram o café calados, cada qual com seus pensamentos. Não demorou muito e Júlia entrou, acompanhada de Fernando, Patrícia e Guilherme. Os três cumprimentaram Norma e logo foram para a cozinha. Adélia e Gustavo estavam se retirando também quando Norma pediu:

— Por favor, Gustavo, gostaria que você ficasse!!!

Adélia saiu e Gustavo se sentou perto de Júlia tentando passar confiança.

Norma contou tudo a Júlia, desde quando nasceu, procurou não esquecer de nada. Norma e Júlia choravam muito, suas emoções estavam à flor da pele. Gustavo, entre as duas, se calou e respeitou as verdades mais doloridas de suas vidas. Júlia estava magoada por viver uma mentira por tanto tempo, mas Gustavo, sentindo a indiferença de Júlia e o sofrimento de Norma, interveio:

— Júlia, eu sei que será muito difícil por algum tempo, mas você foi abençoada por Deus por ter uma mãe e um pai como eles. Não te faltou nada, pelo contrário. Quero que pense no amor que Alberto depositou em você e principalmente em sua mãe; nenhum homem sem amar faria uma loucura dessas. Se podemos dizer que existe um ser generoso, esse ser é Alberto. Desde que a recebeu como filha, ele morreu para a vida, não teve namoradas, nunca teve seus amigos à parte, muito menos o amor da mulher com quem ele conviveu, só por amor a outra, que com certeza será muito importante até o fim dos seus dias. Por isso, não precisa dizer nada agora, ninguém vai lhe cobrar algo que por enquanto não tem condições de dar, mas apenas prometa que vai pensar em sua mãe e em seu pai. Pense e analise bem. O que eles ficaram devendo a você como pais?

Júlia abraçou Norma com desespero de não saber como agir, mas sentia em sua alma o que nunca se perderia enquanto vivesse: amor, confiança e respeito. Gustavo, emocionado, se aproximou e abraçou as duas amigas que aprendeu a amar incondicionalmente.

— Gustavo, se eu disser que está tudo bem vou mentir, mas prometo que vou pensar em tudo sobre meu pai e minha mãe. Só preciso de um tempo. Mãe, nada mudará o que sinto pela a senhora e pelo meu pai. Só peço um tempo, só isso.

— Claro, minha filha, o tempo que precisar. Eu e seu pai vamos dar o tempo que quiser. Só quero que saiba que não existe nada mais importante em nossas vidas do que você.

No coração de Júlia só cabia medo e desconforto, mas tinha que usar a cabeça, tinha que pensar e pesar tudo com tranquilidade. Quando nos encontramos abalados emocionalmente não conseguimos avaliar tudo como realmente é, e sim enxergar o problema em questão como se nós fôssemos os mais infelizes da face da Terra. Costumamos fazer muito mais drama do que o necessário. Júlia, como uma adepta da doutrina espiritualista, e por tudo o que aprendeu, foi sensata e quis dar um tempo para seus pais e para ela; afinal de contas, eles fizeram um bem. O que ela poderia naquele momento cobrar? O que ela poderia exigir da vida senão ponderação e agradecimento por tudo o que Deus preparou para seu caminho?

42

O reencontro

Depois daquele dia terrível na casa de Alberto e Norma, Álvaro sentia cada vez mais remorso por ter sido responsável pela tristeza de todos eles. Estava deitado em sua cama e, por mais que fizesse esforço, não conseguia tirar Norma de seus pensamentos. Lembrou do tempo de faculdade em que se conheceram, lembrou dos passeios, dos cinemas a que iam sempre, dos passeios pelo parque do Ibirapuera, e dos momentos de amor que aconteceram com tanta intensidade entre eles.

— Por quê? Por que, meu Deus, tudo isso se perdeu? Por que mudar nossos caminhos assim de uma hora para outra? Se até hoje sinto amor por Norma, por que me iludi com Maria Alice? Oh, meu Pai!!!

Nosso Criador, me ajude!!! Por que estou me tornando um homem ruim?

Álvaro não pôde ver, mas pôde sentir a misericórdia de Deus. Mauro, Rita, Maria Alice e o mentor da casa espírita, velho Pedro, estavam ali com permissão dos seus superiores. Foi a primeira visita de Maria Alice. Com a permissão de seus superiores, ela voltou à sua antiga casa, e pôde ver Álvaro, que sofria completamente desorientado. Sentiu uma tristeza imensa em seu coração, e olhou para Mauro perguntando com os olhos o que fazer.

— Mauro, eu não sabia que estava tão triste assim. E, o que é pior, está parecendo um bêbado maltrapilho jogado em uma sarjeta!!!

— É, Maria Alice, aconteceram muitas coisas depois que os deixou, mas Álvaro se encontra nessas condições porque não quer aceitar as coisas como devem ser.

— O que podemos fazer para ajudá-lo?

— Isso, minha filha!!! Este velho aqui está gostando de vê--la tão magoada por ele!!!

— Ah, velho Pedro!!! O senhor é tão bom. Ajude Álvaro, ele não merece viver assim. Sempre foi tão bom comigo e com Mariana!!!

— Essa menina que você cotou é sua filha, Maria Alice!!!

Maria Alice baixou a cabeça pela afirmação de velho Pedro, e sentiu muita vergonha por tudo o que a fez passar.

— Ah, velho Pedro, sinto tanta vergonha de tudo o que fiz à minha...

— Fala, minha filha!!! O que ia dizer?

— Minha filha... Minha filha... Ah, meu Deus, como fui egoísta!!!

— Maria Alice, não precisa se sentir tão envergonhada agora; o mais importante é que já reconhece o que fez. Agora é só absorver tudo o que realmente está sentindo e enxergando para que não pratique mais. Quando sentir tudo isso em seu coração, ore, mas ore com fervor a Deus, para que Ele possa retirar tudo o que você não deseja mais para sua vida. O que não desejamos, o que não queremos que faça parte de nosso caminho expulsamos com muita fé para o espaço, para que possa se transformar algum dia em energia benéfica para o planeta.

— Isso mesmo, minha filha. Mauro está certo!!! Você é quem tem que ajudar esse irmão.

— Eu quero, velho Pedro. Mas quem sou eu para ajudá-lo?

Velho Pedro se aproximou de Álvaro e pediu para todos os outros se aproximarem também. Colocou Maria Alice mais à frente de Álvaro e pediu que ela espalmasse suas mãos sobre o coração dele, e a fez acompanhá-lo em suas orações. Maria Alice fez exatamente o que velho Pedro havia pedido. Com todas as forças de seu ser, Maria Alice se entregou àquele momento de recolhimento. Quando se deu conta, estava orando como velho Pedro, sem saber sequer de onde vinha aquele linguajar de negros africanos. Quanto mais sentia sua fé cravada em seu coração, mais orava na língua dos negros. Suas lágrimas desciam lavando sua alma e, como se voltasse ao tempo da escravidão, se viu vestida igual às negras, de saia bem rodada e longa, com blusa de babados, um turbante imenso na cabeça e um colar feito de coquinhos que eles mesmo confeccionavam. Em seu pulso, contas de ave-maria dando várias voltas e formando uma pulseira; da ponta pendia um grande crucifixo, que ela segurava com fervor suplicando misericórdia a seu Deus. De suas mãos saíam luzes que iluminavam Álvaro como se fossem milhões de estrelas prateadas se espalhando por todo o quarto, deixando um leve perfume de ervas frescas, retirando dele todos os pensamentos atormentados de tristeza e de culpa.

Aos poucos aquela magia foi se perdendo diante da visão de Maria Alice, deixando em seu espírito um imenso amor por todos os escravos. Álvaro, por sua vez, sentia mais confiança e mais disposição, como se tivesse acordado de um sonho muito bom. Mauro e Rita estavam felizes por Maria Alice ter conseguido elevar sua fé acima de qualquer outro sentimento que por muitos anos tivesse carregado em sua alma, e emocionados se aconchegaram, dando-lhe um abraço fraternal. O generoso mentor velho Pedro, com aquela alegria vivaz de negro, disse:

— É, minha filha, já está quase pronta para saber tudo o que é preciso para melhorar a cada dia, fortificando seu caminho.

— Nossa, estou me sentindo com as pernas e os braços enfraquecidos!!!

— É assim mesmo, Maria Alice. Quando nos entregamos de verdade para doar bons fluidos, ficamos sem forças, mas logo você se recupera — disse Rita, sorrindo.

— Olhe, Álvaro está bem melhor; tudo porque você quis realmente ajudá-lo.

— Puxa!!! Estou feliz. Faz tempo que não sinto uma felicidade tão verdadeira!!!

— Você está feliz mesmo, Maria Alice?

— Sim, meu velho, acho que nunca senti algo parecido.

— Se é assim, então vamos ver se realmente está como eu acredito!!!

Velho Pedro fez sinal para Mauro e Rita, que gentilmente seguraram nas mãos de Maria Alice, chegando em segundos à casa de Gustavo. Por coincidência, estavam todos reunidos em um alegre ambiente.

— Meu Deus, estão todos juntos!!! Parece até que estavam nos esperando!!!

Mauro, mais que depressa, olhou para Maria Alice para sentir sua reação em relação a Gustavo. Pois já havia passado muito tempo desde a separação deles.

— Puxa, Gustavo está mais bonito!!!

— Está sim. Mas você não fica feliz em vê-lo ao lado de Mariana? — perguntou Rita.

Maria Alice baixou a cabeça quando reparou em Mariana a seu lado.

— Não precisa ficar assim. Eu sei que ainda o ama.

— Eu não sei bem se é amor o que senti por Gustavo, mas vê-lo me faz reviver algo muito forte aqui dentro do meu peito. Eu ainda não consigo deixar de sentir isso. Como gostaria que fosse ilusão minha!!! Como gostaria de amar alguém que realmente me amasse também!!! Eu não sei muita coisa, mas sei que tenho muito a aprender, por isso gostaria de rever minha vida como Lindalva logo, para tirar minhas dúvidas. E tentar amar Gustavo apenas como um amigo querido.

— Por quê? Você ainda tem dúvidas?

— É, velho Pedro, tenho sim. E quero acreditar que nunca amei Gustavo. O que sentia quando estava aqui a seu lado era forte e sofrido, e eu não quero sofrer mais, por isso preciso saber o que virá a seguir na minha vida como Lindalva.

— Eu acho que está perto de você saber que talvez não seja mesmo Gustavo seu príncipe encantado.

— E você, Rita, é muito abelhuda!!!

— Por que, Rita, sabe alguma coisa? Estou tão confusa, preciso tirar essa dúvida. Quero saber se tenho um amor!!!

— Não, Maria Alice, ela não sabe. Mesmo porque Rita nem fez parte desse pedaço da história!!!

— E você, Mauro, fez parte da história de velho Pedro e da minha?

— Maria Alice, você está igualzinha à menina Rita. Não adianta querer saber por nós; quem tem que lembrar é você!!!

— É isso mesmo. Não é, dona Rita?

— Ah, Mauro... Eu não falei nada. Apenas gosto de finais felizes, iguais aos dos filmes, só isso.

Maria Alice deu risada do jeito arteiro de Rita, e sabia que já conhecia aquela garota, só não conseguia se lembrar de onde, mas, como paciência para eles era virtude, teria que esperar a hora certa para descobrir. Depois de alguns minutos de alegria com Rita, Maria Alice olhou para cada um deles, mas preferiu não comentar nada ainda, pois não conseguia tirar de seu coração a vergonha que sentia por ter feito a eles coisas de que não se orgulhava, começando por Adélia, mãe de Gustavo, que devia ter sofrido muito pelo filho.

E Norma? Não poderia dizer que fora aquela amiga, pois tirou seu noivo sem se preocupar com a dor que devia ter sentido. E Alberto então? Como poderia existir um homem tão bom assim? "Sempre amou Norma, e eu tive uma parcela de culpa por acabar com um caminho muito mais bonito; nunca lhe dei sequer uma oportunidade de bater um papo, jogar conversa fora. Como fui egoísta, meu Deus. Foram todos bons, e eu não dei o mínimo valor."

— Por que não consegui ser melhor para todos eles?

— Não se preocupe, logo tudo vai ficar bem. Norma e Alberto ainda terão tempo de refazer suas vidas. Por isso você pode fazer muito por eles ainda. Basta orar, como fez com Álvaro, colocando toda a sua fé, acreditando no que deseja para eles.

— Será?

— É isso mesmo, minha filha!!! Você agora sabe que tem fé!!!

— Eu gostaria de poder mudar tudo, mas agora é tarde.

— Não, Maria Alice. Não fale assim, tudo tem jeito. Eu já disse a você que o importante é reconhecer que errou, isso sim é importante.

— Mas, se eu tivesse sido diferente, até poderia ter sido feliz. Olha o que fiz para Gustavo. Ele deve me odiar!!!

Maria Alice não segurou as lágrimas, pois observou que Gustavo só ficou como era, um rapaz alegre, gentil, tranquilo e mais bonito do que nunca, depois que ela partiu e o deixou definitivamente.

— Quanto tempo Gustavo ficou com aqueles aparelhos todos?

Velho Pedro olhou para Mauro, sentindo seu receio, mas respondeu como se nada o tivesse abalado:

— Gustavo ficou quase dois anos para se recuperar totalmente. Mas ele teve amparo de velho Pedro, e de muitos outros médicos do plano espiritual, senão talvez nunca mais andasse.

— Meu Deus!!! Está vendo o que fiz com ele? Eu que o amava tanto só lhe fiz mal!!!

— Mas ele tinha suas provações também. Ninguém é vítima, aprenda isso. Se ele passou por isso, é porque tinha que passar. Ninguém tem o que não merece.

— Puxa... Será mesmo que um rapaz tão bonito em todos os sentidos tinha que pagar alguma coisa?

— Se ele fosse tão perfeito como está dizendo, não estaria aqui!!!

— É... Mauro, você deve saber melhor do que eu. Só espero que ele consiga cumprir o que veio cumprir!!!

— Pode ter certeza de que cumpriu boa parte!!! O garoto foi firme!!!

— Rita!!!

— E não foi mesmo? Não posso falar nada, puxa!!!

— Maria Alice, ele já superou tudo isso, e não a odeia. Ele sempre lembra de você, sim, mas com carinho, sempre com carinho. Se você parasse de se lamentar e se culpar, prestaria mais atenção ao que estão falando; ele está feliz!!!

Maria Alice tinha tantas dúvidas que não reparou realmente que todos estavam bem, e, aceitando a sugestão de Mauro, se calou para escutar o que comentavam.

— E os preparativos do casório como estão indo?

— Está quase tudo pronto? Júlia você já foi ver seu vestido? Não esqueça, falta pouco tempo.

— Não precisa se preocupar, nossas roupas estão prontinhas, não é mesmo, Fê?

— E seu pai, Mariana, já está mais conformado?

— Eu não sei, dona Adélia, já faz alguns dias que não vou lá.

— Mas já pedi a você para não fazer isso. Seu pai precisa de você; o problema dele é comigo, e não com você.

— Eu sei, Gustavo, mas, se ele não aceita você, não sou obrigada a aceitá-lo.

— Por que Álvaro não aceita Gustavo?

— Porque o culpa por sua partida.
— Não pode ser!!!
— Mas é verdade. A verdade mesmo é que ele não consegue aceitar que você e Mariana amam Gustavo.
— Rita!!! Você sempre atropelando as coisas. Em vez de ajudar você atrapalha!!!
— Ela precisava saber, ué!!! Assim quem sabe ela possa orar mais por eles. Se fizer isso, logo se reconciliarão.
— Eu tenho certeza de que já vi essa cena!!!
— De que cena está falando?
— Essa de vocês dois brigando!!! Eu sabia que já os conhecia!!!
— Você é aquela menina... Que veio para me levar!!! E você é... Vou me lembrar... Como é mesmo seu nome?
— É Mauro.
— Não, não é... Como é, velho Pedro? O senhor com certeza sabe.
— Eu já disse que é você quem tem que lembrar.
— Tudo bem... Tudo bem... Eu vou me lembrar, vocês vão ver!!!
Maria Alice ainda estava confusa, mas estava feliz em saber que eles realmente queriam ajudá-la.
Voltando a Gustavo, continuou:
— Álvaro não quer enxergar que Gustavo não é culpado; somos nós mesmos os culpados pelos nossos fracassos. Álvaro sempre soube que eu nunca o amei, mas ainda não sabe ou não quer admitir que também nunca me amou. É como você disse, Mauro: quando estamos em um corpo de carne, temos dificuldades de enxergar as coisas como realmente são. Preferimos viver na ilusão e alimentar nossos desejos. Sabemos muitas vezes que não são o caminho certo, mas insistimos para que tudo aconteça, alimentando

nossas ilusões. Naquele momento queremos aquilo, não importa quem está certo ou errado, se vamos fazer alguém sofrer ou não. O importante é satisfazer nossos desejos, mas nunca pensamos que muitas vezes eles são ilusórios, e não a verdade de nossa alma.

— Puxa, Maria Alice!!! Estou admirada com suas palavras. Então você já sabe se amou verdadeiramente Gustavo ou se foi apenas ilusão?

— Não sei ainda o que realmente senti por Gustavo, sei que ele mexe muito comigo, e gosto de estar perto dele, mas, como você acabou de dizer, se eu amei é porque está no passado, e, se está no passado, não era amor, era ilusão. Mas o que importa agora é ajudarmos Álvaro a se livrar desse orgulho que o impede de ser feliz realmente, e deixar que Gustavo seja também. Se eu tive alguma ligação com Gustavo ou não, um dia saberei, não quero partir deixando tristeza em meu espírito, para que ele não sinta também. Não importa o que fui para Gustavo, ou o que Gustavo foi para mim, o que importa é que já posso caminhar sem ele, e quero que seja feliz mesmo que seja com Mariana.

— Puxa, minha filha, você agora falou bonito, me surpreendeu. Mas ainda não consegue ver a menina Mariana como sua filha, não é mesmo?

— Eu não sei bem por que sinto um pouco de rejeição, por que não a aceito. Mas gosto de Mariana, sempre foi um exemplo de garota.

Velho Pedro sabia os porquês de Maria Alice, mas era seu dever que ela descobrisse e entendesse as indiferenças, e suas provações ainda a chamavam para uma reparação.

Depois da visita, em que Maria Alice teve permissão para poder avaliar com mais entendimento, foi convidada novamente para assistir à continuação de Lindalva. A história da escrava.

43

O fundamento de tudo

Maria Alice estava muito ansiosa, mas muito nervosa também, por não saber o que a esperava. Velho Pedro e Rita ficaram a seu lado para amparar suas emoções e suas decepções. Mauro não pôde participar, suas tarefas o chamavam com mais urgência. Depois que todos estavam sentados, confortáveis, Antonino apagou as luzes e esperou a grande tela se iluminar.

Tomé cumpriu o prometido, e nunca mais deixou Lindalva se deitar em sua cama. Lindalva chorou por vários dias, pois sentia um desejo incontrolável por ele. Sempre dizia que um homem igual a Tomé nunca mais iria ter em sua vida, e que se ele não fosse dela não seria de mais ninguém.

Tomé sabia amar de verdade uma mulher; ele se entregava inteiramente, por isso muitas delas se apaixonavam perdidamente. Em seus pensamentos ele fazia as mulheres felizes, principalmente as escravas que já sofriam por não entender o porquê de tanto preconceito, o porquê de serem tão humilhadas, já que a cor da pele delas não as impedia de ter e sentir as mesmas dores, o mesmo amor e os mesmos sentimentos que as brancas sentiam pelos seus pais, pelos seus irmãos, pelos homens e por seus filhos também. E para Tomé eram todas mulheres maravilhosas. Mas, para as leis do Criador, Tomé era compulsivo por sexo, e em tudo na vida é preciso haver equilíbrio, para não se tornar uma doença que muitas vezes leva várias encarnações para se curar.

Maria Alice assitia a tudo com seu coração batendo descompassado, como se estivesse ali, vivendo e sentindo como Lindalva.

O tempo passou, até que um dia Tomé conheceu a filha de um dos poderosos senhores de engenho, muito respeitado naquela região. Tomé nunca ia à feira de escravos ou à feira livre, mas aquele dia quis acompanhar seu irmão. Enquanto Tomás cuidava das compras de escravos, ele foi comprar alguns mantimentos que a escrava Benta havia pedido.

Estava andando distraído quando deu um esbarrão em uma linda jovem. Tomé se virou para pedir desculpas, quando viu a linda Helena.

— Me perdoa, não a vi!!!

— Está perdoado!!!

Tomé e Helena ficaram se olhando por alguns segundos, e o amor se instalou como num passe de mágica em seus corações. A partir daquele dia, Tomé mudou radicalmente; nunca mais sentiu prazer em se deitar com qualquer mulher que fosse. Seus pensamentos eram só em Helena. Cada vez que fechava os olhos via a imagem dela, e começou a acompanhar o irmão sempre que ia à cidade. Seus olhos percorriam todos os cantos na tentativa de encontrá-la.

Numa das vezes, andou por horas para poder achá-la — seus olhos registravam tudo à sua volta. Tomé já estava decepcionado quando uma carruagem parou ao seu lado e ouviu uma voz feminina:

— Está me procurando?

Quando Tomé se virou, deu de cara com a pequena Helena, e não conseguiu disfarçar seu amor. Envergonhado, respondeu:

— Bem... Acho que sim!!! Estou procurando uma linda jovem que roubou todos os meus pensamentos!!! Acho que você poderia me ajudar!!!

A charrete começou a andar, e Tomé, correndo a seu lado, perguntou:

— Qual é seu nome?

— É Helena. E o seu?

— Tomé. Como faço para vê-la?

A linda jovem beijou um pedaço de papel e colocou em sua mão. Quando Tomé abriu, leu: "Preciso te ver, me espere na porteira da fazenda Três Corações às quatros horas em ponto".

Tomé acenou com a mão, e ficou olhando a jovem que roubou seu coração desaparecer por aquelas alamedas.

Maria Alice deixava fluir as lágrimas que lubrificavam seus olhos, sentindo em cada espaço de sua existência um misto de amor e mágoa por Tomé e Helena. Porque, não havia como se enganar, eram Gustavo e Mariana naquela grande tela, que tudo registrava sem dó nem piedade.

Antonino interrompeu por alguns minutos a vida de Lindalva e perguntou:

— Quer parar, minha querida?

— Não, senhor Antonino, só preciso de um pouco de água!!!

Maria Alice bebeu alguns goles e pediu:

— Pode continuar, senhor Antonino, preciso saber de tudo!!!

A tela voltou a projetar.

Na hora marcada, Tomé estava lá esperando pela linda jovem. Assim que ela se aproximou, os dois se abraçaram perdidos de amor, e esse amor iluminava suas almas como se fossem um só ser. Depois daquele dia, sempre se encontravam no mesmo lugar, na mesma hora. Tomé a cada dia que passava ficava mais apaixonado. Até que, entre um beijo e outro, disse, com emoção:

— Helena, eu a amo muito, e não consigo viver mais sem você, hoje mesmo vou pedir sua mão em casamento a seu pai.

E assim foi feito. Com muito gosto o senhor Agenor abençoou o pedido de casamento, pois Agenor já conhecia Tomé e Tomás desde molecotes, desde o tempo do velho João, e nada seria melhor do que unir suas fortunas.

Mas, como tudo tem um preço, a vida de Tomé virou um grande pesadelo. Lindalva não se conformava com o desprezo do homem de sua vida. Muitas vezes foi até muito estúpido com ela.

— Pare de se torturar; eu vou me casar e não quero que nada dê errado. Você tem Tomás. Ele a ama, tenho certeza de que se casaria com você.

— Você não vê que não quero? Eu te amo.

— Quem merece seu amor é Tomás. Ele a ama de verdade, e ama sua filha como se fosse dele, não perca mais seu tempo comigo; eu amo Helena. Aproveite meu casamento e se case também.

Lindalva ouviu tudo aquilo de Tomé como se um punhal entrasse em seu coração, minando qualquer esperança que ainda havia. Deixando o ódio consumir sua alma, falou aos berros que iria atormentá-lo pelo resto de seus dias.

Maria Alice, sem suportar suas emoções, colocou as mãos no rosto e chorou dolorosamente sem parar.

Antonino interrompeu sua história e acendeu as luzes.

— Eu sei, minha filha, que dói muito, mas eleve o espírito.

Rita, comovida, também a abraçou com carinho, e procurou silenciar, respeitando a dor de Maria Alice.

Antonino esperou que ela se acalmasse e decidiu:

— Por hoje, chega. Vá descansar um pouco.

— Não!!! Por favor, não faça isso, preciso saber logo por que sofri tanto de amor por Gustavo e por que Mariana está nessa história!!!

— Querida Maria Alice, a verdade não está na vida de Mariana, ou de Helena, mas sim em você. Todo esse sofrimento foi provocado por você mesma. Você alimentou muito orgulho em seu espírito.

— Como assim?

— Você era uma escrava, mesmo que sua pele fosse clara, você era escrava, e por orgulho não aceitou o que você mesma se propôs assumir.

— Mas Gustavo!!! Quer dizer, Tomé... Ele não fazia diferença nenhuma entre nós todos!!!

— Mas com quem ele vai se casar?

— Eu não posso acreditar que ele também era preconceituoso.

— Realmente, para a época Gustavo não era preconceituoso; se ele se apaixonasse por uma escrava, com certeza se casaria com ela.

— Então não estou entendo!!!

— Maria Alice, Tomé não tinha preconceito; quem tinha era você, você não aceitou sua condição, você humilhava, você maltratava não só os negros iguais a você, mas também os brancos.

— Que branco eu maltratei?

— Não é só maltratar, maltratar é jeito de falar. É se desfazer das oportunidades que apareceram. Você poderia amar Tomás, que era branco, e Joana, que era sua filha, e o que fez? Quis o que não lhe pertencia. Tomé amou realmente homens, mulheres e crianças negras, mas não se deu ao respeito. Tomé amou você como amou tantas outras. Mas sua metade era Helena. É isso que você tem que descobrir em você: quem realmente amou e aceitou você como é e o que era apenas atração, prazer. Muitos de nós nos perdemos exatamente por confundir amor com prazer. O prazer nos leva à obsessão, nos deixa infelizes, nos faz sofrer e deixa marcas profundas em nosso espírito; o amor vai muito mais além da carne, ele nos eleva, nos faz felizes, nos faz completos, e principalmente nos respeita. Tomé amou todos em sua vida, mas sua alma gêmea era Helena; foi por Helena que conseguiu mudar seu modo de vida, foi ela quem o fez enxergar que amor não era nada daquilo, foi ela quem o fez sentir algo transformar sua alma, por isso Helena voltou como Mariana. Seu amor é puro e verdadeiro, e abnega, como fez Mariana por você também. Mariana só deixou Gustavo para não magoá-la. Ela acreditou no amor que disse ter por Gustavo, e, enquanto você se sentia feliz por ela tomar a atitude que tomou, seu coração se despedaçava por não poder viver ao lado de seu eterno amor. Helena é um espírito nobre e, sem pensar duas vezes, quis voltar para ajudá-los. Tomé não te respeitou e não foi por preconceito, mas por só pensar em prazer. Maria Alice, Gustavo também teve que ser forte para tirar de seu espírito marcas de prazer demasiado. Aliás, ele ainda tem muitas barreiras para ultrapassar. E quem vai ajudá-lo mais uma vez é Helena, ou Mariana, como quiser aceitar. Mas agora vamos parar por aqui, procure descansar e outro dia continuamos.

— Senhor Antonino, por que não podemos continuar?
— Porque você está sob forte emoção.
— Eu sei disso, mas, quanto antes, melhor para que eu entenda.
— Você tem certeza disso?
— Pode confiar, senhor Antonino.
— A qualquer hora posso parar, vai depender de seu estado emocional.
— Tudo bem, o senhor pode começar.

Antonino apagou novamente as luzes e se voltou para a grande tela.

Lindalva ficou tão revoltada que brigava com todos — com as escravas então, nem se fale. Chegou até a descontar sua ira na pequena Joana. Um dia Tomé estava entrando na cozinha quando viu Lindalva batendo na pequena Joana. Não pensou duas vezes, foi para cima dela e deu uma bofetada em seu rosto. Todos os outros escravos que também estavam na cozinha saíram com medo de Tomé, pois nunca haviam presenciado nenhum tipo de agressão ou desentendimento de sua parte.

— Bata em alguém de seu tamanho, covarde!!!

Tomé pegou a pequena Joana em seus braços, e já estava se retirando quando olhou bem nos olhos dela e disse:

— Como pode dizer que me amou se não ama nem sua filha?

Lindalva se sentou no chão e chorou com ódio no coração. Não se conformava de ele preferir aquela branquela pálida, e pensou: "Maldito!!! Um dia me ama, no outro me bate. Quem ele pensa que é?". Lindalva prometeu se vingar.

Tomé se casou com Helena, e a trouxe para morar em sua fazenda. Passados alguns meses, Helena engravidou. Tomé não se cabia de tanta felicidade, e levou a esposa para comprar o enxoval de seu primogênito com euforia; tudo o que era de melhor no mundo era para a criança amada.

Lindalva a cada dia enchia sua alma de rancor. Em uma tarde de verão muito quente, Helena estava na varanda tricotando um casaquinho para o bebê quando Lindalva se aproximou e sentou a seu lado.

— Puxa, sinhazinha, está muito quente o dia, e eu lhe trouxe um refresco, está bom!!!

— Ah, Lindalva obrigada, está muito calor mesmo, e um refresco cai bem.

Lindalva, sem responder nada, voltou para a cozinha.

Já era tarde da noite e todos estavam dormindo. Helena acordou com muitas dores. Tomé se levantou e foi chamar mãe Dolores, que era boa parteira. Assim que mãe Dolores entrou no quarto e examinou sinhazinha Helena, olhou para o patrão desconsolada.

— O que foi, mãe Dolores?
— Sinhazinha tá sangrando muito!!! Vai perder a criança, patrãozinho!!!
— Não, não pode ser, tem certeza?
— Infelizmente tenho, patrãozinho. Sinhazinha está lavada de sangue, não tem como estancar, nem c'as ervas de véio Pedro num segura essa criança!!!

Realmente Helena perdeu o filho que tanto esperavam, e foi uma tristeza só no casarão dos dois irmãos.

Tomé sofreu por vários dias, pois queria muito o filho da mulher que amava com tanta paixão, mas teve que se conformar. Seu irmão Tomás procurava ocupá-lo de todas as maneiras, para que pensasse menos na perda do filho. Depois de alguns dias, tudo voltou ao normal. Velho Pedro estava lá em seu canto fazendo as garrafadas de remédios quando mãe Dolores entrou no barracão.

— Ô, véio Pedro, tó cum meu coração apertadinho, apertadinho de angústia, precisava lhi falá, sinão, num vai passá!!!
— E o que sucedeu pra vois mecê tá tão aflita, fiazinha?
— Véio Pedro, não tenho certeza, mas essa garrafa aqui é pra que, véio?
— É pra hora do parto, nega. Por que vois mecê qué sabê?

Mãe Dolores baixou a cabeça e não quis falar. Mas velho Pedro, logo desconfiado, não precisou ouvir mais nada para confirmar do que já estava desconfiando.

— Por que vois micê deixô a neguinha Lindarva pegá?
— Eu juro, pai, que não sabia que ela ia fazê essa mardade contra sinhazinha Helena, ela disse que era pra ela mesma, pois tinha pegado barriga, e num quiria fio de nenhum jeito!!!

O velho negro chegou perto de mãe Dolores, passou a mão em seu cabelo e disse:

— Pelo amô de Zâmbi, vois mecê esquece essa história!!! Lindarva ainda vai pagá caro as mardade que faiz!!!

— O que é para mãe Dolores esquecer?

— Não é nada, patrãozinho Tomás!!!

— O que Lindalva tem a ver com esse remédio de velho Pedro? Diga logo, mãe Dolores!!!

Mãe Dolores começou a chorar, mas Tomás insistiu:

— Fale, mãe Dolores!!!

— Sabe o que é, patrãozinho, acho que Lindarva deu o remédio que pai Pedro faiz pra expulsá criança pra sinhazinha Helena.

— E por que ela faria uma coisa dessas?

Velho Pedro olhou para mãe Dolores, e respondeu logo antes que acontecesse uma tragédia:

— Vai vê que neguinha Lindarva pegô o rumédio errado, é isso, patrãozinho!!!

— E por que pegaria justamente dessa garrafa? E o que é pior!!! Por que daria para minha cunhada tomar? Não... Não precisa me responder!!! Como sou idiota!!!

Tomás saiu do barracão espumando como cão raivoso, e foi atrás de Lindalva. Quando entrou na casa, gritava pelo seu nome, e, sem se importar com a presença da cunhada e dos outros escravos, a pegou pelos braços, e gritava aos quatros cantos do casarão.

— Por que usou o remédio de velho Pedro?

— Me solta. Ai, você está me machucando!!!

Tomás, na sua ira, apertava os braços de Lindalva.

— Você quer mesmo saber por quê? Então vou te dizer. Eu odeio essa branquela, eu odeio, quero que ela morra!!! Desde que ela apareceu, seu irmão me despreza!!! Eu queria que ela morresse junto com a criança!!!

Tomás foi para cima da escrava e começou a surrá-la descontroladamente. Tomé entrou correndo para ver o que estava acontecendo, pois se ouviam os berros de longe, e viu o irmão enlouquecido. Tentando acalmá-lo daquela insensatez, foi tirá-lo de cima de Lindalva. Tomás estava completamente enfurecido e, sem nenhum raciocínio, começou a esmurrar o irmão também. Num ímpeto tresloucado tirou a garrucha da cintura e atirou em Tomé, que caiu na hora, ensanguentado. O projétil entrou certeiro em seu coração, e não houve tempo para mais nada. Tomás largou a arma e, passando as mãos pelos cabelos em completo tormento, olhou fixo para o irmão, sentindo naquele momento seu corpo gélido. Suas lágrimas desciam pelo rosto sem que ele permitisse. E, caindo em si, saiu correndo como uma presa. Lindalva, quando viu Tomé caído no chão, tomou-o em seus braços e, encostando a cabeça dele em seu peito, gritava:

— Ah, Zâmbi!!! Por quê? Por que levou o amor da minha vida? Como poderei viver sem ele? Volte, Tomé... Pelo amor de Zâmbi, volte, eu te amo!!!

Lindalva estava banhada de sangue. Ainda podia sentir o corpo quente de Tomé junto ao seu. Num impulso, pegou a arma do chão, colocou contra o próprio peito e disparou, caindo por cima do corpo de Tomé. Aquela cena toda não parecia real, mas todos os que a presenciaram gritavam de dor e lamento por tão cruel tragédia. Velho Pedro tirou Lindalva de cima de Tomé, fechou seus olhos com os dedos e o levantou, acolhendo-o em seus braços, sentindo uma dor muito mais perversa do que a de ser açoitado no tronco. Orou com toda a força de um negro temente a Deus:

— Oh, Zâmbi!!! Este nego aqui sabe que vois mecê é soberano, mas não carecia levá meu patrãozinho desse jeito, e dexado o outro num tormento tão cruel!!!

Todas as outras escravas rodearam velho Pedro com uma vela acesa nas mãos e fizeram seus rituais, pedindo a Zâmbi que Tomé fosse recebido pelos orixás e tivesse entendimento de sua partida. Velho Pedro orou por Lindalva também, que Zâmbi não a abandonasse, deixando-a sofrer por muito tempo. Que Zâmbi tivesse compaixão de seu espírito ainda ignorante.

Maria Alice chorava muito, como se seu coração pedisse resignação a Deus por suas tão mesquinhas faltas. Antonino, ao ver o estado de Maria Alice, quis parar, adiando para outro dia, mas ela insistiu para que trabalhasse seus erros. Quem sabe ainda poderia fazer algo por Mariana e Gustavo, que ela achava que amou um dia? Velho Pedro se aproximou de sua irmã, e sentou-se a seu lado segurando suas mãos tão frias e trêmulas. Antonino se emocionou quando viu seu velho amigo se prontificando a ajudar mais uma irmã, em meio a tantas outras que por ele passaram, doando um pouco de sua sabedoria e benevolência.

O sepultamento de Tomé e Lindalva foi feito com muita dor. Tomás sumiu no mundo por muito tempo. Helena tentou várias vezes se suicidar, mas com ajuda e carinho de velho Pedro e tantos outros escravos ela foi salva e liberta daqueles transtornos de loucura momentânea que tinha.

Passaram-se alguns meses, e Helena foi ficando mais fortalecida, aprendeu com as histórias de velho Pedro que o amor verdadeiro nunca morre e que, se cumprisse sua missão com fé e sabedoria e enfrentasse com firmeza seus dias de sofrimento, Tomé com certeza estaria à sua espera e torcendo para que ela vencesse suas provações.

Estava entrando a primavera e os campos enormes daquela fazenda se cobriram de flores. Helena pouco a pouco se deu conta de tudo o que era preciso para continuar cultivando o café. Muitas vezes sentia melancolia de tanta saudade que tinha de seu único amor, mas velho Pedro estava ali, não a deixando desanimar. Helena estava indo à cidade para continuar o trabalho que o cunhado havia começado — um pouco antes de sumir já fazia parte da luta pela abolição dos escravos. Assim que chegou, fez algumas compras de escravos, mantimentos e participou da reunião de alguns abolicionistas, trazendo discórdia e rebeldia de muitos. Já estava de partida quando foi abordada por um dos fazendeiros egoístas e mesquinhos.

— A senhora não tem mais o que fazer além de compactuar com a ideia de abolir esses negros malcheirosos?

Helena não respondeu, continuou a andar em direção à charrete, quando o senhor pegou em seu braço, provocando-a:

— Estou falando com a senhora!!! É surda?

— Para o senhor, que é ignorante, eu sou!!! Agora, me dê licença que preciso ir embora!!!

Mas o senhor insistiu:

— Sabe do que a senhora precisa? É de um homem. Se quiser, posso fazer a vez de Tomé, aquele sonhador. Ainda bem que morreu, pois deixou de ver que sua mulher se dá ao desfrute de levar um monte de negros fortes para casa, dando desculpas de que é para protegê-los.

Helena, sem pensar, deu um tapa estalado no rosto do homem. Ele, na sua fúria, foi para cima da senhora, agarrando-a pelos braços. Quando menos esperava surgiu um homem do nada, que deu-lhe um soco, levando o abusado ao chão. Seu defensor pegou-a pelo braço e levou-a para sua charrete. Helena estava assustada e rapidamente agradeceu a ajuda ao senhor:

— Muito obrigada. O que posso fazer para lhe agradecer?

O homem não respondeu. Ele estava sujo, com as roupas rasgadas e uma capa que cobria seu rosto. Helena ficou curiosa para saber o motivo de ele cobrir o rosto. Mas, antes que ela pudesse perguntar, ele foi andando às pressas. Helena não se conformou e correu atrás:

— Moço, estou falando com o senhor!!! Quero te ajudar para retribuir o que fez por mim!!!

O homem não respondeu, apenas apertou o passo para que ela não o alcançasse.

— Não tenha medo. Eu só quero ajudá-lo.

Quando o homem viu que ela o seguia, sem se virar, respondeu:

— Vá para casa, podem aparecer outros rebeldes iguais àquele, e não vou estar por perto para ajudá-la!!!

Helena tentou se lembrar de quem era aquela voz, pois tinha a nítida impressão de que já o conhecia. De repente, por impulso, puxou a capuz do homem, que se zangou na hora. Ele se virou bruscamente, fazendo com que Helena tomasse um susto.

— Tomás!!! Que Deus seja louvado!!! Eu sabia que era você!!!

— Vá embora, me deixe em paz!!!

Tomás colocou novamente o capuz sobre sua cabeça, e saiu apressado.

— Por favor, não vá!!! Eu preciso muito de você!!!

Tomás continuou andando sem se importar com o que Helena dizia.

— Por favor... Não fuja!!! Me ajude em nome de seu irmão, Tomé!!!

Tomás parou na hora quando ouviu Helena mencionar o nome de seu irmão, e sem se virar respondeu com a voz sumida:

— Não posso, sou um desgraçado e mereço passar o resto dos meus dias só; não sou digno de viver ao lado de quem quer que seja.

Helena foi se aproximando bem devagar do cunhado, que parecia um farrapo humano; quando parou à sua frente, não suportando tanto sofrimento de ambas as partes, penalizada abraçou o cunhado, como se pedisse abrigo também. Tomás não pôde segurar a emoção que sentia no pulsar de seu coração, e retribuiu o abraço, fazendo com que os dois irmãos de provações sublimassem seus espíritos, suplicando por uma nova oportunidade de ser dignos de Deus.

— Tomás, não quero e não vou te censurar, muito menos cobrar qualquer coisa de ti, mas volte para casa. Para sua casa, seu lugar é lá.

— Não sou mais digno de viver ao lado de pessoas de bem; se ao menos tivesse coragem de acabar com minha vida, mas nem isso sou capaz de fazer, sou covarde, sou um pobre miserável, não posso voltar.

— Nunca mais diga isso!!! Por favor, Tomás, volte, eu preciso de você. Não vai adiantar sumir, pois, seja lá aonde for, vai levar essa dor com você. Se quer realmente fazer valer esse sofrimento, volte, e mostre que há como se arrepender; lute contra esse tormento. Não sofres menos do que eu. Vamos voltar para o casarão. Não é necessário falar o que não faz bem para nossos corações. Apenas vamos fazer algo para esse povo, que com certeza sofre mais que nós dois juntos. Vamos pensar em lutar por algo nobre, em que sempre acreditou. Não é justo que eles paguem pelos nossos sofrimentos; nós ainda estamos aqui, e vivos, então vamos fazer valer, pois viver realmente por amor é uma das mais belas dádivas de Deus nosso Criador.

Tomás, nos braços de Helena, chorava copiosamente, sua dor e seu remorso eram insuportáveis, mas, se ainda tinha que viver, que vivesse para algo nobre, e não para sentir pena de si mesmo, remoendo um ato que não havia mais como apagar. Depois de muito conversar com o cunhado, Helena conseguiu que ele entendesse que nada traria de volta o irmão nem a mulher amada. Que teria que aprender a conviver com a dor, e que a dor era uma bênção para redimir suas faltas.

Maria Alice assitia à sua história como se estivesse vivenciando tudo aquilo novamente; era tão real que chegava sentir o cheiro de terra, de mato, até mesmo o cheiro de Tomás, trazendo um sentimento tão forte em seu espírito que ainda a deixava confusa, questionando muitas passagens. Preferiu não perguntar para não interromper, pois estava ansiosa para esclarecer todas as suas dúvidas.

Helena chegou ao casarão em companhia de Tomás, e todos os escravos se exaltavam de tanta felicidade. Mas Helena foi firme para que os escravos mais antigos, praticamente da família, não se aproximassem de Tomás, evitando qualquer comentário ou pergunta que pudesse afastá-lo definitivamente de sua casa. Apenas o levou para seu quarto pedindo que uma das escravas preparasse um banho, devolvendo-lhe uma boa aparência. Passadas algumas horas, Tomás entrou na grande sala de jantar um pouco receoso, mas Helena já o esperava com um bom prato de comida na mesa, fazendo-o sentar-se à cabeceira e impondo a ele as responsabilidades de ainda ser o dono de tudo aquilo. Tomás saboreava a refeição como se realmente estivesse diante de um banquete. Já estava um pouco mais tranquilo quando velho Pedro, com muita dificuldade apoiado a uma bengala, entrou na sala parando à soleira da porta, olhando para Tomás fixamente, como quem não acreditava em que seus olhos ainda enxergavam. Tomás levantou a cabeça e deparou com o velho negro ali, na sua frente. Não conseguiu dizer uma só palavra, apenas olhou com a felicidade de um filho que encontra seu pai, com a certeza de que diante dele estava seguro, nada de ruim poderia acontecer.

— Como este nego pediu para Zâmbi que ainda não me levasse antes que vois mecê vortasse pra seu casuá!!!

O velho negro caiu aos pés de Tomás, como faziam os negros para cumprimentar seus pais quando havia oportunidade de reencontrá-los, pois eram arrancados dos braços deles ainda muito pequenos, para nunca mais vê-los. Tomás, aos prantos, se abaixou rapidamente, levantando o negro velho e o abraçando, dizendo entre um soluço e outro:

— Oh, velho!!! Nunca mais faça isso, não mereço sua reverência, o senhor é muito melhor do que eu!!!

Velho Pedro mal conseguiu se levantar, pois já estava com bastante idade — depois do acontecido envelheceu mais noventa anos, por sofrer a ausência de seus dois meninos mais preciosos. Velho Pedro amava Tomás e Tomé como se realmente fossem seus filhos, e a recíproca era verdadeira. Ele tinha consciência de que se um dia tivesse que voltar como negro não encontraria seres que o tratariam como gente, que esbanjaram amor e respeito por ele como nessa encarnação.

Tomás ajudou velho Pedro a sentar-se a seu lado, e segurando suas mãos disse:

— Que bom voltar e encontrar o senhor aqui!!! O senhor não sabe o bem que trouxe à minha alma!!!

— Mais um poco vois mecê, patrãozinho, não encontrava este véio aqui!!!

— Não diz isso, meu pai. Tudo que eu precisava era encontrá-lo aqui me esperando!!!

— Agora o nego pode partir pra outra morada em paz, graças a Zâmbi vois mecê vortô!!!

— Ainda não, meu pai. Preciso muito do senhor perto de mim.

— Meu patrãozinho tem a patroinha branca pra dá força pra vois mecê. Só quero que vois mecê promete que vai cumpri seu distino.

— Por favor, pai, não...

— Promete, patrãozinho?

— Sim, eu prometo tudo o que quiser.

Velho Pedro beijou as mãos de Tomás, e com muita dificuldade se levantou e foi para seu barracão. Mas Tomás tinha a mais pura certeza de que o velho negro partiria logo. E foi exatamente o que aconteceu. Na manhã seguinte, bem cedo, Tomás entrou em seu barracão para vê-lo e o encontrou morto. Tomás e todos os outros negros choraram e lamentaram sua partida. Tomás mesmo o enterrou junto de seu irmão, Tomé, e pediu com uma oração comovente que seu deus Zâmbi o recebesse com todo o respeito que ele merecia.

Maria Alice se emocionava a cada pequeno detalhe daquela saga de que ela fez parte. Seu espírito se recordava da bondade daquele negro. Maria Alice voltou àquela época como se nunca houvesse vivido outra; era tudo tão real que sentiu uma imensa saudade de Tomás, e lamentou não ter depositado todo o seu amor no coração dele.

Por que sofreu tanto por amor? Por que as coisas tinham que ser assim? Seria tão simples amar quem nos ama. Por que sempre queremos o que não nos pertence? Por que não temos a capacidade de percepção e sabedoria para entregar nosso coração à pessoa feita exclusivamente para nós amarmos?

— Porque não amamos de verdade. Apenas vivemos uma ilusão. E essa ilusão nos cega, fazendo com que nós não enxerguemos o que realmente faz parte de nossa alma. E seja quais forem as circunstâncias de nossos caminhos, nosso amor verdadeiro estará ali nos esperando, mesmo que demore séculos para encontrar.

Maria Alice se virou, para ver de onde vinha aquela resposta, e viu que era Luís. Aquele rapaz com quem se encontrou, e que lhe ofereceu ajuda logo que desencarnou. Maria Alice, sem saber por que motivo, sentiu em seu coração tamanha felicidade que sua alma almejava abraçá-lo desesperadamente.

— Pode acreditar, Maria Alice. Sou Tomás!!!

Maria Alice não se conteve. Levantou rapidamente e, com os olhos brilhando como uma criança que depois de muito tempo encontra seu amor de infância, perguntou:

— Você é Mauro... Quer dizer... Você é Luís?

— Sim, exatamente.

— E por que se passou por outro? Seria tão mais fácil!!!

— Aí é que você se engana. Logo que desencarnou você encontrou Luís onde? — perguntou Antonino.

— Meu Deus!!! Você é Tomás, que era irmão de Tomé!!! Como sou tola, como não percebi? E o que fazia no hospital em que Gustavo estava internado? Pois foi lá que eu o conheci. Puxa, que confusão!!!

— Pense, Maria Alice — disse Antonino —, se esforce; todos que fizeram parte de sua vida estão ligados.

Maria Alice parou e ficou puxando pela memória confusa. Com ajuda dos demais, perguntou:

— Bem, eu acho que... Você é irmão de Gustavo?

Luís apenas deu um lindo sorriso, e torceu para que Maria Alice tivesse a sensibilidade de perceber o que mais desejava.

— Mas se você era irmão de Gustavo, viveu pouco na Terra. Eu não o conheci!!! Ou conheci?

— Sua memória está completamente favorável. Tente lembrar se conheceu Luís quando estava reencarnada — Antonino aguçava as lembranças de Maria Alice.

De repente Maria Alice parou, e com a emoção vibrando em cada poro de seu perispírito, sentiu seu coração bater descompassado, descobrindo os porquês de todas as suas dúvidas. Aproximando-se de Luís com a alma exaltada, perguntou:

— Você é aquele rapaz que trabalhou para Henrique e também cursava advocacia, e que por muitas vezes ia em casa levar alguns documentos para Álvaro assinar. Meu Deus!!! Você é o rapaz que foi assassinado em uma festa defendendo o irmão!!! Puxa, fiquei por muito tempo sofrendo com esse acontecimento, mas nunca poderia imaginar que seu irmão fosse Gustavo!!! Meu Deus, que confusão!!! E ao mesmo tempo tudo faz sentido agora!!!

— E você, Maria Alice, precisou fazer terapia por muito tempo, tomando remédios pesadíssimos para depressão; embora tenha convivido pouco tempo com Luís, foi forte e profundo e, mesmo não aceitando, pois sua vaidade não permitiu, foi verdadeira por algum tempo de sua vida. Não foi isso, minha querida Maria Alice? — perguntou Antonino, deixando-a mais sensível do que já estava.

Maria Alice colocou as mãos no rosto e chorou, lembrando-se daquela época em que foi amada e respeitada verdadeiramente por um homem. Luís encontrou Maria Alice depois de ela se casar, mas se apaixonou perdidamente. Maria Alice se envolveu com ele de maneira digna e honesta. No começo achou que conseguiria mais um, entre tantos outros. Provocou-o de todas as maneiras que podia uma mulher provocar um homem, mas com Luís foi diferente, pois não conseguiu mais que um "eu te amo". E Maria Alice, por esse motivo, naquele curto período da estada de Luís, confiou todos os seus segredos a ele, inclusive das filhas que teve. Maria Alice foi ela mesma, sem medos, sem receios, sem orgulho, sem fingimentos nem vaidade, era simplesmente Maria Alice. Por muitas vezes Luís a repreendia e lhe mostrava o caminho que deveria seguir, e discutiam sem problema nenhum. Maria Alice aceitava com naturalidade que Luís brigasse com ela por ser e viver daquela maneira, sem sonhos, sem ideais, inutilmente. Pena que o tempo foi curto, e ela não aproveitou para ser uma pessoa melhor. Luís salvou o irmão por amor e não teve a mulher amada. Renunciou a tudo para que pudesse um dia corrigir suas faltas e fazer com que seus propósitos valessem, cooperando para que Gustavo e Maria Alice findassem suas provações.

Luís não respondeu. Apenas segurou em suas mãos, não deixando que ela percebesse que seu amor ainda estava intacto, e que sua existência para sempre pertenceria a ela.

Maria Alice, sem o corpo material e com a sensibilidade apenas de sua existência espiritual, pôde sentir depois de várias tentativas o que era realmente um grande amor, sem barreiras, sem obstáculos, sem rodeios e sem camuflagem; abraçou Luís com intensidade, fazendo com que todas as ilusões fossem decepadas de uma vez de sua eterna alma. Mas ainda não conseguia identificar que tipo de amor realmente havia no coração de Luís, se era amor de um bom amigo de provação ou aquele amor forte e sincero que trazia em seus olhos ainda quando era Tomás e que ignorou por não saber quanto ele era importante em sua vida. Maria Alice, sem conseguir conter as lágrimas, sentiu pela primeira vez uma vontade enorme de ficar em seus braços para sempre; era um misto de proteção e felicidade. Mas envergonhada afrouxou o abraço, e olhou em seus olhos, para ver se ainda havia aquele Tomás. Mas foi em vão, nada sobrou. Disfarçando sua decepção, disse, eufórica:

— Meu Deus!!! Do que devo lhe chamar? De Mauro, Tomás ou Luís?

— Do que você quiser. Tomás ou Luís, tanto faz, o que importa é que fui irmão de Tomé e de Gustavo, e procurei de todas as maneiras auxilar vocês.

— Luís voltou com propósito de reparar o mal que fez a seu irmão, Tomé, e de ajudar você, Maria Alice. Luís sofreu amargamente por tudo o que fez, mas seu amor foi muito maior, e sem medir esforços quis ajudar vocês. Enfim, a finalidade de Tomás, ou Luís, era tirar de sua vida a ilusão, que apenas a fez sentir-se humilhada, praticando atos impensados quando encarnada, mas importantes quando chegou aqui como espírito.

— Puxa, senhor Antonino, nunca poderia imaginar que alguém me quisesse tão bem assim!!!

Velho Pedro, Luís, Antonino e Rita conseguiram realizar uma nova empreitada, propondo-se com muita esperança a alcançar o objetivo de fazer com que Maria Alice tivesse entendimento e evolução, e que quando reencarnasse seguisse exatamente o que precisava ser concluído, subindo mais um degrau da escada evolutiva e deixando que todos à sua volta conseguissem também.

Por algum tempo Maria Alice sofreu, mas evoluiu e aprendeu o que era amar de verdade, mas ainda carregava muita vergonha e remorso por não ter dado como mãe o que realmente suas filhas precisaram, e por ter perdido grandes oportunidades de reparar seus erros, por não ter conseguido eliminar de suas outras reencarnações a ilusão e a vaidade que arrastaram sua infelicidade, renunciando a todas as suas fraquezas como deveria fazer uma mãe de verdade que está sempre em busca do melhor para seus filhos. Muitas vezes entrava em conflito consigo mesma, e chorava sua amargura, pois já conseguia avaliar nitidamente suas faltas. Quando fazemos a "passagem", sem o corpo físico, não nos tornamos anjos puros, mas sim com a ajuda generosa dos espíritos afins, aqueles que realmente nos amam, ou até mesmo de espíritos com mais entendimento e sábios, como o velho negro Pedro — que embora tivesse vivido a dor das diferenças e da crueldade aceitou suas provações com nobreza e resignação, tornando seu espírito mais sábio em sua própria encarnação como negro escravo. Mas, por suportar dignamente o sofrimento de seus descendentes, reconheceu que nem todos são ignorantes, que há muitos irmãos que sabem enxergar além da densidade do corpo físico, além das ilusões e paixões que os tornam maus e arrogantes, pensando que o poder sem escrúpulos será eterno.

Enfim, velho Pedro soube aproveitar o que foi proposto a ele, e amou Tomé e Tomás como verdadeiros filhos, tornando-os grandes espíritos que saberão reconhecer, sejam quais forem as circunstâncias, a lealdade da bondade divina. Se procurarmos realmente ouvir nossa alma na mais profunda essência encontraremos o amor eterno para com muitos irmãos. E ter a certeza de que sempre, sejam quais forem nossas escolhas, teremos ao nosso lado, não um anjo puro, mas um espírito que nos trará conforto e entendimento, que estará ali simplesmente porque nos ama.

Maria Alice sentia que precisava fazer alguma coisa, não sabia como, mas não dava mais para conviver com tanto remorso. E, depois de tanto chorar um sentimento tardio, foi procurar pelo senhor Antonino.

— Como está, Maria Alice?

— Não muito bem. Não aguento mais. Preciso de sua ajuda.

— Que bom que sentes tudo isso.

— Me desculpe, senhor Antonino, mas como pode estar feliz com minha dor?

Maria Alice começou a chorar compulsivamente, e Antonino, olhando-a satisfeito, respondeu:

— Não estou sentindo felicidade com seu sofrimento, mas, fico feliz por já ter reconhecido que existe um senti-

mento de amor por suas filhas. E pode haver uma bênção como essa?
— Não estou entendendo!!!
— Querida Maria Alice, quando sentiu algo assim? Quando encarnada foram raras as vezes em que seu coração pôde gritar mais alto que sua vontade. Quando seu coração sentia amor, você logo o cortava deixando que sua vaidade apagasse qualquer tipo de benquerença.
— Por favor, senhor Antonino, estou sofrendo muito. Por quê? Por que não pude amar de verdade como agora?
— Não precisa se desesperar. São muitos os que vivem e agem como você. Não foi a única a deixar que o mais importante fossem as roupas, as joias, os carros, todos os empregados à sua volta e, o pior, o poder e a arrogância de mandar buscar em qualquer parte do planeta tudo o que mais os deixava vaidosos e admirados. E como é bom poder interferir na vida dos outros, impondo a eles o que fazer, como fazer, sempre em busca de algo que os deixa mais orgulhosos e poderosos, acima do bem e do mal.
A cada palavra pronunciada por Antonino Maria Alice se desesperava mais, percebendo que tudo aquilo que ele falava era para ela.
— Querida Maria Alice, não é preciso se sentir infeliz. Quando digo que estou feliz é por você estar sentindo amor, principalmente por suas filhas, afinal, foi você quem as colocou no mundo material, e para que perceba onde muitos erraram e ainda erram. Todos têm o direito de ter prosperidade, viver com a melhor residência, o melhor carro, as melhores roupas, e até mesmo ter muitos empregados. Mas se não souberem administrar suas vidas, serão escravos do próprio

dinheiro. E quando não há mais o que possuírem, pois já possuem tudo, insatisfeitos agem de má-fé, corrompendo todos os que passarem pelo seu caminho, achando que o dinheiro pode tudo e, por consequência, o poder, e aí é que começa o perigo. Todos podem possuir o que quiserem para o bem viver quando encarnados. Mas nunca devem esquecer que tudo o que conseguirem é porque Deus, nosso pai, permitiu, e tudo é emprestado, um dia não terá valia nenhuma para nós. Portanto, nem tudo podemos. A fortuna não está nas coisas materiais, muito menos traz poder. Pois cada um de nós será afortunado quando chegar aqui apenas com a bagagem que nos foi confiada. E, se quisermos ser afortunados, devemos ter boas atitudes, enriquecendo sempre nossas almas com muito amor ao próximo, com paciência, tolerância e, principalmente, adquirindo sabedoria para pôr em prática a caridade que Deus depositou em cada um de nós, pois é por isso que nosso Criador e Soberano se coloca em nossos caminhos, e muitas vezes o ignoramos por falta de irmandade. Mas sempre estará ali alguém nos esperando e dando a oportunidade de mostrar nosso amor verdadeiro.

Maria Alice levantou a cabeça e perguntou:

— Por que o senhor nunca cobrou minhas atitudes? Afinal de contas, já faz um bom tempo que cheguei, e é a primeira vez que me fala com clareza.

— Porque agora é a hora. Nunca antes, nem depois. Você fez a hora, Maria Alice, porque só agora é que consegue ver as coisas como deveriam ser. Agora consegue separar seus sentimentos, porque só agora conseguiu sentir amor. Não pense que acho você um ser frio. Você amou, mas do seu jeito. O que importa não é como amou suas filhas, seu marido e até mesmo Gustavo, o mais importante é conseguirmos chegar exatamente onde estamos agora.

— Como assim? Não entendi!!!

— Esse sofrimento que vem sentindo há algum tempo fez você ter entendimento e resolver seus sentimentos, pois vai precisar de tudo o que está sentindo para não falhar mais. Poderíamos tê-la socorrido há mais tempo, mas Luís pediu que nós esperássemos.

— Mas por quê? Eu sei dos meus sentimentos, o que sinto é muito forte, e sei o que sinto por cada um.

— Espero que sim, Maria Alice.

— O senhor não está confiando em mim?

— Não estou aqui para confiar ou não em você; estou aqui para prepará-la para que trabalhe esse sentimento que existe em você.

— Por que está dizendo isso?

— Maria Alice, sei o que está realmente sentindo, e posso dizer que está sofrendo com tudo o que deixou de fazer. Mas, quando se for, vai em busca realmente dos valores verdadeiros? Aqui é uma coisa, sem o corpo físico tudo é mais claro, mais límpido, mas a vaidade costuma nos cegar.

— O senhor quer dizer que vou voltar à vida material?

— É, mas não precisa se preocupar, o nosso tempo é diferente, e terá muito tempo para se preparar para sua volta.

— Senhor Antonino, tenho muito medo!!! Será que vou conseguir cumprir minhas tarefas sem vocês?

— Maria Alice, você já deu o primeiro passo, já sabe onde falhou, não precisa ficar aflita assim; você está longe de ser um caso sem alternativa.

— O que quer dizer?

— Tem muitos casos que são difíceis; é preciso ser firme. Há casos em que não temos escolha, por mais que relutem e não queiram ir, temos que mandá-los de volta.

— Mas por quê? Não voltamos quando estamos preparados?

— Cada caso é um caso. Você, por exemplo. Estaria preparada para voltar e certa de seus sentimentos?

— Acho que sim. Pelos menos agora sei quem é importante em minha vida, e faria de tudo para vê-los felizes.

— Você disse muito bem. "Acho que sim." Não tem certeza. Imagina aqueles que necessitam voltar logo após sua chegada, e não querem, não estão preparados. Quando são concebidos não conseguem e desistem.

— Meu Deus!!! Por isso os abortos espontâneos?

— Exatamente. E são muitos. Por isso, minha querida, temos tempo, se prepare, faça suas orações para que quando voltar em um corpo seu espírito não se iluda mais. Deus é generoso e ama seus filhos, acredite.

— Senhor Antonino, sei que não sou merecedora, mas gostaria tanto de poder visitar minhas filhas, mesmo que fosse de longe.

— Eu sei, Maria Alice, mas no momento não é possível. Quando chegar a hora mandarei te avisar. Agora vá, você tem suas tarefas para cumprir, e eu também.

— Está bem, vou esperar o tempo que for preciso. Posso fazer uma última pergunta?

— Claro que sim.

— Por que mencionou Luís? Por que ele pediu que esperasse?

— Luís é um jovem bom, e quer muito ajudá-la.

— Só isso? Pensei que...

— Não pense, Maria Alice, apenas procure clarear seus sentimentos; está próximo, mas ainda é preciso esperar. Suas dúvidas serão solucionadas.

Maria Alice não entendeu o que Antonino quis dizer, pois o que gostaria mesmo de saber ele não respondeu. Ela estava muito melhor, mais paciente talvez, embora quando morremos não mudemos como num passe de mágica, virando anjos bons e solícitos. Temos ajuda e evangelização dos bons amigos espirituais, que trabalham incansavelmente para nos fazer lembrar, o que nos torna mais receptivos e compreensivos, assimilando nossos defeitos, fazendo com que eles sejam resolvidos e reparados. Por isso, Maria Alice, mais aliviada por ter conversado com Antonino, esperaria o tempo certo, pois tinha a certeza de que sua solicitação haveria de ser atendida.

44
Reconciliações

Os dias passavam. Gustavo, doutor Henrique e Júlia estavam cada vez mais próximos, e aumentando a cada dia sua credibilidade. Álvaro, depois da visita de Maria Alice e de seus amigos espirituais, ficou mais fortalecido e mais sereno, voltando a trabalhar com empenho e vontade de antes. Mariana não conseguiu abandonar o pai, e, depois da insistência de Gustavo, ficou mais tolerante e procurou entender melhor seus conflitos. Ficavam juntos, pai e filha, na grande sala trocando ideias sobre seus projetos profissionais, mas não tocavam no assunto casamento. Por muitas vezes, Álvaro quis perguntar sobre os preparativos, mas não tinha coragem, pois magoou muito Gustavo e a filha. Sentia-se muito mal com aquela situação; afinal de contas, tinha muitas posses, poderia oferecer de tudo para o casal, que sabia que passava por muitas dificuldades para montar sua casa. E Mariana sendo a única filha, era quase cruel não a apoiar e ajudar em todos os aspectos — afinal de contas, para que trabalhar tanto, ter tanto dinheiro e não ser generoso e compreensivo, abençoando e promovendo uma ajuda financeira que seria bem-vinda para sua única razão de continuar vivendo? Álvaro passou a manhã toda pensando no assunto, não conseguiu se concentrar no trabalho. Já passava do meio-dia quando saiu de sua sala na tentativa de desanuviar os pensamentos.

— Regina, estou indo almoçar, diga à minha filha que a espero no estacionamento.

— Não vai ser possível, senhor Álvaro, Mariana precisou sair às pressas e pediu que eu o avisasse.

— Aconteceu alguma coisa?

— Não sei bem, mas ouvi alguma coisa sobre vender seu carro.

— Mas por quê? Ligue para ela imediatamente!!!

Regina ligou para Mariana, como Álvaro pediu.

— Mariana... Sou eu, Regina, espere um pouco que seu pai quer falar.

— Mariana, estou te esperando para almoçar comigo!!!

— Pai, não se preocupe. Vá almoçar, eu vou demorar.

— Mas por que, minha filha?

— Tive que resolver um problema, mais tarde a gente se fala.

— Mariana, não sei o que foi resolver, mas não faça nada precipitadamente.

— Mas por que está falando isso? O senhor nem sabe o que vim resolver.
— Sei sim, minha filha... Olha... Por favor, não resolva nada enquanto não conversarmos. Por favor, eu te suplico.
Mariana, do outro lado da linha, se calou.
— Está me ouvindo, minha filha?
— Sim, pai, estou.
— Mariana, venha para cá. Estarei te esperando naquele restaurante aqui perto, você sabe qual é?
— Sei sim, pai.
Mariana desligou o telefone, e não conseguiu segurar as lágrimas que insistiam em descer. Havia muito tempo seu pai não falava daquela maneira tão triste, importando-se com o que estava acontecendo com ela. Álvaro desligou o telefone muito cabisbaixo, e pensou em voz alta:
— Meu Deus!!! Minha única filha precisando de mim. E eu o que fiz? Dei-lhe as costas!!!
— Falou alguma coisa, senhor Álvaro?
— Não... Não, Regina. Estou pensando alto, só isso.
Álvaro saiu para esperar por Mariana. Regina ficou feliz com a atitude do pai, pois falou de propósito para que ele tomasse uma atitude. Regina tinha muito carinho por eles, e torcia para que o pai e a filha se entendessem.
Álvaro entrou no restaurante, sentou-se à mesa e pediu um drinque; com o olhar distante esperou pela filha.
— Posso me sentar?
Álvaro levantou a cabeça para ver quem falava, e teve uma surpresa:
— Norma, que surpresa!!!
— Posso me sentar ou não?

— É claro que pode!!!

Álvaro se levantou rapidamente, e lhe puxou uma cadeira.

— O que faz por aqui?

— Vim a uma loja aqui perto para encomendar um presente.

— Vai a uma festa?

— Não, é para Gustavo e Mariana, afinal faltam poucos dias para se casarem.

Álvaro silenciou.

— O que foi? Ah, me desculpe, esqueci que não quer ouvir falar sobre o casamento de sua única filha.

— Por favor, Norma, não seja irônica comigo.

— Está bem. Me desculpe, não quero discutir com você novamente, vamos mudar de assunto.

— Eu que peço desculpas.

— Do que está falando? Do que fez para Júlia, ou de não aceitar o casamento de sua filha?

Álvaro embargou a voz e começou a chorar. Norma amava aquele homem, por isso já o conhecia muito bem, e se penalizou.

— Das duas coisas, fui um ignorante!!! Como posso me dizer espiritualista? Eu que sempre estufava o peito e dizia: "Eu sou espiritualista!!!", quando alguém abordava o assunto. Eu não passo de um imbecil e ignorante. Fiz Júlia sofrer, fiz Alberto sofrer, fiz você sofrer, e agora minha única filha, como você diz, sofrer também.

Norma sentiu que Álvaro estava arrependido, e se condoeu por ele. Num gesto de carinho e amor, pousou sua mão sobre a dele, e disse:

— Ainda está em tempo de mudar. Fale com Mariana, abra seu coração, tenho certeza de que ela seria a garota mais feliz do mundo!!! Tenho certeza de que no fundo ela espera que você abençoe sua união com Gustavo!!!

— Será? Magoei muito minha filha, e depois tem Gustavo. Será que ele vai me perdoar?

— Gustavo é generoso. Claro que vai. Mariana então... Nem se fala, ela é sua filha e ama você.

— E você me perdoa?

Norma sentiu seu coração disparar, e por muitas vezes sentia raiva também, pois, cada vez que seu coração disparava diante de Álvaro, tinha certeza de que seu amor ainda estava ali, apertadinho dentro dele. Sem ação, respondeu:

— Não estamos falando de mim, e sim de Mariana.

— Já sabia que não perdoaria. Aliás, só a fiz sofrer, entrei em sua vida só para magoá-la.

Norma ia responder quando Mariana se aproximou, e sentou-se junto deles.

— Puxa, que bom ver vocês juntos!!! Fico feliz que se entenderam.

— Foi por acaso que nos encontramos, não combinamos nada.

— Não existe o acaso. Se esqueceu, pai?

— Para falar a verdade, não esqueci, apenas não fui um bom aluno. Mas foi bom encontrar Norma. Realmente não foi um acaso, foi providencial, tem alguém lá em cima que ainda me quer bem.

Mariana pegou a mão do pai, a beijou e disse em seguida:

— Também acho. O senhor voltou a ser o pai que era antes.

Álvaro também beijou as mãos da filha, e, com a voz entrecortada, quase sumida, pediu:

— Mariana, perdoe seu pai. Eu suplico a você. Esqueça minha ignorância, e deixe-me ajudá-la.

Mariana, com o olhar fixo no pai, sentiu sua alma radiante.

— Pai... Não tenho nada que perdoar, aprendi muito no centro espírita. E ao contrário do senhor fui boa aluna, o senhor passou por muitas mudanças em sua vida e sofreu muito com essas mudanças, e eu orei muito por nós, e esperei. Sabia que tudo isso que aconteceu conosco iria passar, aprendi que temos muitas provações, mas é para nossa libertação. Tudo à nossa volta é transitório; como vem, se vai também. Eu te amo muito, pai, e tenho que respeitar sua escolha, não podemos obrigar e fazer com que os outros aceitem o que nós achamos certo. Eu amo Gustavo mais do que poderia supor e vou me casar com ele, mas o senhor não é obrigado a concordar. Só quero que entenda que eu escolhi meu caminho, e se um dia, o que não acredito, for ilusão ou vaidade minha, só eu terei que aguentar as consequências da escolha que fiz. Mas, independentemente de o senhor aceitar ou não, tenho certeza de que vou amá-lo pelo resto da minha estada aqui, ou em qualquer outro lugar que Deus reservar para mim. O senhor sempre foi muito bom, pai, e não posso me esquecer disso no primeiro desentendimento entre nós.

Norma e Álvaro choravam emocionados e admirados pelo amadurecimento de Mariana. Se para uns essa mudança era sofrimento, para outros era apenas uma etapa da vida, que traz amadurecimento e riquezas de conhecimentos, acumulando sabedoria e evolução. Todos nós sofremos muitas provações, mas depende de como cada um enxerga as suas; se aceitar, perseverar e entender que não existe vítima, vai aproveitar a oportunidade de evoluir, mas, se achar que é o mais infeliz da face da Terra, não só retardará o que possui, como acumulará outras provações.

— Nossa, minha filha!!! Estou mais que orgulhoso de você!!! Como fui idiota e egoísta; não sei nem o que dizer diante de sua atitude madura. A única coisa que peço é que perdoe seu pai, quero que seja feliz, pode acreditar no que estou dizendo. Se aliviar em alguma coisa, tudo farei para que sua união com Gustavo seja feliz.

Mariana abraçou forte o pai e ficou por um longo tempo lembrando-se de quando era pequena, sentindo novamente segurança de que seu herói estaria sempre ali, e confiante de que nada de ruim poderia acontecer a ela. Álvaro estava feliz e ao mesmo tempo eufórico por sentir que de repente sua única filha estava prestes a se casar; agradecendo a Deus pela filha que teve, concluiu:

— Filha, peça o que quiser!!! Pode pedir, irei ao fim do mundo para trazer para você!!!

Norma não se conteve e abraçou os dois, pois tudo o que sonhava acontecer se tornava realidade. Afinal de contas, acompanhou os passos da menina Mariana desde o seu nascimento, e se sentia responsável como se fosse da família, torcendo para que a paz voltasse a seus corações. Álvaro, vendo a felicidade de Norma por eles, se lamentou, pois não queria iludi-la novamente. Tentando disfarçar seus sentimentos, disse com alegria:

— Mariana, minha filha, espero que tenha me escutado, e não tenha vendido seu carro; se é por causa de dinheiro, comprarei o que estiverem precisando.

— É, não vendi, mas não foi porque o senhor pediu, e sim porque a pessoa interessada desistiu na última hora.

— Mas, Mariana, sabe que posso ajudá-la, não tem cabimento você andar a pé!!!

— Pai... Não é bem assim... E depois, que mal há em andar a pé? Pai, sem ofensas, mas é por esse seu jeito de achar que o dinheiro pode tudo que acabou perdendo muita coisa em sua vida. Pode deixar, eu e Gustavo vamos dar um jeito.

— Mas, minha filha...

— Pai... Por favor, não é assim que as coisas funcionam.

— Desculpe eu me intrometer, mas acho que está errada, Mariana. Seu pai não quer ser bonzinho, e muito menos achar que pode tudo, mas, convenhamos, para que vender seu carro se pode ter ajuda? Ele é seu pai!!! E depois, é tão bom começar a vida de casada mais tranquila.

— Mas e se papai ainda não aceitasse meu casamento? Eu e Gustavo não íamos ter que nos virar? Além do mais, o senhor não disse que nos abençoa, apenas quer me ajudar.

— Pare de bobagens!!! É claro que seu pai aceita seu casamento!!! E vai abençoar também. Não é, Álvaro? — disse Norma, cobrando uma resposta positiva.

— Não precisa me defender, Norma... Minha filha tem razão, magoei muito seu futuro marido... Ele nunca vai permitir que, depois de tudo o que fiz, sem mais nem menos, eu queira resolver seus problemas financeiros como se nada tivesse acontecido. Ainda mais Gustavo, que nunca se deixou iludir. Aliás, Gustavo há muito tempo sabe o que fiz para sempre ter... Bem, deixa para lá.

— Acho mesmo bom deixar isso tudo para lá. Gustavo é um rapaz de princípios. Sim, ele é!!! Mas conheço Gustavo, e tenho certeza de que não faria uma desfeita para você, Álvaro, e não é por causa de Mariana não, mas porque ele gosta de você. Ele sabe que você errou, como todos nós erramos, ou iremos errar!!!

Mariana ficou com pena do pai.

— Pai, Norma tem razão, Gustavo jamais o recriminaria; sou eu quem quer andar com as próprias pernas, preciso viver com o que eu e meu futuro marido temos. Tudo que tem é seu, você se esforçou para isso.

— Puxa, minha filha você ama mesmo Gustavo!!! Tudo bem, se acha melhor assim, eu concordo. Mas, por favor... Me deixa dar apenas o dinheiro equivalente ao valor de seu carro? Por favor, vai!!!

Mariana e Norma não contiveram o riso.

— Tudo bem, pai, eu deixo!!!

— Mas eu não concordo!!! Que só o dinheiro do carro o quê?

Pai e filha ficaram admirados com a intromissão de Norma, e caíram na gargalhada.

— Mas ela não aceita!!! — retrucou Álvaro.

— Ah, Mariana, pelo amor de Deus!!! Tudo bem que é uma boa aprendiz do espiritismo, mas querer viver como Amélia não dá, né!!! Álvaro, eu autorizo!!! Você vai dar tudo o que eles precisarem; afinal de contas, Mariana, seu pai já veio de uma família rica, fez o que tinha aumentar não sei quantas vezes, tem uma única filha, ele vai fazer o que com tanto dinheiro? Ah, Mariana, por favor, me poupe, vai!!! Se não quiser dizer do que está precisando, eu digo, pode fazer a lista agora!!!

Mariana e Álvaro, não conseguiam parar de rir, pois o jeito de Norma se metendo como uma mãe extremosa e feliz foi cômico.

— Está bem, Norma, você venceu. Mas tem um porém!!!

— Pois diga, Mariana, seu pai vai cumprir à risca!!! — disse Norma, ainda se intrometendo.

— Quero conversar com Gustavo primeiro; preciso saber a opinião dele. Depois sim tia Norma faz a lista.
— Ah, pode deixar. Fazer lista é comigo mesma!!!
Álvaro não cabia em si de tanta felicidade. Afinal de contas, ele estava se entendendo com as duas mulheres mais importantes de sua vida. Depois de tudo resolvido, eles almoçaram e foram embora.

Naquela mesma noite, Álvaro aproveitou que Norma foi ao shopping com as meninas comprar o restante do enxoval — que, claro, combinou com a amiga que seria como se ela a estivesse presenteando —, e foi à casa de Gustavo. Álvaro chegou em frente à casa do futuro genro muito nervoso; com receio da reação de sua família, respirou fundo e tocou a campainha.

Adélia veio atender, e ficou surpresa com a visita, afinal de contas nunca passou por sua cabeça ver o pai de Mariana parado em seu portão. Depois das apresentações, convidou-o para entrar, e em seguida chamou o filho.

— Senhor Álvaro!!!
— Como vai, Gustavo?
— Estou muito bem. E o senhor?
— Eu estou bem, obrigado. Bem... Eu vim até aqui para conversar com você. Sei que está assustado com minha visita, mas gostaria que você me desse alguns minutos, e me ouvisse.

Adélia saiu, meio desconfiada, e deixou os dois a sós.
— Com licença, meu filho; se precisar de mim, é só chamar, estou na cozinha.
— Tudo bem, mãe. Fique tranquila.
Álvaro estava muito envergonhado, não sabia como começar. Mas Gustavo, vendo a situação do homem, procurou ser o mais natural possível, e o deixou à vontade:

— Espero que não tenha acontecido nada. Mariana saiu com Norma e as meninas, mas acho que não demora.

— Eu sei, Gustavo, foi por isso mesmo que vim até aqui.

— Se o senhor sabia, então não estou entendendo...

Álvaro o cortou, e concluiu:

— Meu assunto é com você e, por favor, Gustavo, antes de mais nada, peço que me escute, depois que eu terminar...

Gustavo sentiu que Álvaro estava péssimo com aquela situação.

— Seu Álvaro, não precisa me dizer nada; se veio até aqui porque Mariana pediu, não se sinta obrigado a nada, ninguém é obrigado a aceitar o que não quer.

— Não, Gustavo, pelo amor de Deus, Mariana nem sabe que estou aqui; fui eu quem quis vir falar com você. Puxa, Gustavo, estou me sentindo péssimo!!! Por favor, me perdoe, vamos acabar logo com esse sofrimento, eu preciso que me perdoe. Você e Mariana merecem ser felizes, e eu quero fazer parte dessa felicidade, só tenho Mariana e...

— Seu Álvaro, eu não tenho nada a perdoar, mas, se for para acabar com esse mal-estar todo, eu o perdoo quantas vezes forem necessárias. Só espero que o senhor esqueça tudo que aconteceu. Vamos começar tudo outra vez, faz de conta que acabamos de nos conhecer. Muito prazer, sou Gustavo!!!

Álvaro ficou parado olhando para Gustavo com a mão estendida; se o achava especial, agora o achou fantástico por tudo o que ele demonstrou naquele exato momento. Álvaro cumprimentou Gustavo, e o abraçou por alguns longos minutos. Sua alma festejava pelo presente que Deus lhe deu. Álvaro e Gustavo se emocionaram muito, e finalmente fizeram as pazes.

Quando Norma chegou com as meninas, Gustavo e o futuro sogro já estavam bem à vontade conversando, e rindo com Fernando e Armando. Adélia estava radiante por tudo ter voltado à harmonia como sempre deveria ser. Em seguida, chegaram Patrícia e Guilherme, que estavam namorando com a bênção de ambos os pais. A noite foi longa naquela casa; era tanta harmonia e felicidade que todos falavam ao mesmo tempo.

Luís e Rita estavam a um canto contemplando a alegria que girava em torno de todos, trazendo uma paz inexplicável. Era assim que deveria ser desde do começo, pois a maior parte daquelas pessoas já se conhecia de longa data.

— Puxa, Luís!!! Parece que tudo se acertou como você esperava. Fico feliz por você e Gustavo.

— É, minha querida e amada amiga, mas ainda não está como é preciso para minha felicidade ser completa.

— Está falando de Maria Alice, não está? Mas não fique triste, Maria Alice ama você, eu tenho certeza, só precisa de mais um pouco de tempo; você vai ver, logo ela vai perceber.

— Eu sei, o amor tem que vir naturalmente; talvez ela nunca perceba, e se não perceber é porque só me ama como um verdadeiro amigo, como fomos quando ainda estávamos por aqui. Mas para eu ser feliz mesmo não é só isso que está faltando. Eu sei esperar. Esperei tanto tempo; esperar mais um pouco não fará diferença.

— Se não é isso que espera, o que é então?

— Esperar é uma virtude, e com certeza você ainda não a tem. Para provar que também amo você, vou deixar você treinar um pouco mais. E um dia você não vai ficar me perguntando as coisas, apenas irá esperar também.

— Ah, seu bobo, eu sei esperar sim. Não estou nem curiosa para saber. Se não quiser contar, não conta. Mas promete que quando for acontecer o que tenho que esperar você me chama?

Luís deu uma boa risada, e de mãos dadas os dois foram embora, sumindo no espaço infinito.

Já era madrugada quando os visitantes se despediram para ir embora. Álvaro, quando viu Norma se dirigindo para o carro da filha, se adiantou:

— Júlia, se importa se eu levar sua mãe?

— Nem um pouco, tio Álvaro, fique à vontade.

Norma se acomodou no banco do passageiro, e não deu espaço para que Álvaro a iludisse novamente; procurou conversar sobre tudo, para que ele sentisse que não havia mais lugar em seu coração.

De repente Álvaro parou o carro.

— Por que não me quer mais? Não consegue me perdoar, não é?

Norma ficou paralisada, não esperava que Álvaro a pegasse de surpresa. Mas antes que ela dissesse alguma coisa Álvaro a tomou em seus braços e a beijou apaixonadamente. O amor de Norma ainda ocupava seu coração todinho, não havia sequer um milímetro sem que não estivesse cravado somente Álvaro nele, e embriagada de amor deixou que ele a beijasse repetidas vezes. Sem se importar se iria sofrer mais uma vez ou não.

— Norma, quer se casar comigo? Por favor, diz que sim!!! Se você aceitar, amanhã mesmo darei entrada nos documentos, não suporto mais viver longe de ti!!!

Norma, em vez de responder, deixou as lágrimas descerem pelo seu rosto; suas mãos ficaram gélidas e molhadas, não sabia definir o que estava sentindo.

— Por favor, Norma, responda. Eu te amo demais, deixa que eu viva o resto dos meus dias a seu lado; juro por Deus que a farei a mulher mais feliz deste mundo!!!

Norma tremia. Esperou sua juventude toda por aquele pedido, e quando ouviu não conseguiu mexer um só músculo de seu corpo; era como se alguém a tivesse anestesiado. Depois de longos minutos, respondeu num rompante:

— Sim... Sim... Eu aceito...

— Puxa, Norma, nunca fiquei com tanto medo em minha vida!!! Do jeito que demorou para responder, achei que você não me quisesse mais!!!

Álvaro beijava todo o seu rosto, feito um adolescente que tem contato pela primeira vez com sua namoradinha e se empolga com todos os hormônios em reboliço, fazendo estragos por todo o seu corpo, não sabendo o que fazer com tanto prazer.

Álvaro a deixou em casa combinando um jantar na noite seguinte, pois fazia questão de que Júlia e Alberto estivessem para oficializar o pedido. Júlia ficou feliz com o casamento da mãe; afinal de contas, ela finalmente teria um marido de verdade. Álvaro só ficou receoso com Alberto, pois, quando assumiu ficar com Norma e criar Júlia, era apaixonado por ela.

Mas, para sua surpresa, Alberto ficou feliz por Norma, então ele aproveitou para comunicar em seu aniversário que teria uma novidade para todos. Finalmente assumiu diante de todos os convidados seu noivado com Marta, que também ficou surpresa, pois aceitou ir ao aniversário de tanto Gustavo insistir, mas não tinha esperança nenhuma, seu amor era realmente impossível. Marta ficou paralisada, sem palavras, quando Alberto abriu uma caixinha e colocou um lindo anel em seu dedo, assumido seu amor, dizendo que estava muito feliz, pois finalmente também teria uma companheira sem ter que esconder da filha querida e da falsa esposa Norma.

Naquele dia em que Álvaro fez as pazes com Gustavo teve que admitir que ele e sua família não entraram em sua vida por acaso. Na realidade mesmo, a vida de todos mudou muito, e para melhor; os laços de afinidade, de amor e de amizade se consolidaram e todos, sem exceção, procuravam estar sempre juntos; sempre se reuniam na casa de um ou de outro para um churrasco, para assistir a um filme, para jantar, ou até mesmo para jogar conversa e opiniões fora; viraram uma grande família.

Chegou o grande dia e finalmente Gustavo e Mariana se casaram. A felicidade deles era tão grande que parecia um grande conto de fadas. Velho Pedro e Luís fizeram questão de poder estar ao lado do casal durante a cerimônia, para poder abençoá-los, deixando em suas almas as forças benéficas, preparando-os para um hóspede que logo chegaria.

Álvaro acabou convencendo o casal a ir morar com ele em sua casa, completando a felicidade de Norma e Júlia, que também se mudaram depois que Álvaro e Norma também se casaram, em uma cerimônia simples na própria residência, convidando apenas os amigos mais íntimos.

Alberto permaneceu em sua espaçosa casa; apenas mudou a decoração para que Marta se sentisse mais à vontade, sem lembranças de um falso casamento. E se entregou de corpo e alma à mulher certa para sua caminhada. Era o casamento perfeito: havia um grande amor entre eles, mas, mais que um grande amor que brotou em seus corações, uma grande jornada que só poderia dar certo com a comunhão de dois estudiosos do espiritualismo, fazendo com que a harmonia e o equilíbrio fossem perfeitos. Quando um grande amor surge entre um homem e uma mulher, nada mais perfeito do que caminharem juntos em todos os sentidos, inclusive no que acreditam e lutam, e a religião, seja ela qual for, é um dos atributos importantes para que o casal ande lado a lado. Seus caminhos terão grandes provações como de qualquer outro casal, mas com certeza o entendimento e o raciocínio serão unificados, sendo assim mais bem aproveitados, pois seus princípios estarão sempre em grande harmonia e equilíbrio, consolidando cada vez mais a união de corpo, mente e alma.

Alberto acabou fazendo um grande trabalho mediúnico, e a cada dia evoluía mais. Marta, como já era uma grande dirigente da casa, auxiliava seu futuro marido nas mensagens que recebia de amigos e familiares que os procuravam em suas aflições, fazendo com que seu nome se espalhasse por toda a cidade. Vinham muitos de longe só para conhecê-lo. Alberto não ganhou só o carinho, a confiança e o amor de Marta, mas de todos os seus amigos, como Armando, Adélia, Fernando, Patrícia, Norma, Álvaro, Júlia, Fernando, Gustavo, Mariana, Guilherme, doutor Henrique e Marli. Eles passaram a frequentar e a ajudar assiduamente, participando de grandes movimentos de cursos e treinamentos em prol da caridade a todos sem distinção. Aprenderam dia a dia que não basta estudar a parte teórica, deve-se pôr em prática. E que se cada um se dispuser um único dia da semana para voluntariar, seja em hospitais, asilos, orfanatos e tantas outras casas filantrópicas, ganhará preciosas bagagens em sua alma e evoluirá para o bem próprio.

Era o fim do dia de uma semana rotineira, quando Alberto e Marta se preparavam para mais um trabalho no centro. Lembrando a cada amigo e colaborador de seu círculo que é muito importante que no dia de trabalho os médiuns e assistentes também se preparem com consciência, tratando do corpo físico com alimentos leves, de preferência sem carne vermelha, e que façam uma hora antes suas preces pedindo auxílio para que possam apenas servir de instrumento de Deus, nosso Pai, e que prevaleça Sua vontade, e não a nossa.

Depois do atendimento de consultas e passes ao público, todos se dirigiram ao auditório, concluindo o tratamento com uma palestra confortante. Ao término dos trabalhos foram convidados a permanecer na assistência; alguns saíram, outros ficaram. Alberto chamou alguns para se sentar em volta da mesa. Marta fez uma bonita prece de abertura, em seguida Alberto se pronunciou:

— Em nome de Deus, nosso Pai soberano, e o Mestre Jesus, agradeço por estar hoje aqui entre vocês. Quero lembrá-los de que já fazia algum tempo que não me comunicava com todos vocês, pelo menos não todos juntos como eu gostaria, mas com a bênção divina e de muitos amigos e irmãos colaboradores hoje venho com meu coração saudoso e feliz por estar entre todos vocês.

"Faz muito tempo que parti para dar continuidade à minha empreitada. Deixei meus pais, que me deram proveitosa educação moral e material, pelo menos se esforçaram para isso. Mas quero que saibam que não foi fácil. A luta era constante para que pudéssemos ter o pão de cada dia, mas tenho orgulho dos pais que tive, e dos irmãos que aqui deixei, pois todos, sem exceção, aproveitaram os ensinamentos que tão boa oportunidade nos deu; passamos por muitas provações, mas com dignidade. Quando parti, meus irmãos ainda eram bem jovens, mas já entendiam o que era amor e união de uma família de verdade."

Gustavo começou a tremer e sentir seu corpo todo vibrando ao ouvir cada palavra do visitante; suas mãos suavam. Agarrou-se às mãos de Mariana, dividindo sua ansiedade.

— Nessa época, já pretendia ser advogado, e fazia estágio em um escritório de advocacia; havia muitos deles, mas um hoje, por minha felicidade, faz parte também da família que aqui deixei. Tive três irmãos, dois homens e uma garotinha, pelo menos era quando tive que partir, mas vejo que hoje se tornou uma bela moça.

Fernando, ao lado de Gustavo, não se conteve e abraçou Gustavo, que já chorava copiosamente. Adélia e Armando faziam suas preces em agradecimento a Deus, pois tinham certeza de quem era o visitante.

— Mas o motivo por que me deixaram vir aqui não foi para eu falar da família de que fiz parte, mas para agradecer às inúmeras preces e aos trabalhos contínuos que todos vocês fizeram em prol de Maria Alice. E em especial quero pedir a Mariana e Júlia que não julguem, apenas confiem em Deus, e, seja qual for o sentimento que cada uma estiver guardando em seu coração, liberte, procure a cada dia treinar a prática do perdão. E lembrem-se: "quem nunca errou atire a primeira pedra". Nós todos somos devedores, mas temos a bondade divina, que nos perdoa e nos dá novas oportunidades de recomeçar. E, caro Álvaro, nossa querida Maria Alice diz que está feliz por você ser amado como você merecia. E manda dizer que ama vocês três. E você, Norma, querida, não se torture com o que deve fazer ou não, apenas faça o que seu coração generoso pedir; estarei sempre a seu lado, e confio que fará o certo. Maria Alice agradece a todos vocês por tão belas preces e manda muitas saudades de todos. E almeja algum dia poder visitá-los.

"Gustavo, meu amado irmão, sempre que eu puder estarei junto de ti. E lembre, não quero que pense em mim com tristeza e pesar. Lembre que parti não só para salvá-lo, mas para salvar a mim mesmo; um dia saberá por quê. Mãe Adélia, pai Armando e meus amados irmãos Fernando e Patrícia, sempre que tiverem saudade de mim elevem seus pensamentos, pois seja onde eu estiver estarei recebendo tão boas vibrações. Que Deus, nosso Pai, possa abençoar cada um de vocês. E quando se acharem infelizes, lembrem que tudo é transitório; hoje vocês estão aqui, amanhã quem sabe estaremos juntos. Que Deus possa ter sempre misericórdia de todos. E que nosso Mestre Jesus possa estar sempre em vossos corações. Que assim seja, em nome de Deus Soberano."

As preces e os agradecimentos foram feitos, e os trabalhos, encerrados. Quando acederam as luzes, todos estavam muito emocionados. Adélia e Armando agradeceram felizes pela visita do filho amado; Fernando, Gustavo e Patrícia se cumprimentavam com suas almas em plenitude. E todos os outros que fizeram parte da caminhada de Maria Alice silenciaram em seus mais íntimos pensamentos.

Assim que as luzes foram acessas, Norma procurou pela filha com os olhos, pois tinha a convicção de que faria mil perguntas, e, confiando em Luís, faria o que seu coração pedisse.

Velho Pedro, Rita e Maria Alice aguardavam Luís recuperar suas forças, após deixar a ligação fluídica entre ele e Alberto.

Maria Alice estava encantada e emocionada com tudo o que pôde presenciar; as lágrimas lavavam literalmente seu espírito. Num rompante, não se conteve e abraçou forte Luís, tão generosa figura.

Luís, por sua vez, não esperando a atitude imprevisível da amada, se entregou, deixando seu amor puro e verdadeiro envolvê-la. Maria Alice não poderia de maneira nenhuma descrever o que sentiu em seus braços. A única coisa que sabia era que nunca havia sentido nada igual; sua vontade de ficar ali junto dele era interminável, mas afrouxando o abraço procurou por seu olhar, e, para sua surpresa, disse:

— Eu te amo... Eu te amo, Luís.

Luís, com carinho, abraçou-a com ternura e respondeu:

— Você não sabe como esperei você dizer isso!!!

Rita era estabanada e muito ansiosa; era difícil não atropelar os acontecimentos, mas, diante do amor finalmente revelado por Maria Alice a seu amigo, ficou parada apenas contemplando como o amor na sua mais pura existência era bom de se ver. Velho Pedro, sentindo que aquele amor reprimido por várias encarnações poderia passar um pouco dos limites, afinal de contas estavam em outro estágio de necessidades, falou com alegria:

— Meu filho, já está na nossa hora, não é mesmo?

Luís e Maria Alice sorriram com a singela observação do velho negro, e juntos foram embora volitando.

45

E o ciclo se fecha...

Passaram-se alguns meses. Fernando e Júlia se casaram. O apartamento era pequeno, mas muito aconchegante. Norma e Alberto os ajudaram, mas com limites, pois os dois optaram por viver uma vida simples, apenas com os respectivos salários. Fernando tinha uma academia, daquelas em que há recursos em prol da beleza, desde *personal trainer* até salão de beleza. Júlia já se encontrava financeiramente bem, mas sem ostentar — enfim, sentiam prazer nas pequenas coisas. Não era questão de orgulho, mas de princípios. Fernando, quando pediu Júlia em casamento, fez um acordo. Sem muitos exageros. Seus pais fizeram sua parte, e tudo o que construíram pertencia a eles. Cabe a nós fazer por merecer; temos que trabalhar com amor, seja lá qual for a profissão, e o resto são consequências.

Era manhã de um sábado. Fernando se levantou, preparou o café e levou para Júlia na cama, mas a encontrou não muito bem.

— Bom dia, meu amor!!! Vamos caminhar um pouco, o dia está convidativo. Trouxe seu café, está como você gosta.

— Bom dia, Fê.

Júlia se sentou e tomou o café, mas sem muito entusiasmo.

— Você está triste. O que está se passando nessa cabecinha?

— Não é nada...

— Como não é nada? Eu a conheço, e sei que algo a está aborrecendo.

— Desde quando minha mãe me revelou quem é meu pai biológico, não consigo viver como se nada estivesse acontecendo.

— Mas é muito simples. Você está assim porque quer, sofre porque quer.

— Mas faz tantos anos, não é melhor as coisas ficarem como estão?

— Júlia, por mim tudo bem. Mas você vai viver assim até quando? Nem eu nem ninguém cobra alguma atitude de você; sua mãe fez a coisa certa e deixou à sua escolha. Ela contou quem é seu pai, e só ele poderá contar quem foi sua mãe.

— Se fosse você, o que faria?

— Eu daria o direito de meu pai saber de tudo. Quem garante que ele não sofre em busca do seu filho? Mas isso sou eu.

— Me abraça, Fernando, eu sei que preciso resolver isso dentro de mim, mas tenho medo.

— Por favor, não fica assim, independentemente do que você decidir, estarei a seu lado. O que não quero é vê-la sofrendo dessa maneira. Sei que é difícil tomar uma resolução; mais dia menos dia vai ter que enfrentar, seu limite está chegando ao fim. Vai acabar adoecendo.

Júlia ficou nos braços do marido por longos minutos. Mas Fernando conseguiu levar a esposa para uma caminhada e para espairecer. Depois do almoço, Fernando foi para a academia, e deixou Júlia só, pois muitas vezes precisamos apenas da companhia de Deus. Muitas resoluções dependem exclusivamente de cada um de nós; não temos como fugir, pois aquele é nosso destino, foi escrito pelo Criador, e, se temos que dividir, nada melhor do que com Ele, pois só Ele nos dá a direção certa. Júlia, decidida, tomou banho e saiu. Assim que chegou em frente à bela casa, respirou fundo e pediu que o porteiro a anunciasse. Júlia entrou pela vasta sala e, embora já tivesse ido várias vezes lá, nunca havia observado quanto era aconchegante e harmoniosa. Estava tão absorta em seus pensamentos que não notou a presença de Marli.

— Júlia, que boa surpresa!!! Como você está? Aconteceu alguma coisa?

— Não, tia Marli. Não aconteceu nada. Sabe o que é? Preciso falar com o doutor Henrique, ele está?

— Está sim, mas está descansando. É importante? Se for, vou chamá-lo!!!

— Não... Não é. Eu que sou uma idiota. Como pude vir aqui em pleno sábado incomodá-lo?

Júlia se levantou rápido, envergonhada.

— Ah, tia Marli... Me desculpe, vim sem avisar, mas não faz mal, não era importante mesmo.

Júlia, muito arrependida por ter ido até lá, beijou o rosto de Marli e saiu apressada, mas, como Deus escreve certo por linhas tortas, parou no meio do caminho, surpresa:

— Já me levantei, Júlia, não precisa se preocupar. Por favor, fique.

Júlia sentiu seu coração acelerar, e percebeu como o ser humano muda seus sentimentos num piscar de olhos. Se Júlia nunca tivesse descoberto o fato de Henrique ser seu pai biológico, jamais sentiria tão forte pulsar de seu coração, continuaria vendo-o como seu sócio e amigo, mas Deus promove o destino de cada um de nós, deixando bem claro que Ele é o soberano, que tudo sabe, tudo vê, que é dono de tudo e de todos, e quando Ele quer que as coisas aconteçam, podemos protelar, mas sempre acontecerá o que Ele já havia escrito antes de nossa chegada por aqui. Depois de alguns anos por aqui, Ele nos espera com o resto da história escrita sabendo também o que acontecerá do outro lado. Quando sonhamos e lutamos por nossos objetivos e conseguimos, podem ter certeza de que chegou a hora. E se chegou a hora, é porque Ele permitiu. Por isso, embora Júlia estivesse com a emoção sobressaltada, se controlou, virando-se muito emocionada.

— Ah, doutor Henrique... Não queria atrapalhar seu descanso.

— Mas você não me atrapalhou. Dormir muito é morrer para a vida, e eu não quero morrer, tenho muitos sonhos a realizar.

Doutor Henrique se aproximou de Júlia e beijou seu rosto. E, sem rodeios, perguntou:

— Você quer conversar comigo?

— É, eu quero. Quer dizer, eu preciso conversar com o senhor.

— Pode dizer, sou todo ouvidos.
— Bem... Sabe o que é? Bem, sem querer ser, e já sendo, mal-educada... Preciso conversar com o senhor a sós. Por favor, tia Marli, não fique chateada comigo, mas é particular...
— Claro, minha filha, fique à vontade.
— Já que é particular, prefiro ir para meu escritório. Venha, Júlia, me acompanhe.
— Isso, querido, vão para escritório; ficarão mais à vontade... Enquanto vocês conversam, vou pedir para prepararem um café.

Marli foi para a cozinha, e Henrique e Júlia entraram no escritório. Depois de Júlia acomodada, Henrique tranquilamente também se ajeitou em uma poltrona.
— Não quis falar perto da minha esposa. Aconteceu alguma coisa?
— Bem... Acho que não... Quer dizer, aconteceu sim...
Henrique se mexeu na poltrona, inquieto.
— Como assim? Aconteceu ou não?
— Puxa, doutor Henrique, não sei como começar; às vezes penso que não deveria ter vindo.
— Calma, minha querida. Você e Fernando estão com problemas, é isso?
— Não... Não... Eu e Fê estamos muito bem... Sabe o que é? Ah, meu Deus, me ajude!!!

Doutor Henrique foi ficando cada vez mais nervoso. Não sabia definir direito o que era, mas sentia seu corpo todo trêmulo, como se estivesse com febre. Júlia, por sua vez, tentava impedir que as lágrimas descessem, sem sucesso.
— Júlia, o que está acontecendo? Confie em mim!!!

— Doutor Henrique, o senhor por um acaso teve notícias do seu filho?

— Que filho? Do que está falando?

— Do filho que teve antes de Guilherme!!!

Henrique já tremia muito, e ficou pior; em seus pensamentos passaram milhões de coisas. Totalmente pasmo, fez outra pergunta:

— Júlia, você está falando do quê?

— Do filho que teve há muito tempo. O senhor não teve um filho antes de vir para São Paulo?

Henrique, confuso e ao mesmo tempo se questionando como Júlia sabia de toda aquela história, se levantou, aproximou-se de Júlia e, completamente nervoso, perguntou:

— O que sabe sobre minha vida passada?

— Não sei muita coisa, só sei que o senhor não fez nada para ter esse filho a seu lado, deixou que o doassem!!!

— Júlia, vamos com calma. O que sabe realmente sobre isso?

— Já disse que não sei muito, mas por quê... Por que não criou seu filho? Por que o deixou ir?

— Porque fui um covarde e idiota!!!

Henrique chorava copiosamente, e aos soluços continuou:

— Eu nem cheguei a conhecê-lo... E hoje vivo amargando de arrependimento... Se eu pudesse voltar atrás, jamais concordaria com essa lamentável barganha que fiz...

— Do que o senhor está falando? O senhor fez uma troca, é isso?

— Espere um pouco... O que você tem a ver com minha história? Por acaso está me investigando? Se estiver, está perdendo tempo; e se estiver fazendo isso para me chantagear, quero lhe informar que minha esposa já está a par de tudo, por isso pode dizer a quem quer que seja que não tenho medo nenhum; contei tudo para minha família, e, se um dia esse filho aparecer, não vou omitir mais.

Júlia baixou a cabeça. Decepcionada não tinha forças para continuar aquela conversa.

— Doutor Henrique, pode ficar sossegado, não estou investigando o senhor, e não há chantagem nenhuma.

Júlia se levantou e saiu profundamente triste, pois descobriu que o filho de doutor Henrique fora um nada para ele; com certeza fez barganha à base de subir na vida, de enriquecer. Henrique tentou impedi-la de ir embora, mas foi em vão. Ele se deixou cair no sofá, sentindo uma dor insuportável em seu peito. Mas aos poucos, raciocinando com se estivesse fora daquela história triste, correu para o telefone:

— Norma, sou eu, Henrique. Por favor, vou lhe fazer uma pergunta, e responda com toda a sinceridade, está bem?

— Claro. Pode fazer!!!

— Júlia é sua filha de verdade? Quero dizer, você deu à luz Júlia?

Norma respirou fundo, pois já tinha a certeza de que Júlia o havia procurado, e respondeu com firmeza:

— Não, Henrique, Júlia não saiu de mim; ela foi adotada.

Henrique sentiu uma enorme vertigem, cambaleou e caiu subitamente ao chão, deixando Norma desesperada do outro lado da linha. Marli estava na cozinha quando ouviu um estrondo vindo da sala, e correu para ver o que havia acontecido.

— Henrique, pelo amor de Deus!!! Por favor, chame Guilherme!!!

A empregada chamou Guilherme, que veio imediatamente:
— O que foi, mãe?
— Por favor, meu filho, me ajude a colocar seu pai no sofá!!!
Guilherme ajudou a mãe, correu, pegou álcool e friccionou a nuca e os pulsos do pai, que aos poucos foi voltando a si. Marli apoiou a cabeça do marido em seu colo, chorando muito, mas esperou que ele melhorasse. Aos poucos Henrique foi recobrando a memória e, agarrado à esposa, não dizia nada.
— Pai, o que houve? É melhor nós irmos para o hospital!!!
Henrique não respondia nada, apenas chorava.
— Deixa, Guilherme, vamos esperar; se ele não melhorar, levaremos seu pai para o hospital.
— Mas, mãe, não tem por que esperar; e se ele estiver enfartando ou qualquer coisa assim?
— Ah... Pare com isso, meu filho, seu pai não teve nada, já está voltando ao normal, procure se acalmar.
Norma entrou correndo, não dando tempo de ser anunciada. Foi direto ao telefone, que estava fora do gancho, e respondeu às perguntas dos amigos:
— Fique sossegado, Guilherme, seu pai vai ficar bom assim que falar com a filha dele.
Henrique na hora se levantou fazendo um esforço imenso, e disse desesperadamente:
— Então é isso; ela é minha filha querida, não é, Norma?
— É sim, Henrique, ela é a sua filha!!!
— Meu Deus, preciso ir atrás dela agora!!!
— Alguém pode me dizer o que está acontecendo?
— Eu vou contar tudo, vocês merecem saber tudo o que aconteceu.

— Mas precisamos ir atrás dela, pois saiu daqui muito decepcionada comigo, eu sei!!!

— Não, Henrique, deixe Júlia só; ela precisa de um tempo.

— Norma, você não está entendendo. Eu não sabia, na hora não me dei conta, ela foi perguntando e eu apenas respondi, e contei que fui covarde, que fiz uma troca pelo filho que nem sequer cheguei conhecer!!!

— Você não fez isso, não é mesmo, Henrique?

— Não só fiz como falei sem saber que ela era o filho de que me arrependo todos os dias de minha vida de ter abandonado!!!

— Meu Deus!!! Então é Júlia!!!

— É, Marli. É Júlia, que eu criei como se fosse minha filha.

— Guilherme, meu filho, corra, pegue o carro e vá procurar por sua irmã!!!

— Por favor, mãe, vamos nos acalmar e ouvir tia Norma.

— Guilherme tem razão, deixe que ela fique sozinha, ela deve estar sofrendo com o que ouviu; vamos nos acalmar, assim que todos vocês estiverem em condições, vamos todos nós à procura dela. Antes quero contar tudo desde que ela veio parar em minha casa.

Norma contou tudo, desde quando a pequena Júlia nasceu, até o casamento falso entre ela e Alberto. Todos tinham certeza de que Norma e Alberto eram um casal, e que haviam se separado como milhares que existem pelo mundo afora. Quando Norma terminou, todos estavam chorando muito. Embora a história da pequena Júlia arrancasse profundos soluços de Henrique, ele estava muito emocionado por saber que o filho tão desejado se encontrava entres eles, e que jamais pudera supor que havia vivido desde o nascimento ali a seu lado.

— Bem... essa é a historia, Henrique, minha, de Alberto e de sua filha Júlia, e é com muita dor que eu a entrego a vocês, e que vocês a amem muito, muito mesmo, como Júlia merece.

Henrique abraçou Norma emocionado e agradeceu por ter sido tão boa mãe à sua filha:

— Norma, sinceramente, não sei o que dizer, muito menos como agir; esperei tanto por este momento. Mas pode ter certeza de que Júlia vai ser sempre a sua filhinha. Ninguém mais que você e Alberto merecem ter esse título tão louvável de pais da linda Júlia.

— Eu agradeço muito, mas agora acho que é melhor nós procurarmos nossa filha.

— Se vocês não se incomodarem, prefiro ir procurar pela minha irmã sozinho; fiquem tranquilos que a trarei de volta.

— Vá, meu filho, peça ajuda de Deus para ele te conduzir até ela, e dê o seu melhor; estaremos aqui esperando que você entre por aquela porta na companhia de sua irmã!!!

Guilherme pegou a chave do carro e saiu à procura de Júlia. Depois de andar por toda a cidade, telefonou para seu marido, Fernando, que achou melhor não ir com Guilherme. Aquele momento era apenas dos dois. Fernando pediu a seu mais recente cunhado que a procurasse no barzinho, aquele perto da faculdade, que era ponto de encontro de todos eles. Assim que entrou, avistou Júlia a uma mesa aos fundos:

— Posso me sentar?

— Guilherme? O que faz aqui a esta hora? Não vai namorar?

— Já avisei Patrícia, disse que iria me atrasar hoje.

— Por quê. Aconteceu alguma coisa?

— Não sei. Aconteceu, minha irmã querida?

Júlia arregalou os olhos e, sem saber o que dizer, baixou a cabeça:

— Ei... Por que baixar a cabeça e se entristecer? Muitas crianças por aí, neste exato momento, estão sofrendo por terem perdido seus pais, ou por nunca os terem tido, e você é privilegiada, tem dois pais, duas mães e um irmão. Júlia, é uma honra muito grande tê-la como minha irmã. Puxa vida, você não sabe como meu pai esperou por este momento. — Júlia quis responder, mas Guilherme não deixou, e continuou: — Espere, não fale nada agora, me deixe terminar meu raciocínio, depois você fala o que quiser. Júlia, não estou no seu lugar para saber exatamente o que sente, mas sei muito bem o que eu senti depois que soube que é minha irmã. Puxa!!! Sabe o que é ter você como irmã? Eu já esperava um dia conhecer meu irmão, mas poderia ser qualquer um por este mundo de Deus. Eu iria amá-lo? Iria aceitá-lo? Ele será que não teria as mesmas dúvidas que eu? Mas não... Em vez disso, Deus foi muito bom para todos nós. Quer melhor surpresa que Mariana e eu termos crescido junto de você, termos nos amado desde pequenos, termos compartilhado as mesmas famílias, os mesmos amigos, estarmos juntos sempre? Ah, Júlia... Deus não poderia ter sido melhor para nós. Meu pai... Quer dizer, nosso pai, há muito procurava por esse filho, tinha contratado até um investigador, mas nunca iria achar, sabe por quê? Porque seu filho já se encontrava entre nós, e Norma foi tão nobre que se ela não quisesse jamais iríamos achá-la. Ela fez o que achou certo, ela não foi egoísta, foi maravilhosa trazendo você para todos nós. E pode ter certeza de que me sinto o irmão mais feliz deste mundo. Não importa o motivo que levou nosso pai a fazer o que fez, o que importa é que ele amadureceu e reconheceu que errou. Não quero em hipótese nenhuma defendê-lo, mas quero que continue acreditando que tudo tem a hora e o momento certo de acontecer ou se esclarecer, e você foi a melhor coisa que poderia ter nos acontecido. Por favor, dê uma chance para você e para nosso pai. Dê-lhe oportunidade de se redimir de suas faltas como um simples encarnado; todos um dia vamos pisar na bola com certeza, não deixe essa pessoa maravilhosa que é se perder. Eu sei que não está sendo fácil, mas vamos tentar, pelo menos. — Guilherme pegou em sua mãozinha, beijou-a e concluiu: — Meu coração sempre esteve aberto para você, e quero que fique dentro dele, mas como uma irmã querida que nunca imaginei ter. Independentemente de sua decisão, vou amá-la para sempre.

Júlia sentiu um calor aconchegante em sua alma. E sabia que Guilherme estava correto em seu raciocínio, pois foram criados muito próximos, e se amaram desde crianças; Júlia também beijou as mãos de Guilherme e, num misto de alegria e medo, disse:

— Puxa, Guilherme, diante de tudo o que me falou, não tem como não reconhecer que é a mais simples e mais complicada situação que poderíamos aceitar em nossas almas, mas esse capítulo de minha vida ainda me causa medo e mágoa. Por que doutor Henrique me renegou? Por que não brigou por mim? Por que não apoiou minha mãe biológica a me criar?

— O que Norma te contou? Quero dizer, até onde sua mãe contou sobre seus pais biológicos?

— Não muita coisa, apenas que o doutor Henrique era meu pai e que ele merecia saber que o filho que ele tanto sonhava conhecer estava próximo; e quanto à minha mãe, cabia a ele revelar ou não.

— Júlia... Vamos fazer uma coisa? Vamos juntos conversar com eles; sua mãe está lá em casa junto do nosso pai e da minha mãe nos esperando.

— Por que minha mãe está em sua casa?

— Porque nosso pai passou mal quando estava com Norma ao telefone, e Norma foi para lá, pois teve pressentimento do que estava acontecendo. Por favor, Júlia, vamos para casa, nós como filhos temos o dever de não deixá-los preocupados. E depois, tenho certeza de que tem mais coisas para você saber!!!

Guilherme se levantou, abraçou a irmã, e foram juntos para casa.

Quando chegaram encontraram os pais à sua espera, assim como Alberto, Marta, Gustavo, Mariana e Álvaro, ansiosos. Mariana, assim que viu a amiga, correu para abraçá-la.

— Júlia!!! Como você está, minha amiga?

— Eu vou sobreviver.

Doutor Henrique ia se levantar quando Alberto fez sinal para que ele se acalmasse, e se sentou novamente com os olhos cheios de expectativas.

— Júlia, sente-se, vamos conversar com calma — disse Alberto.

Alberto, como um encarnado sábio e muito tranquilo, começou a responder a todas as perguntas que fervilhavam na cabeça de Júlia, sem omitir absolutamente nada, até que Júlia olhou fixamente para o doutor Henrique e, sem rodeios, perguntou:

— E quem é minha mãe biológica?

Doutor. Henrique estava extremamente nervoso, mal conseguia falar, as lágrimas lhe banhavam todo rosto; desviando o olhar da filha, olhou para Gustavo, lembrando do dia em que revelou para ele que havia tido um filho com Maria Alice. Gustavo, durante todos aqueles anos, amadurecera muito, adquirindo cada vez mais entendimento, aceitando com o coração aberto tudo o que se referia a Maria Alice. Na tentativa de acabar com a imagem de que somos todos inocentes, levantou-se e sentou-se à frente da amiga e cunhada:

— Júlia... Eu sei quem foi sua mãe... Eu digo foi porque ela já não se encontra entre nós. E é em nome de sua mãe que vou lhe pedir que, antes de qualquer coisa, lembre-se de que damos apenas o que possuímos, e tenho certeza de que, onde ela estiver, já está se redimindo do que fez.

Júlia olhava para Gustavo, admirada com seu comportamento, e, esperando que ele revelasse, pegou em suas mãos e disse com a voz entrecortada:

— Se sabe... Por favor, então me diga... Me diga... Gus...

— Querida Júlia... Me perdoe por tudo que não fiz... Mas quero que saiba que me arrependo muito; se não puder me perdoar, um dia se lembre de mim ao menos com compaixão, o que mais peço para meus amigos é que eles intercedam por mim, pedindo a Deus, nosso criador, que ilumine seus caminhos e que seja para seus filhos o que nunca fui nem para você, nem para Mariana. Deixo aqui minhas mais puras saudades, e que vocês possam não só ser amigas, mas possam estender a mão uma para outra como irmãs que são; deixo meus agradecimentos a Deus e a Luís, que me ensinou o que é amar de verdade, sem cobranças, sem impedimentos, sem orgulho; devo também a ele a rara oportunidade de estar com vocês. Júlia, há muito estivemos juntas, mas infelizmente falhei mais uma vez, mas pode ter certeza de que dói muito mais em mim do que em você. Porque não só fiz você sofrer com essa revelação toda, mas não respeitei e magoei pessoas que estão muito mais acima da compreensão de vida. Peço que sempre ame seus pais Alberto e Norma, que não poderiam ser mais iluminados com o amor de Deus, mas peço que perdoe e aceite seu pai biológico Henrique também, pois ele sempre foi uma pessoa do bem; sei que ele também errou por se deixar influenciar por mim, mas era apenas um jovem inexperiente. Pode ter certeza de que hoje me envergonho muito e não sinto nenhum orgulho de tudo o que fiz; e aprendi o que é realmente amar. Bem, meu tempo já está acabando, e preciso ir embora, mas vou confiando que esse amor que carrega em sua alma nunca se perca; por mais revolta que possa haver em seu coração, não seja como eu, ame, ame sempre em sua vida, pois o resto vem com harmonia. Que Deus possa abençoar a todos, e que minha menina Mariana cuide com muito amor de Gustavo. Que Jesus ilumine sempre todos vocês.

Gustavo pendeu a cabeça para trás. Alberto se aproximou espalmando suas mãos sobre ele, e agradeceu a visita. Assim que Gustavo voltou a si, emocionado estendeu a mão para sua amada esposa Mariana, que com o coração descompassado abraçou Gustavo e sua irmã Júlia.

Alberto esperou que Gustavo e as duas irmãs serenassem a emoção, e disse feliz:

— Era sua mãe, Júlia!!!

— Pai Alberto... O senhor está querendo me dizer que minha mãe... Minha mãe era Maria Alice? Meu Deus!!! Como pode ser? Eu a desprezei tanto, meu Deus!!!

— É, minha querida, sua história vem provar que em muitos casos nossos desafetos estão mais ligados a nós do que podemos imaginar, mas sempre haverá tempo de nos perdoar por tantos julgamentos infelizes que fizemos. Por outro lado, você é irmã de Guilherme e de Mariana.

— Eu e Júlia somos irmãs por parte de mãe?

— Isso mesmo, menina Mariana, você e Júlia são irmãs. Sei que é muita confusão nas cabecinhas de vocês, mas pense: não é maravilhoso? Vocês são irmãs!!!

Todos que se encontravam naquela sala choravam de emoção; todos os corações batiam descompassadamente, todos se encontravam no mais forte pulsar de suas almas.

Doutor Henrique se aproximou da filha Júlia, estendeu seus braços e disse com a voz embargada:

— Por favor, minha filha, perdoe a fraqueza de seu pai!!! Não sei se mereço. Mas Deus, nosso Pai, não poderia ser mais generoso comigo, dando-me uma filha como você!!! Eu sempre duvidei da felicidade completa, mas hoje posso dizer que ela está latejando em cada pedacinho da minha alma!!!

Júlia se levantou, se atirou nos braços do doutor Henrique e lá permaneceu por longos minutos. Com a voz baixinha disse:

— Quem sou eu para não perdoar... paizinho?

— Minha filha querida, Deus foi muito bom para mim; não merecia um presente tão bom como você, e ainda por cima uma advogada. Quem será que puxou, hein?

Todos riram muito da observação do pai envaidecido. Júlia, afrouxando o abraço, estendeu a mão para Alberto, Norma e Marli, e entre lágrimas e risos balbuciou:

— Quem diria que eu, Júlia, iria ter tantos pais assim!!!

Fernando, que acabara de chegar, disse feliz, em meio a tanta confusão:

— Será que não mereço ficar feliz também?

Júlia se virou e correu para os braços do marido, gritando com a alma em festa:

— Deus me abençou não só com tantos pais, mas com uma família imensa, a melhor do mundo!!!

— Querida Rita, sabe o que eu tanto estava esperando para minha felicidade ser completa, e você curiosa queria saber às pressas?

— Não, não sei.

— Já que soube esperar, vou dizer.

— E o que é? Vamos, fale logo, estou curiosa.

— É ver a própria Maria Alice falando com sua filha Joana.

— Meu Deus, é Joana!!! Júlia é Joana!!! — disse Maria Alice, eufórica.

— Isso mesmo, minha querida. Você não quis saber quem era a menina Joana? E tem mais, Álvaro é o coronel pai de Joana. Lembra quando pediu que Tomás cuidasse de você?

— É mesmo!!! Na feira de escravos.

— Pois essa é toda a sua história, minha querida Maria Alice. Hoje você poderá me responder — disse o velho e sábio Pedro —, o que sentes é amor ou ilusão?

Viver não é tão simples assim, mas com certeza é fantástico, pois, se tudo fosse perfeito, quem nos garante que faríamos amigos e famílias tão especiais como os que temos? Amem a cada hora, a cada minuto, a cada segundo todos os que por algum motivo passarem em seus caminhos; quem garante que não serão importantes para nós em um futuro bem próximo? Amar é tão bom, e faz de nós seres muito mais felizes, portanto amem sempre.

Que todos vocês possam agradecer pela família que têm, dar valor a cada dia por ela estar ali. E fiquem atentos para o grande mistério que é colocado a cada um. Não julguem, não sofram, apenas aceitem com o coração aberto, pois certamente a vitória virá depois. E amor verdadeiro não é ilusão.

Um grande abraço a todos, e que esta história possa trazer a cada leitor muitos ensinamentos.

ALEXANDRE VILLAS

Leia os romances de Schellida!
Emoção e ensinamento em cada página!
Psicografia de Eliana Machado Coelho

Corações sem Destino
Amor ou ilusão? Rubens, Humberto e Lívia tiveram que descobrir a resposta por intermédio de resgates sofridos, mas felizes ao final.

O Brilho da Verdade
Samara viveu meio século no Umbral passando por experiências terríveis. Esgotada, consegue elevar o pensamento a Deus e ser recolhida por abnegados benfeitores, começando uma fase de novos aprendizados na espiritualidade. Depois de muito estudo, com planos de trabalho abençoado na caridade e em obras assistenciais, Samara acredita-se preparada para reencarnar.

Um Diário no Tempo
A ditadura militar não manchou apenas a História do Brasil. Ela interferiu no destino de corações apaixonados.

Despertar para a Vida
Um acidente acontece e Márcia, uma moça bonita, inteligente e decidida, passa a ser envolvida pelo espírito Jonas, um desafeto que inicia um processo de obsessão contra ela.

O Direito de Ser Feliz
Fernando e Regina apaixonam-se. Ele, de família rica, bem posicionada. Ela, de classe média, jovem sensível e espírita. Mas o destino começa a pregar suas peças...

Sem Regras para Amar
Gilda é uma mulher rica, casada com o empresário Adalberto. Arrogante, prepotente e orgulhosa, sempre consegue o que quer graças ao poder de sua posição social. Mas a vida dá muitas voltas.

Um Motivo para Viver
O drama de Raquel começa aos nove anos, quando então passou a sofrer os assédios de Ladislau, um homem sem escrúpulos, mas dissimulado e gozando de boa reputação na cidade.

O Retorno
Uma história de amor começa em 1888, na Inglaterra. Mas é no Brasil atual que esse sentimento puro irá se concretizar para a harmonização de todos aqueles que necessitam resgatar suas dívidas.

Força para Recomeçar
Sérgio e Débora se conhecem e nasce um grande amor entre eles. Mas encarnados e obsessores desaprovam essa uniáoz

Lições que a Vida Oferece
Rafael é um jovem engenheiro e possui dois irmãos: Caio e Jorge. Filhos do milionário Paulo, dono de uma grande construtora, e de dona Augusta, os três sofrem de um mesmo mal: a indiferença e o descaso dos pais, apesar da riqueza e da vida abastada.

Obras de Irmão Ivo: leituras imperdíveis para seu crescimento espiritual
Psicografia da médium Sônia Tozzi

O PREÇO DA AMBIÇÃO
Três casais ricos desfrutam de um cruzeiro pela costa brasileira. Tudo é requinte e luxo. Até que um deles, chamado pela própria consciência, resolve questionar os verdadeiros valores da vida e a importância do dinheiro.

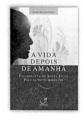

A VIDA DEPOIS DE AMANHÃ
Cássia viveu o trauma da separação de Léo, seu marido. Mas tudo passa e um novo caminho de amor sempre surge ao lado de outro companheiro.

A ESSÊNCIA DA ALMA
Ensinamentos e mensagens de Irmão Ivo que orientam a Reforma Íntima e auxiliam no processo de autoconhecimento.

QUANDO CHEGAM AS RESPOSTAS
Jacira e Josué viveram um casamento tumultuado. Agora, na espiritualidade, Jacira quer respostas para entender o porquê de seu sofrimento

O AMOR ENXUGA AS LÁGRIMAS
Paulo e Marília, um típico casal classe média brasileiro, levam uma vida tranqüila e feliz com os três filhos. Quando tudo parece caminhar em segurança, começam as provações daquela família após a doença do filho Fábio.

SOMOS TODOS APRENDIZES
Bernadete, uma estudante de Direito, está quase terminando seu curso. Arrogante, lógica e racional, vive em conflito com familiares e amigos de faculdade por causa de seu comportamento rígido

NO LIMITE DA ILUSÃO
Marília queria ser modelo. Jovem, bonita e atraente, ela conseguiu subir. Mas a vida cobra seu preço.

Quatro romances imperdíveis!
Obras do espírito **Caio Fábio Quinto**
Psicografia de **Christina Nunes**

ENTRE JESUS E A ESPADA
Jesus havia acabado de passar pela Terra.
E as suas sementes começavam a brotar

SOB O PODER DA ÁGUIA
Uma viagem até a Roma Antiga na
qual o general Sálvio Adriano viverá
um grande drama em sua vida ao lado
de Helatz, sua prisioneira, e o irmão
dela, Barriot.

ELYSIUM - Uma História de
Amor entre Almas Gêmeas Cássia acordou em
uma cidade espiritual na Itália. E nem imaginava
que um grande amor estava à sua espera há anos.

AMPARADORES DO INVISÍVEL
O que é um Amparador? Como atingir esse nível?
Na verdade, um Amparador nada mais é do que um
mentor espiritual que superou a barreira do amor egoísta
e aprendeu a dedicar ao tutelado no plano físico o amor fraternal.

Romances do **espírito Eugene!**
Leituras envolventes com
psicografia de **Tanya Oliveira**

LONGE DOS CORAÇÕES FERIDOS
Em 1948, dois militares americanos da Força Aérea
vão viver emoções conflitantes entre o amor e a
guerra ao lado da jornalista Laurie Stevenson.

O DESPERTAR DAS ILUSÕES
A Revolução Francesa batia às portas do
Palácio de Versalhes. Mas dois corações
apaixonados queriam viver um grande amor.

A SOMBRA DE UMA PAIXÃO
Um casamento pode ser feliz e durar muitos anos.
Mas um amor de outra encarnação veio
atrapalhar a felicidade de Theo e Vivian

DAS LEGIÕES AO CALVÁRIO
O espírito Tarquinius nos relata fatos ocorridos em
uma época de grande conturbação no Império Romano.
Vinicius Priscus, orgulhoso legionário romano, retorna a Roma com a
intenção de desencadear violenta perseguição aos cristãos. Para tanto, procura
realizar algumas alianças, como com Ischmé uma bela, ambiciosa e influente
cortesã em Roma e Caius Pompilius, seu melhor amigo.

Três romances emocionantes do espírito Daniel!

Psicografia de Vanir Mattos Torres

Plantando o Amor

Portugal, 1792. Em meio a mudanças políticas em Lisboa e ainda vivendo sob os ecos da Inquisição, uma pacata cidadezinha interiorana é o cenário da história de Leopoldo, um humilde jardineiro que possui um dom especial: o poder da palavra. Sem perceber, elas fluem de sua boca e enchem os corações com amor e renovação.

Mas seus dias estavam contados. Perseguido por suas "pregações criminosas", Leopoldo desaparece, deixando a família sob a responsabilidade do filho mais velho, Adolfo. Também jardineiro por ofício, o rapaz desdobra-se para dar o sustento necessário à mãezinha e à irmã, Amaralina.

Dois Corações e um Destino

Ricardo, um estudante de Direito prestes a se formar, vai passar férias na fazenda do pai, o austero e rústico senhor Augustus. Em sua companhia leva Lídia, a namorada da cidade que vê em Ricardo uma grande oportunidade de realizar um excelente casamento. O que Ricardo não sabia é que Tereza, sua amiga de infância na fazenda, estava agora uma bela e graciosa moça, despertando nele sentimentos até então esquecidos.

Fim da Linha

Simeão e Lidiane queriam a liberdade: ele, a libertação dos escravos; ela, o fim de seu casamento com o poderoso Feliciano.

Livros da médium Eliane Macarini
Romances do espírito Vinícius (Pedro de Camargo)

Resgate na Cidade das Sombras

Virginia é casada com Samuel e tem três filhos: Sara, Sophia e Júnior. O cenário tem tudo para ser o de uma família feliz, não fossem o temperamento e as oscilações de humor de Virginia, uma mulher egoísta que desconhece sentimentos como harmonia, bondade e amor, e que provoca conflitos e mais conflitos dentro de sua própria casa

Obsessão e Perdão

Não há mal que dure para sempre. E tudo fica mais fácil quando esquecemos as ofensas e exercitamos o perdão.

Aldeia da Escuridão

Ele era o chefe da Aldeia da Escuridão. Mas o verdadeiro amor vence qualquer desejo de vingança do mais duro coração.

Leia estes envolventes romances do espírito Margarida da Cunha

Psicografia de Sulamita Santos

DOCE ENTARDECER

Paulo e Renato eram como irmãos. O primeiro, pobre, um matuto trabalhador em seu pequeno sítio. O segundo, filho do coronel Donato, rico, era um doutor formado na capital que, mais tarde, assumiria os negócios do pai na fazenda. Amigos sinceros e verdadeiros, desde jovens trocavam muitas confidências. Foi Renato o responsável por levar Paulo a seu primeiro baile, na casa do doutor Silveira. Lá, o matuto iria conhecer Elvira, bela jovem que pertencia à alta sociedade da época. A moça corresponderia aos sentimentos de Paulo, dando início a um romance quase impossível, não fosse a ajuda do arguto amigo, Renato.

À PROCURA DE UM CULPADO

Uma mansão, uma festa à beira da piscina, convidados, glamour e, de madrugada, um tiro. O empresário João Albuquerque de Lima estava morto. Quem o teria matado? Os espíritos vão ajudar a desvendar o mistério.

DESEJO DE VINGANÇA

Numa pacata cidade perto de Sorocaba, no interior de São Paulo, o jovem Manoel apaixonou-se por Isabel, uma das meninas mais bonitas do município. Completamente cego de amor, Manoel, depois de muito insistir, consegue seu objetivo: casar-se com Isabel mesmo sabendo que ela não o amava. O que Manoel não sabia é que Isabel era uma mulher ardilosa, interesseira e orgulhosa. Ela já havia tentado destruir o segundo casamento do próprio pai com Naná, uma bondosa mulher, e, mais tarde, iria se envolver em um terrível caso de traição conjugal com desdobramentos inimagináveis para Manoel e os dois filhos, João Felipe e Janaína.